campusmad

La diferencia entre aprobar y sacar plaza

Curso *ONLINE*
Ley 39/2015, de 1 de octubre, del Procedimiento Administrativo Común de las Administraciones Públicas. Test comentados para oposiciones

Accede a tu **Curso *ONLINE*** y disfruta de los siguientes recursos:

- Técnicas de Memoria 360.
- Test *online*.
- Vídeos de todos los Títulos.
- Esquemas de todos los Títulos.
- Actualizaciones legislativas (Boletines Oficiales).
- Enlace a Legislación consolidada de la Ley.
- Recursos y novedades exclusivas.

Valida los código de acceso al CURSO *ONLINE** que encuentras en la última página de tus libros y disfruta de 180 días de acceso a recursos exclusivos.

Infórmate en: mad.es/registro-campus

AF212340

NOTA IMPORTANTE:

* El acceso al CURSO *ONLINE* estará disponible desde marzo de 2024 (algunos recursos podrían estar disponibles en fecha posterior).

Tendrá una duración de 180 días con opción de RENOVAR, desde la validación de códigos o hasta el 31 de diciembre del 2025 lo que se cumpla antes.

MAD se reserva el derecho a ampliar dichas fechas.

Ley 39/2015, de 1 de octubre, del Procedimiento Administrativo Común de las Administraciones Públicas

Marzo, 2024

Ley 39/2015, de 1 de octubre, del Procedimiento Administrativo Común de las Administraciones Públicas

Test comentados para oposiciones

Volumen 2

Autores

CLARA INÉS CARRILLO PARDO
Licenciada en Derecho

FRANCISCO JESÚS TORRES FONSECA
Licenciado en Derecho

JUAN CARLOS USERO LÓPEZ
Licenciado en Derecho
Funcionario de Cuerpo Superior de Administradores
Generales de Comunidad Autónoma
Consejero Técnico

MAGALÍ RIERA ROCA
Licenciada en Derecho

JOSÉ LUIS GARRIDO VELA
Licenciado en Derecho

Mª Virginia Sáenz de Miera Jaén
Profesora de Comercio y Marketing. Licenciada en Derecho

ENCARNA ROJO FRANCO
Profesora de Derecho Público

© 7 Editores Recursos para la Cualificación Profesional y el Empleo, S.L. (7 Editores)
© Los autores
Primera edición, marzo 2024 (272 páginas)
Derechos de edición reservados a favor de 7 Editores
IMPRESO EN ESPAÑA
Diseño Portada: 7 Editores
Edita: 7 Editores
Avda. San Francisco Javier, 9 · Edificio Sevilla 2 · Planta 11 · Módulos 25-27 · 41018 Sevilla
Teléfono: 954 784 411 · WEB: www.mad.es · e-mail: administracion@7editores.com
ISBN: 978-84-142-8009-6
ISBN obra completa: 978-84-142-8008-9
© "Editorial Mad" y "Eduforma" son nombres comerciales registrados de
7 Editores Recursos para la Cualificación Profesional y el Empleo, S.L.

Presentación

Presentamos el segundo volumen de preguntas comentadas sobre la Ley 39/2015, de 1 de octubre, del Procedimiento Administrativo Común de las Administraciones Públicas que constituye un recurso didáctico completo y eficaz para un conocimiento profundo de la Ley. La colección se completa con un primer volumen en el que incluimos preguntas diferentes.

La peculiaridad del libro radica en que las respuestas a todas las preguntas se encuentran comentadas con apoyo en la propia Ley, doctrina, sentencias u otro tipo de resoluciones, lo que lo convierte en un manual de uso imprescindible para favorecer la comprensión y un estudio realmente eficaz de la Norma.

Es por ello que está especialmente dirigido a opositores de todas las categorías ya que se trata de una Ley transversal que es requerida en la mayoría de los Programas de las Convocatorias, así como a profesionales del Derecho y empleados públicos que quieran profundizar en sus conocimientos sobre la Ley a efectos prácticos.

Asimismo, destacar que a través de nuestro Curso online le ofrecemos de forma gratuita por la compra del libro una serie de recursos didácticos para completar su preparación, como son la realización de los test online, esquemas o la consulta del texto literal de la Ley. En la página final del libro podrá ver el código de acceso y las condiciones generales de uso de dicho Curso.

Índice

Ley 39/2015, de 1 de octubre, del Procedimiento Administrativo Común de las Administraciones Públicas

Ley 39/2015, de 1 de octubre, del Procedimiento Administrativo Común de las Administraciones Públicas

 https://www.boe.es/buscar/act.php?id=BOE-A-2015-10565&tn=1&p=20220330

TÍTULO PRELIMINAR

Disposiciones generales

1. El principio de eficacia que debe regir la actuación en las Administraciones Públicas, se contempla en el art. ... de la Constitución española:

a) 103.
b) 102.
c) 104.
d) 105.

2. La Ley 39/2015, de 1 de octubre, del Procedimiento Administrativo Común de las Administraciones Públicas consta de:

a) 135 artículos.
b) 133 artículos.
c) 134 artículos.
d) 130 artículos.

3. La Ley 39/2015 regula:

a) Los requisitos de validez y eficacia de los actos jurídicos.
b) La competencia de las Comunidades autónomas en materia administrativa.
c) El procedimiento administrativo común.
d) Las respuestas a) y c) son correctas.

4. La Ley 39/2015 se aplica:

a) Al sector privado.
b) Al procedimiento laboral.
c) Al sector público institucional.
d) A las fundaciones.

5. El sector público institucional está integrado por:

a) Organismos públicos dependientes de las Administraciones Públicas.
b) Universidades Privadas.

c) Centros Integrados de FP privados.

d) Ninguna es correcta.

6. El objeto de la Ley 39/2015, de 1 de octubre, del Procedimiento Administrativo Común de las Administraciones Públicas, lo conforma:

a) La regulación de los requisitos de validez y eficacia de los actos administrativos.

b) Establecer los principios del sistema de responsabilidad patrimonial de las Administraciones públicas y de la potestad sancionadora.

c) La regulación de las bases del régimen jurídico de las Administraciones públicas.

d) Determinar la organización y funcionamiento de la Administración General del Estado y de su sector público institucional para el desarrollo de sus actividades.

7. La inclusión de trámites procedimentales adicionales o distintos a los contemplados en la Ley 39/2015, de 1 de octubre, del Procedimiento Administrativo Común de las Administraciones Públicas:

a) Está vedado completamente.

b) Solo podrá hacerse mediante ley.

c) Es posible en cualquier momento y forma, a criterio de la Administración.

d) Se permite, siempre que se haga mediante ley o reglamento.

8. Las especialidades en la tramitación del procedimiento administrativo referidas a los órganos competentes, plazos propios del concreto procedimiento por razón de la materia, formas de iniciación y terminación, publicación e informes a recabar:

a) Está vedado completamente.

b) Solo podrá hacerse mediante ley.

c) Es posible en cualquier momento y forma, a criterio de la Administración.

d) Se permite, siempre que se haga mediante ley o reglamento.

9. La Ley 39/2015, de 1 de octubre, del Procedimiento Administrativo Común de las Administraciones Públicas es de aplicación a:

a) La Administración General del Estado y el sector público institucional, únicamente y como regla general, pudiendo hacerse extensible a otras administraciones públicas, cuando una norma legal así lo disponga.

b) Todas las entidades que integran el sector público, excluidas aquellas que se rigen por el derecho privado.

c) Todas las entidades que integran el sector público, incluidas aquellas que se rigen por el derecho privado cuando ejerzan potestades administrativas.

d) Todas las entidades y organismos que dependen del sector público, ya se rijan por el derecho público o el derecho privado.

10. ¿A qué sujetos de los comprendidos en el Sector Público Institucional no les es de aplicación la LPACAP, salvo de forma subsidiaria?

a) A agencias estatales.
b) A autoridades administrativas independientes.
c) A consorcios.
d) A corporaciones de derecho público.

Soluciones comentadas

1. a) 103.

En el artículo 103 de la CE se establecen los principios que deben regir la actuación de las Administraciones públicas, entre los que destacan el de eficacia y el de legalidad, al imponer el sometimiento pleno de la actividad administrativa a la Ley y al Derecho.

2. b) 133 artículos.

Propia ley.

3. d) Las respuestas a) y c) son correctas.

Art 1. La ley tiene por objeto regular los requisitos de validez y eficacia de los actos administrativos, el procedimiento administrativo común a todas las Administraciones públicas, incluyendo el sancionador y el de reclamación de responsabilidad de las Administraciones públicas, así como los principios a los que se ha de ajustar el ejercicio de la iniciativa legislativa y la potestad reglamentaria.

4. c) Al sector público institucional.

La presente ley se aplica al sector público, que comprende:(art. 2):

a) La Administración General del Estado.

b) Las Administraciones de las Comunidades Autónomas.

c) Las Entidades que integran la Administración Local.

d) El sector público institucional.

5. a) Organismos públicos dependientes de las Administraciones Públicas.

El sector público institucional se integra por (art. 2):

a) Cualesquiera organismos públicos y entidades de derecho público vinculados o dependientes de las Administraciones públicas.

b) Las entidades de derecho privado vinculadas o dependientes de las Administraciones Públicas, que quedarán sujetas a lo dispuesto en las normas de esta ley que específicamente se refieran a las mismas, y en todo caso, cuando ejerzan potestades administrativas.

c) Las Universidades públicas, que se regirán por su normativa específica y supletoriamente por las previsiones de esta ley.

6. a) La regulación de los requisitos de validez y eficacia de los actos administrativos.

El art. 1.1 de la Ley 39/2015, de 1 de octubre, determina el objeto de la ley, que lo basa en la regulación de los requisitos de validez y eficacia de los actos administrativos, el procedimiento administrativo común a todas las Administraciones públicas, incluyendo el sancionador y el de reclamación de responsabilidad de las Administraciones públicas, así como los principios a los que se ha de ajustar el ejercicio de la iniciativa legislativa y la potestad reglamentaria.

Esto supone una novedad en nuestro ordenamiento jurídico, pues implica deslindar la regulación del proceso de creación de los actos administrativos y su procedimiento del régimen jurídico del sector público que se regula, hoy, en la Ley 40/2015, cuando en nuestra historia legislativa han sido conjuntamente regulados.

7. b) Solo podrá hacerse mediante ley.

De acuerdo con la doctrina constitucional, el art. 1.2 de la LPACAP establece la posible introducción de especialidades procesales, si bien impone como regla general dos límites: uno de carácter formal, solo puede hacerse mediante ley, y otro de carácter sustantivo, que resulte eficaz, proporcionado y necesario para la consecución de los fines propios del procedimiento, y de manera motivada. En este segundo límite insiste el párrafo segundo del número 4 del artículo 129 que exige una justificación "teniendo en cuenta la singularidad del asunto o los fines que persigue la propuesta".

8. d) Se permite, siempre que se haga mediante ley o reglamento.

Si bien el art. 1.1 de la Ley 39/2015, limita la inclusión de trámites adicionales o distintos a los contemplados en ella a que se haga mediante ley, el último párrafo del punto 2.º de dicho artículo establece como excepción a la regla general determinadas especialidades procedimentales que pueden incluirse en una norma reglamentaria, "referidas a los órganos competentes, plazos propios del concreto procedimiento por razón de la materia, formas de iniciación y terminación, publicación e informes a recabar". Igualmente, habrá de entenderse que dichos trámites especiales se podrán introducir cuando ello resulte eficaz, proporcionado y necesario para la consecución de los fines propios del procedimiento, y hacerlo de manera motivada.

9. c) Todas las entidades que integran el sector público, incluidas aquellas que se rigen por el derecho privado cuando ejerzan potestades administrativas.

El artículo 2 de la LPACAP establece el ámbito subjetivo de aplicación de la misma, que lo componen la Administración General del Estado, las Administraciones de las Comunidades Autónomas, las Entidades que integran la Administración Local y el sector público institucional, determinando el apartado 2 de dicha norma quienes integran este último. Asimismo, el art. 84 de la Ley 40/2015 (LRJSP) los concreta aún más en los organismos públicos vinculados o dependientes de la Administración General del Estado, los cuales se clasifican en Organismos autónomos, Entidades públicas empresariales, Agencias estatales, Autoridades administrativas independientes, sociedades mercantiles estatales, consorcios, fundaciones del sector público, fondos sin personalidad jurídica y las universidades públicas no transferidas.

10. d) A corporaciones de derecho público.

Conforme a lo dispuesto en la exposición de motivos de la LPACAP, se prevé la aplicación de lo previsto en la ley a todos los sujetos comprendidos en el concepto de Sector Público, si bien las corporaciones de derecho público se regirán por su normativa específica en el ejercicio de las funciones públicas que les hayan sido atribuidas y supletoriamente por ella. Así lo sanciona, además, el apartado 4.º de su art. 2.

Las principales corporaciones de derecho público son los colegios profesionales y las cámaras de comercio, regidas por el derecho privado, si bien, en determinadas ocasiones, sea por delegación o por atribución legal, ejercen facultades administrativas. A modo ejemplificativo, se puede citar la posibilidad de sancionar a sus miembros por infracciones de sus normas de actuación, como las previstas en el Estatuto Legal de la Abogacía.

TÍTULO I

De los interesados en el procedimiento

1. Según la Ley 39/2015 tienen capacidad de obrar ante las Administraciones públicas:

a) Personas físicas.
b) Personas jurídicas.
c) Menores incapacitados.
d) Las respuestas a) y b) son correctas.

2. Quienes sean titulares de derechos legítimos individuales se consideran a efectos de la Ley 39/2015:

a) Administrado.
b) Notificado.
c) Interesado.
d) Ninguna es correcta.

3. La representación deberá acreditarse:

a) Para actos de mero trámite.
b) Para formular solicitudes.
c) Para abonar multas y sanciones.
d) Ninguna es correcta.

4. La representación podrá acreditarse:

a) Mediante apoderamiento *apud acta*.
b) Mediante carta certificada.
c) Mediante correo electrónico.
d) Todas son correctas.

5. El plazo de subsanación que establece la Ley 39/2015 en caso de insuficiencia de acreditación de representación es de:

a) 5 días.
b) 20 días.

c) 15 días.
d) 10 días.

6. Las administraciones dispondrán de un registro de apoderamientos denominado:

a) Registro Electrónico de Apoderamientos de la Administración General del Estado.
b) Registro temático de apoderamientos de la Administración General del Estado.
c) Registro telemático de apoderamientos.
d) Ninguna es correcta.

7. ¿Puede un organismo disponer de su propio registro electrónico de apoderamientos?

a) Sí, tal y como se establece en el artículo 6 de la ley.
b) En ningún caso.
c) Solamente con autorización previa.
d) Solo en organismos autónomos.

8. Los registros electrónicos generales y particulares de apoderamientos interoperarán con:

a) Los registros mercantiles.
b) Los registros de la propiedad.
c) Los protocolos notariales.
d) Todas son correctas.

9. Los interesados podrán identificarse electrónicamente ante las Administraciones públicas a través de:

a) Sistemas basados en certificados electrónicos de firma electrónica.
b) Sistemas basados en certificados electrónicos cualificados de sello electrónico.
c) Ambas son correctas.
d) Ninguna es correcta.

10. Son válidos a efectos de firma:

a) La firma del DNI.
b) Firma basada en certificado electrónico.
c) Firma dactilar.
d) Ninguna es correcta.

11. Las Administraciones públicas solo requerirán a los interesados el uso obligatorio de firma para:

a) Formular solicitudes.
b) Presentar declaraciones responsables o comunicaciones.

c) Interponer recursos.
d) Todas son correctas.

12. Las Administraciones públicas solo requerirán a los interesados el uso obligatorio de firma para:

a) Formular sugerencias.
b) Presentar el DNI.
c) Pagar una multa.
d) Desistir de acciones.

13. Cuando en una solicitud figuren varios interesados, las actuaciones se efectuarán:

a) Con el que aparezca en último lugar.
b) Con el representante.
c) Con el que tenga el domicilio más próximo.
d) Ninguna es correcta.

14. Los poderes inscritos en el registro de cada Comunidad autónoma tendrán una validez de:

a) 5 años.
b) 10 años.
c) Indefinida.
d) 2 años.

15. Los asientos que se realicen en los registros electrónicos generales y particulares de apoderamientos deberán contener, al menos, la siguiente información:

a) Nombre y apellidos o la denominación o razón social, documento nacional de identidad, número de identificación fiscal o documento equivalente del poderdante.
b) Nombre y apellidos o la denominación o razón social, documento nacional de identidad, número de identificación fiscal o documento equivalente del apoderado.
c) Fecha de inscripción.
d) Todas son correctas.

16. Los asientos que se realicen en los registros electrónicos generales y particulares de apoderamientos deberán contener, al menos, la siguiente información:

a) Hora de inscripción.
b) Número de pasaporte del apoderado.
c) Ambas son ciertas.
d) Ninguna es correcta.

17. ¿Puede el derechohabiente suceder al interesado?

a) Siempre.
b) Nunca.
c) Cuando la condición de interesado derive de relación jurídica transmisible.
d) Cuando la condición de interesado derive de relación jurídica no transmisible.

18. Tendrán capacidad de obrar:

a) Los grupos de afectados.
b) Las entidades sin personalidad jurídica.
c) Los patrimonios independientes cuando así lo declare expresamente la ley.
d) Ninguna es correcta.

19. Se consideran interesados en el procedimiento administrativo:

a) Quienes no lo promuevan como titulares de derechos o intereses legítimos individuales o colectivos.
b) Los que, sin haber iniciado el procedimiento, tengan derechos que puedan resultar afectados por la decisión que en el mismo se adopte.
c) Los que, iniciado el procedimiento, tengan derechos que puedan resultar afectados por la decisión que en el mismo se adopte.
d) Todas son correctas.

20. Los poderes que se inscriban en los registros electrónicos generales y particulares de apoderamientos deberán corresponder a alguna de las siguientes tipologías:

a) Un poder general para que el apoderado pueda actuar en nombre del poderdante en cualquier actuación administrativa y ante cualquier Administración.
b) Un poder para que el apoderado pueda actuar en nombre del poderdante en cualquier actuación administrativa ante una Administración u Organismo concreto.
c) Un poder para que el apoderado pueda actuar en nombre del poderdante únicamente para la realización de determinados trámites especificados en el poder.
d) Todas son correctas.

21. Si durante la instrucción de un procedimiento que no haya tenido publicidad se advierte la existencia de personas que sean titulares de derechos o intereses legítimos y directos cuya identificación resulte del expediente y que puedan resultar afectados por la resolución que se dicte:

a) Se comunicará a dichas personas la tramitación del procedimiento.
b) El procedimiento se paralizará.
c) El procedimiento se suspenderá.
d) Ninguna es correcta.

22. Los interesados podrán firmar a través de cualquier medio que permita acreditar:

a) La autenticidad de la expresión de su voluntad y consentimiento.
b) La integridad e inalterabilidad del documento.
c) Ambas son correctas.
d) Ninguna es cierta.

23. ¿Dónde constarán los funcionarios habilitados para la identificación en la Administración General del Estado?

a) En un registro actualizado.
b) En una página web.
c) En un archivo central.
d) Ninguna es correcta.

24. Las solicitudes de inscripción del poder, de revocación, de prórroga o de denuncia del mismo podrán dirigirse:

a) Al notario del domicilio.
b) A cualquier registro.
c) Solo al registro general de la Comunidad autónoma.
d) Todas son correctas.

25. Los interesados pueden actuar por medio de:

a) Familiares.
b) Representante.
c) Delegados del gobierno.
d) Ninguna es correcta.

26. Según la LPACAP, no tienen capacidad de obrar en ningún caso:

a) Los menores de edad.
b) Los inmigrantes en situación irregular.
c) Las entidades sin personalidad jurídica.
d) Quienes no la ostenten conforme a las normas civiles.

27. ¿Cuál de las siguientes se considera una causa modificativa de la capacidad de obrar de los administrados a efectos de la LPACAP?

a) La personalidad jurídica.
b) La consideración de interesado.
c) La legitimación activa.
d) La edad.

28. Se consideran interesados en el procedimiento administrativo:

a) Los que tengan derechos que puedan resultar afectados por la decisión que en el mismo se adopte, aunque no hayan iniciado el procedimiento.

b) Todo aquel, ya sea persona física o jurídica, que presente una denuncia o comparezca en el trámite de información pública.

c) Quienes se personaren en el procedimiento una vez haya recaído resolución definitiva en el mismo.

d) Los sucesores de una relación jurídica intransmisible.

29. La representación del interesado en un procedimiento administrativo:

a) Siempre se presume, salvo manifestación en contra del interesado.

b) Impedirá que se tenga por realizado el acto de que se trate, si no se acredita suficientemente aquella con anterioridad.

c) Solo está permitido para las personas jurídicas.

d) Podrá realizarse mediante apoderamiento *apud acta* efectuado por comparecencia en la correspondiente sede electrónica.

30. ¿Pueden las personas jurídicas actuar en representación de otras ante las Administraciones públicas?

a) Sí, en todo caso.

b) No se contempla este modelo de representación.

c) Sí, cuando así se prevea reglamentariamente en el procedimiento especial de que se trate.

d) Sí, siempre que esté contemplado en sus Estatutos.

31. Se presumirá la representación que se manifieste ostentar de una persona ante las Administraciones públicas para:

a) Formular solicitudes, presentar declaraciones responsables o comunicaciones.

b) Interponer recursos.

c) Desistir de acciones y renunciar a derechos en nombre de otra persona.

d) Realizar actos y gestiones de mero trámite.

32. Se llama apoderamiento *apud acta* a:

a) La subsanación de un defecto en la solicitud.

b) La presunción de la representación que se dice ostentar de otra persona.

c) La escritura notarial de poder otorgado al representante.

d) La comparecencia personal o electrónica otorgando la representación a un tercero.

33. La falta de acreditación de la representación mediante la que se realiza un acto administrativo:

a) Es subsanable.

b) Determinará la nulidad del mismo.

c) Será sancionable conforme a las infracciones legalmente contempladas.

d) Impedirá que se tenga por realizado el acto de que se trate.

34. El registro de la Administración General del Estado en el que se inscriben, al menos, los apoderamientos de carácter general otorgados *apud acta*, presencial o electrónicamente, y consta el bastanteo realizado del poder, se denomina:

a) Sede Electrónica de Apoderamientos Estatales.

b) Registro Electrónico de Apoderamientos de la Administración General del Estado.

c) Portal de Transparencia del Sector Público Estatal.

d) Dirección General de los Registros y del Notariado.

35. ¿Cuál de los siguientes poderes no es inscribible en los registros electrónicos generales y particulares de apoderamientos?

a) Un poder para que el apoderado pueda actuar en nombre del poderdante únicamente para la realización de determinados trámites especificados en el poder.

b) Un poder general para que el apoderado pueda actuar en nombre del poderdante en cualquier actuación administrativa y ante cualquier Administración.

c) Un poder general para que el apoderado no pueda realizar determinados trámites concretos sin la intervención personal del apoderado.

d) Un poder para que el apoderado pueda actuar en nombre del poderdante en cualquier actuación administrativa ante una Administración u Organismo concreto.

36. La prórroga de los poderes para actuar ante las Administraciones públicas inscritos en el registro tendrán una validez determinada máxima de:

a) Cinco años.

b) Tres meses.

c) Dos años.

d) Diez años.

37. Los poderes otorgados ante una Administración pública serán revocables:

a) Transcurridos tres meses de vigencia.

b) En cualquier momento.

c) Al término del procedimiento administrativo en el que se haya utilizado.

d) Hasta tanto no haya finalizado el plazo para el que haya sido otorgado o en cualquier momento de cada una de sus prórrogas.

38. Cuando en una solicitud, escrito o comunicación figuren varios interesados, las actuaciones a que den lugar, y en el caso de que no se haya designado un representante o interesado a quien dirigirse, se efectuarán con:

a) Aquel que tenga más intereses en juego.

b) Todos ellos de forma independiente.

c) El que comparezca en primer lugar.

d) El de mayor edad.

39. Deberá notificarse la tramitación de un procedimiento a las personas que resulten titulares de derechos e intereses legítimos identificados en el expediente:

a) En los procedimientos no publicitados.

b) En cualquier procedimiento.

c) En los procedimientos iniciados a solicitud de los administrados.

d) Siempre que lo solicite algún interesado.

40. ¿La utilización de cuál de los siguientes sistemas de identificación electrónica ante las Administraciones públicas debe ser admitida para todo procedimiento?

a) Cualquier sistema que cuente con un registro previo como usuario que permita garantizar su identidad y previa comunicación a la Secretaría General de Administración Digital.

b) Sistemas basados en certificados electrónicos reconocidos o cualificados de sello electrónico.

c) Sistemas basados en certificados electrónicos reconocidos o cualificados de firma electrónica.

d) Los de las letras a) y b).

41. ¿Cuál de los siguientes sistemas de identificación electrónica ante las Administraciones públicas, de ser admitido por la Administración General del Estado tiene efectos respecto de las demás?

a) Sistemas basados en certificados electrónicos reconocidos o cualificados de firma electrónica.

b) Sistemas basados en certificados electrónicos reconocidos o cualificados de sello electrónico.

c) Cualquier sistema que cuente con un registro previo como usuario que permita garantizar su identidad y previa comunicación a la Secretaría General de Administración Digital.

d) Cualquiera de los anteriores.

42. Por regla general, ¿pueden los interesados identificarse y firmar electrónicamente en los procedimientos administrativos mediante sistemas basados en certificados electrónicos reconocidos o cualificados de firma o sello electrónicos?

a) Sí, siempre que hayan sido expedidos en cualquier estado miembro de la Unión Europea.

b) Sí, pero únicamente si están expedidos por una Administración pública.

c) Sí, cuando hayan sido expedidos por prestadores incluidos en la Lista de confianza de prestadores de servicios de certificación.

d) No, no es posible.

43. Cuando los interesados utilizan un sistema de firma de los admitidos por las Administraciones públicas, ¿cuándo se entiende acreditada la identidad de aquellos?

a) En el momento que el funcionario habilitado utiliza su firma cualificada.
b) En el propio acto de la firma.
c) Transcurridas 24 horas desde el momento de la firma.
d) A los dos días hábiles siguientes sin que haya oposición.

44. Las Administraciones públicas solo requerirán a los interesados el uso obligatorio de firma para:

a) Aportar documentos.
b) Cumplimentar requerimientos.
c) Desistir de acciones o renunciar a derechos.
d) Declararse en rebeldía.

45. El interesado que carezca de los medios electrónicos necesarios para relacionarse con la Administración pública por esa vía:

a) No tendrán acceso a los servicios administrativos.
b) Serán asistidos por un funcionario habilitado para ello.
c) Tendrán la obligación de hacerlo en papel.
d) Estarán obligados a relacionarse mediante un representante.

Soluciones comentadas

1. d) Las respuestas a) y b) son correctas.

Art 3.

A los efectos previstos en esta ley, tendrán capacidad de obrar ante las Administraciones Públicas:

a) Las personas físicas o jurídicas que ostenten capacidad de obrar con arreglo a las normas civiles.

b) Los menores de edad para el ejercicio y defensa de aquellos de sus derechos e intereses cuya actuación esté permitida por el ordenamiento jurídico sin la asistencia de la persona que ejerza la patria potestad, tutela o curatela. Se exceptúa el supuesto de los menores incapacitados, cuando la extensión de la incapacitación afecte al ejercicio y defensa de los derechos o intereses de que se trate.

c) Cuando la ley así lo declare expresamente, los grupos de afectados, las uniones y entidades sin personalidad jurídica y los patrimonios independientes o autónomos.

2. c) Interesado.

Artículo 4.

1. Se consideran interesados en el procedimiento administrativo:

a) Quienes lo promuevan como titulares de derechos o intereses legítimos individuales o colectivos.

b) Los que, sin haber iniciado el procedimiento, tengan derechos que puedan resultar afectados por la decisión que en el mismo se adopte.

c) Aquellos cuyos intereses legítimos, individuales o colectivos, puedan resultar afectados por la resolución y se personen en el procedimiento en tanto no haya recaído resolución definitiva.

3. b) Para formular solicitudes.

Artículo 5. Para formular solicitudes, presentar declaraciones responsables o comunicaciones, interponer recursos, desistir de acciones y renunciar a derechos en nombre de otra persona, deberá acreditarse la representación. Para los actos y gestiones de mero trámite se presumirá aquella representación.

4. a) Mediante apoderamiento *apud acta*.

Artículo 5.

La representación podrá acreditarse mediante cualquier medio válido en Derecho que deje constancia fidedigna de su existencia.

A estos efectos, se entenderá acreditada la representación realizada mediante apoderamiento apud acta efectuado por comparecencia personal o comparecencia electrónica en la correspondiente sede electrónica, o a través de la acreditación de su inscripción en el registro electrónico de apoderamientos de la Administración Pública competente.

5. d) 10 días.

Artículo 5.

La falta o insuficiente acreditación de la representación no impedirá que se tenga por realizado el acto de que se trate, siempre que se aporte aquella o se subsane el defecto dentro del plazo de diez días que deberá conceder al efecto el órgano administrativo, o de un plazo superior cuando las circunstancias del caso así lo requieran.

6. a) Registro Electrónico de Apoderamientos de la Administración General del Estado.

Art. 6.

La Administración General del Estado, las Comunidades autónomas y las Entidades Locales dispondrán de un registro electrónico general de apoderamientos, en el que deberán inscribirse, al menos, los de carácter general otorgados apud acta, presencial o electrónicamente, por quien ostente la condición de Interesado en un procedimiento administrativo a favor de representante, para actuar en su nombre ante las Administraciones públicas. También deberá constar el bastanteo realizado del poder.

En el ámbito estatal, este registro será el Registro Electrónico de Apoderamientos de la Administración General del Estado.

7. a) Sí, tal y como se establece en el artículo 6 de la ley.

Art 6.1.

Los registros generales de apoderamientos no impedirán la existencia de registros particulares en cada Organismo donde se inscriban los poderes otorgados para la realización de trámites específicos en el mismo. Cada Organismo podrá disponer de su propio registro electrónico de apoderamientos.

8. d) Todas son correctas.

Art. 6.2.

Los registros mercantiles, de la propiedad, y de los protocolos notariales serán interoperables con los registros electrónicos generales y particulares de apoderamientos.

9. c) Ambas son correctas.

Art. 9.

Los interesados podrán identificarse electrónicamente ante las Administraciones públicas a través de los sistemas siguientes:

a) Sistemas basados en certificados electrónicos cualificados de firma electrónica expedidos por prestadores incluidos en la "Lista de confianza de prestadores de servicios de certificación".

b) Sistemas basados en certificados electrónicos cualificados de sello electrónico expedidos por prestadores incluidos en la "Lista de confianza de prestadores de servicios de certificación".

c) Cualquier otro sistema que las Administraciones públicas consideren válido en los términos y condiciones que se establezca, siempre que cuenten con un registro previo como usuario que permita garantizar su identidad y previa comunicación a la Secretaría General de Administración Digital del Ministerio de Asuntos Económicos y Transformación Digital.

10. b) Firma basada en certificado electrónico.

Art. 10.

Los interesados podrán firmar a través de cualquier medio que permita acreditar la autenticidad de la expresión de su voluntad y consentimiento, así como la integridad e inalterabilidad del documento.

En el caso de que los interesados optaran por relacionarse con las Administraciones públicas a través de medios electrónicos, se considerarán válidos a efectos de firma:

a) Sistemas de firma electrónica cualificada y avanzada basados en certificados electrónicos cualificados de firma electrónica expedidos por prestadores incluidos en la "Lista de confianza de prestadores de servicios de certificación".

b) Sistemas de sello electrónico cualificado y de sello electrónico avanzado basados en certificados electrónicos cualificados de sello electrónico expedidos por prestador incluido en la "Lista de confianza de prestadores de servicios de certificación".

c) Cualquier otro sistema que las Administraciones públicas consideren válido en los términos y condiciones que se establezca

11. d) Todas son correctas.

Art 11.

Uso de medios de identificación y firma en el procedimiento administrativo.

1. Con carácter general, para realizar cualquier actuación prevista en el procedimiento administrativo, será suficiente con que los interesados acrediten previamente su identidad a través de cualquiera de los medios de identificación previstos en esta ley.

2. Las Administraciones públicas solo requerirán a los interesados el uso obligatorio de firma para:

a) Formular solicitudes.

b) Presentar declaraciones responsables o comunicaciones.

c) Interponer recursos.

d) Desistir de acciones.

e) Renunciar a derechos.

12. d) Desistir de acciones.

Art 11.

Artículo 11. Uso de medios de identificación y firma en el procedimiento administrativo.

1. Con carácter general, para realizar cualquier actuación prevista en el procedimiento administrativo, será suficiente con que los interesados acrediten previamente su identidad a través de cualquiera de los medios de identificación previstos en esta ley.

2. Las Administraciones públicas solo requerirán a los interesados el uso obligatorio de firma para:

a) Formular solicitudes.

b) Presentar declaraciones responsables o comunicaciones.

c) Interponer recursos.

d) Desistir de acciones.

e) Renunciar a derechos.

13. b) Con el representante.

Art. 7.

Cuando en una solicitud, escrito o comunicación figuren varios interesados, las actuaciones a que den lugar se efectuarán con el representante o el interesado que expresamente hayan señalado y, en su defecto, con el que figure en primer término.

14. a) 5 años.

Art. 6.6.

Los poderes inscritos en el registro tendrán una validez determinada máxima de cinco años a contar desde la fecha de inscripción. En todo caso, en cualquier momento antes de la finalización de dicho plazo el poderdante podrá revocar o prorrogar el poder. Las prórrogas otorgadas por el poderdante al registro tendrán una validez determinada máxima de cinco años a contar desde la fecha de inscripción.

15. d) Todas son correctas.

Art. 6.3. Los asientos que se realicen en los registros electrónicos generales y particulares de apoderamientos deberán contener, al menos, la siguiente información:

a) Nombre y apellidos o la denominación o razón social, documento nacional de identidad, número de identificación fiscal o documento equivalente del poderdante.

b) Nombre y apellidos o la denominación o razón social, documento nacional de identidad, número de identificación fiscal o documento equivalente del apoderado.

c) Fecha de inscripción.

d) Periodo de tiempo por el cual se otorga el poder.

e) Tipo de poder según las facultades que otorgue.

16. d) Ninguna es correcta.

Art. 6.3.

Los asientos que se realicen en los registros electrónicos generales y particulares de apoderamientos deberán contener, al menos, la siguiente información:

a) Nombre y apellidos o la denominación o razón social, documento nacional de identidad, número de identificación fiscal o documento equivalente del poderdante.

b) Nombre y apellidos o la denominación o razón social, documento nacional de identidad, número de identificación fiscal o documento equivalente del apoderado.

c) Fecha de inscripción.

d) Periodo de tiempo por el cual se otorga el poder.

e) Tipo de poder según las facultades que otorgue.

17. c) Cuando la condición de interesado derive de relación jurídica transmisible.

Art. 4. Cuando la condición de interesado derivase de alguna relación jurídica transmisible, el derechohabiente sucederá en tal condición cualquiera que sea el estado del procedimiento.

18. c) Los patrimonios independientes cuando así lo declare expresamente la ley.

Art. 3.

Capacidad de obrar.

A los efectos previstos en esta ley, tendrán capacidad de obrar ante las Administraciones públicas:

a) Las personas físicas o jurídicas que ostenten capacidad de obrar con arreglo a las normas civiles.

b) Los menores de edad para el ejercicio y defensa de aquellos de sus derechos e intereses cuya actuación esté permitida por el ordenamiento jurídico sin la asistencia de la persona que ejerza la patria potestad, tutela o curatela. Se exceptúa el supuesto de los menores incapacitados, cuando la extensión de la incapacitación afecte al ejercicio y defensa de los derechos o intereses de que se trate.

c) Cuando la ley así lo declare expresamente, los grupos de afectados, las uniones y entidades sin personalidad jurídica y los patrimonios independientes o autónomos.

19. b) Los que, sin haber iniciado el procedimiento, tengan derechos que puedan resultar afectados por la decisión que en el mismo se adopte.

Artículo 4.

1. Se consideran interesados en el procedimiento administrativo:

   a) Quienes lo promuevan como titulares de derechos o intereses legítimos individuales o colectivos.

   b) Los que, sin haber iniciado el procedimiento, tengan derechos que puedan resultar afectados por la decisión que en el mismo se adopte.

   c) Aquellos cuyos intereses legítimos, individuales o colectivos, puedan resultar afectados por la resolución y se personen en el procedimiento en tanto no haya recaído resolución definitiva.

20. d) Todas son correctas.

Art 6.4.

Los poderes que se inscriban en los registros electrónicos generales y particulares de apoderamientos deberán corresponder a alguna de las siguientes tipologías:

a) Un poder general para que el apoderado pueda actuar en nombre del poderdante en cualquier actuación administrativa y ante cualquier Administración.

b) Un poder para que el apoderado pueda actuar en nombre del poderdante en cualquier actuación administrativa ante una Administración u Organismo concreto.

c) Un poder para que el apoderado pueda actuar en nombre del poderdante únicamente para la realización de determinados trámites especificados en el poder.

21. a) Se comunicará a dichas personas la tramitación del procedimiento.

Artículo 8.

Si durante la instrucción de un procedimiento que no haya tenido publicidad, se advierte la existencia de personas que sean titulares de derechos o intereses legítimos y directos cuya identificación resulte del expediente y que puedan resultar afectados por la resolución que se dicte, se comunicará a dichas personas la tramitación del procedimiento.

22. c) Ambas son correctas.

Artículo 10.

1. Los interesados podrán firmar a través de cualquier medio que permita acreditar la autenticidad de la expresión de su voluntad y consentimiento, así como la integridad e inalterabilidad del documento.

23. a) En un registro actualizado.

Art. 12.3. La Administración General del Estado, las Comunidades autónomas y las Entidades Locales mantendrán actualizado un registro, u otro sistema equivalente, donde constarán los funcionarios habilitados para la identificación o firma regulada en este artículo. Estos registros o sistemas deberán ser plenamente interoperables y estar interconectados con los de las restantes Administraciones públicas, a los efectos de comprobar la validez de las citadas habilitaciones.

En este registro o sistema equivalente, al menos, constarán los funcionarios que presten servicios en las oficinas de asistencia en materia de registros.

24. b) A cualquier registro.

Art. 6.7.

Las solicitudes de inscripción del poder, de revocación, de prórroga o de denuncia del mismo podrán dirigirse a cualquier registro, debiendo quedar inscrita esta circunstancia en el registro de la Administración u Organismo ante la que tenga efectos el poder y surtiendo efectos desde la fecha en la que se produzca dicha inscripción.

25. b) Representante.

Art. 5. Los interesados con capacidad de obrar podrán actuar por medio de representante, entendiéndose con este las actuaciones administrativas, salvo manifestación expresa en contra del interesado.

26. d) Quienes no la ostenten conforme a las normas civiles.

El art. 3.a) de la LPACAP concede capacidad de obras a las personas físicas o jurídicas que la ostenten con arreglo a las normas civiles.

La capacidad de obrar es la aptitud de una persona para realizar válidamente actos con relevancia jurídica, ejercitar derechos y contraer obligaciones. Esta capacidad, en principio, se le concede a toda persona por el hecho del nacimiento, si bien se imponen límites legales para su tenencia plena, tales como la edad o la condición de la persona. En este último particular, la Ley sigue haciendo referencia a "incapacitados", cuando la reforma operada en el Código Civil por la Ley 8/2021, de 2 de junio, ha modificado el término sustituyéndolo por personas necesitadas de medidas de apoyo.

27. d) La edad.

El art. 3 de la LPACAP define quienes tienen capacidad de obrar ante las Administraciones públicas, remitiendo al derecho privado, y en definitiva, a las normas civiles que lo regulan. Sin embargo, las letras b) y c) de dicha norma sí desvelan que los menores pueden tener capacidad de obrar pero limitada, lo que no ocurre con los entes sin personalidad jurídica, a los que se les reconoce, cuando la ley así lo declare expresamente (caso de la Ley General Tributaria a las comunidades de bienes y comunidades de propietarios). Nada tiene que ver aquí que una persona ostente o no legitimación activa o se considere o no interesado, que son cualidades referidas a circunstancias de los procedimientos jurídicos.

28. a) Los que tengan derechos que puedan resultar afectados por la decisión que en el mismo se adopte, aunque no hayan iniciado el procedimiento.

El artículo 4 de la LPACAP distingue dos tipos de legitimación, según se promueva o no la iniciación del procedimiento. En los procedimientos ya iniciados, los titulares de un derecho que pueda resultar afectado por la resolución que se dicte en su momento tendrán siempre la condición de interesados, cualquiera que sea su comparecencia.

Sin embargo, quien presente una denuncia o comparezca en el trámite de información pública, o en definitiva, promueva un procedimiento administrativo deberá ser titular de derechos o intereses legítimos (art. 4.a). Tampoco se les reconoce a quienes se personen en el procedimiento una vez haya recaído resolución definitiva (art. 4.b), ni a los sucesores de una relación jurídica intransmisible por ser intuitu personae, pues esta debe ser susceptible de transmisión.

29. d) Podrá realizarse mediante apoderamiento apud acta efectuado por comparecencia en la correspondiente sede electrónica.

El párrafo 4.º del art. 5 de la LPACAP permite entender acreditada la representación realizada mediante apoderamiento apud acta efectuado por comparecencia personal o comparecencia electrónica en la correspondiente sede electrónica, siendo esta la respuesta verdadera.

En cuanto a las restantes, la regla general es que la representación no se presume, sino que debe ser acreditada, se puede realizar a posteriori, pues el defecto de carecer de representación es subsanable, y es válido tanto para personas físicas que ostenten capacidad de obrar como para las personas jurídicas cuando conste en sus Estatutos.

30. d) Sí, siempre que esté contemplado en sus Estatutos.

El art. 5.2 de la LPACAP permite que tanto las personas físicas con capacidad de obrar como las personas jurídicas puedan actuar en representación de otras ante las Administraciones públicas, si bien en el caso de estas últimas es necesaria que conste esta previsión en sus Estatutos. Otra cuestión distinta es que esta actuación puede realizarse bien a través de la persona física representante de la persona jurídica o bien por la propia persona jurídica a través de su sello electrónico y el correspondiente certificado electrónico (artículos 9.2 y 10.2 de la LPACAP).

31. d) Realizar actos y gestiones de mero trámite.

El artículo 5.3 de la LPACAP enumera una serie de actuaciones en las que resulta necesaria acreditar la representación, exceptuando a "los actos y gestiones de mero trámite". Podemos deducir de este apartado que para estos son los únicos para los que se presume la representación, debiendo acreditarse en todos los demás trámites y no, únicamente, para los mencionados de forma específica en el artículo 5.3 de la LPACAP. Habrá casos en que la propia norma imponga esta constatación, o su necesidad se deduzca de la naturaleza del acto de que se trate o de los derechos que se ejerzan, pero la regla general es que es necesaria la acreditación de la representación para todos los actos y trámites a excepción de los de mero trámite.

32. d) La comparecencia personal o electrónica otorgando la representación a un tercero.

Entre los medios de prueba específicamente administrativos se encuentra la acreditación de la inscripción en el registro electrónico de poderes de la administración pública competente y el poder apud acta. Esta última expresión es propia del ámbito jurisdiccional, en el que se podía, y puede, otorgar la representación a los procuradores y letrados mediante comparecencia en sede judicial, si bien, en sede administrativa resulta una novedad respecto de la Ley 30/1992, lo que no ocurría con la Ley de 1958 que sí lo recogía, y refleja aquel poder que se efectúa mediante comparecencia personal ante las unidades administrativas. Esta comparecencia podrá realizarse, por medios electrónicos, en la sede electrónica o, personalmente, en las oficinas de asistencia al registro (artículo 6.5 de la LPACAP).

33. a) Es subsanable.

Así lo determina el apartado 6 del art. 5 LPACAP, que extiende la posibilidad de subsanación no solo a aquellos actos en los que no se ha acreditado la representación, sino también en los que la presentada pudiera resultar insuficiente, que podrá convalidarse dentro del plazo de 10 días que a tal efecto se conceda. Distinto es cuando la representación no exista o el acto realizado no se encuentre entre las facultades que se otorgaron en la representación.

Es posible también que el representado ratifique el acto ejecutado por su representante sin el apoderamiento, aunque en los casos en los que el plazo haya precluido y existan terceros interesados habrá que estar al supuesto concreto.

34. b) Registro Electrónico de Apoderamientos de la Administración General del Estado.

Conforme al art. 6 de la LPACAP, "La Administración General del Estado, las Comunidades Autónomas y las Entidades Locales dispondrán de un registro electrónico general de apoderamientos, en el que deberán inscribirse, al menos, los de carácter general otorgados apud acta, presencial o electrónicamente, por quien ostente la condición de interesado en un procedimiento administrativo a favor de representante, para actuar en su nombre ante las Administraciones públicas. También deberá constar el bastanteo realizado del poder. En el ámbito estatal, este registro será el Registro Electrónico de Apoderamientos de la Administración General del Estado".

A través de la página web establecida al efecto, y que se denomina Apodera (https://sede.administracion.gob.es/apodera/clave.htm), se pueden consultar tanto los apoderamientos realizados en favor de otros (poderdante) como aquellos realizados a favor de una persona (apoderado).

35. c) Un poder general para que el apoderado no pueda realizar determinados trámites concretos sin la intervención personal del apoderado.

Según el párrafo 4.º del art. 6 de la LPACAP Los poderes que se inscriban en los registros electrónicos generales y particulares de apoderamientos deberán corresponder a alguna de las siguientes tipologías:

a) Un poder general para que el apoderado pueda actuar en nombre del poderdante en cualquier actuación administrativa y ante cualquier Administración.

b) Un poder para que el apoderado pueda actuar en nombre del poderdante en cualquier actuación administrativa ante una Administración u Organismo concreto.

c) Un poder para que el apoderado pueda actuar en nombre del poderdante únicamente para la realización de determinados trámites especificados en el poder.

Sin embargo, no es posible restringir de determinados trámites al poder que se otorga, pues es posible que alguna persona quiera conceder al representante amplios poderes pero no alguna facultad concreta, como por ejemplo, la de cobrar en su nombre.

36. a) Cinco años.

El apoderamiento administrativo debe conferirse por un periodo de tiempo determinado que, en cualquier caso, y a tenor de lo dispuesto en el art. 6, párrafo 6.º de la LPACAP será de cinco años, como máximo, a partir de la fecha de inscripción. Esto no supone que el poder pueda tener una duración menor, incluso para un solo día. Igualmente, las prórrogas del poder tendrán una duración máxima de cinco años. El apoderamiento es revocable a simple manifestación del poderdante, como es lógico, sin que se exija motivación alguna.

37. b) En cualquier momento.

Según preceptúan los parágrafos 6.º y 7.º del art. 6 de la LPACAP, "En todo caso, en cualquier momento antes de finalizar dicho plazo, el apoderado podrá revocar o prorrogar el poder. Las prórrogas tendrán una vigencia máxima de cinco años, plazo que se contará a partir de la fecha de registro de la prórroga. Las solicitudes de inscripción del poder, de revocación, de prórroga o de denuncia del mismo podrán dirigirse a cualquier registro, debiendo quedar inscrita esta circunstancia en el registro de la Administración u Organismo ante la que tenga efectos el poder y surtiendo efectos desde la fecha en la que se produzca dicha inscripción", por lo que el representante podrá seguir actuando hasta tanto no se lleva a efecto la inscripción.

38. c) El que comparezca en primer lugar.

Conforme al art. 7 de la LPACAP, "Cuando en una solicitud, escrito o comunicación figuren varios interesados, las actuaciones a que den lugar se efectuarán con el representante o el interesado que expresamente hayan señalado, y, en su defecto, con el que figure en primer término".

Por tanto, y cuando se trata de los supuestos a los que se refiere el art. 66.2 de la LPACAP, que permite que "cuando las reclamaciones correspondientes a varias personas tengan idéntico o sustancialmente similar contenido y fundamento, podrán formularse en una sola solicitud, no siendo necesario notificar a todos los interesados cuando actúan conjuntamente defendiendo una misma posición jurídica frente a la Administración.

Por ello, y a falta de que en dicha solicitud, escrito o comunicación no se prevea la designación de un representante o un interesado a quien dirigirse, se notificará a quien primero comparezca, si bien esto no será lo habitual, pues la práctica dicta que lo general es que varios comparezcan representados por una persona, normalmente, un profesional que se encarga de la dirección jurídica.

39. a) En los procedimientos no publicitados.

El art. 8 de la LPACAP impone a la Administración instructora de un procedimiento administrativo la obligación de notificar a aquellos que a resultas del expediente puedan verse afectados como titulares de derechos e intereses legítimos y directos por la resolución dictada.

En consecuencia, se exige que se trate de un procedimiento no publicitado, es decir, que dichos titulares no hayan tenido oportunidad de conocer la existencia del procedimiento, que se trate de titulares de derechos e intereses legítimos y directos, y que no sean interesados, pues solo se convertirán en tales cuando se personen en el mismo o realicen algún otro trámite.

40. d) Los de las letras a) y b).

El art. 9.2 de la LPACAP, recoge los sistemas a través de los cuales los interesados pueden identificarse electrónicamente ante las Administraciones públicas. Así, considera admisibles:

a) Sistemas basados en certificados electrónicos reconocidos o cualificados de firma electrónica expedidos por prestadores incluidos en la «Lista de confianza de prestadores de servicios de certificación».

b) Sistemas basados en certificados electrónicos reconocidos o cualificados de sello electrónico expedidos por prestadores incluidos en la «Lista de confianza de prestadores de servicios de certificación».

c) Cualquier otro sistema que las Administraciones públicas consideren válido en los términos y condiciones que se establezca, siempre que cuenten con un registro previo como usuario que permita garantizar su identidad y previa comunicación a la Secretaría General de Administración Digital del Ministerio de Asuntos Económicos y Transformación Digital.

Las Administraciones públicas deberán garantizar que la utilización de uno de los sistemas previstos en las letras a) y b) sea posible para todo procedimiento, aun cuando se admita para ese mismo procedimiento alguno de los previstos en la letra c).

41. d) Cualquiera de los anteriores.

Conforme al art. 9.4 de la LPACAP "En todo caso, la aceptación de alguno de estos sistemas por la Administración General del Estado servirá para acreditar frente a todas las Administraciones públicas, salvo prueba en contrario, la identificación electrónica de los interesados en el procedimiento administrativo". En consecuencia, una vez identificado ante la AGE mediante un sistema admitido por esta, surte efectos frente a cualquier administración pública, lo cual no es baladí a la vista de la amalgama de sedes electrónicas y entidades dependientes de distintas administraciones que confluyen en determinadas materias, como la Estatal, Comunidad Autónoma y Entidades Locales, incluso servicios dentro de estas últimas, como pueden ser las subsedes electrónicas de las agencias tributarias o gerencias de urbanismo de los Ayuntamientos.

42. c) Sí, cuando hayan sido expedidos por prestadores incluidos en la Lista de confianza de prestadores de servicios de certificación.

Según el art. 10.2 de la LPACAP, por regla general, se considerarán válidos a efectos de firma: a) los sistemas de firma electrónica cualificada y avanzada basados en certificados electrónicos cualificados de firma electrónica expedidos por prestadores incluidos en la "Lista de confianza de prestadores de servicios de certificación"; b) los sistemas de sello electrónico cualificado y de sello electrónico avanzado basados en certificados electrónicos cualificados de sello electrónico expedidos por prestador incluido en la "Lista de confianza de prestadores de servicios de certificación'; y c) cualquier otro sistema que las Administraciones públicas consideren válido en los términos y condiciones que se establezca, siempre que cuenten con un registro previo como usuario que permita garantizar su identidad y previa comunicación a la Secretaría General de Administración Digital.

No obstante, se impone la obligación de garantizar que la utilización de uno de los sistemas previstos en las letras a) y b) sea posible para todos los procedimientos en todos sus trámites, aun cuando adicionalmente se permita alguno de los previstos al amparo de lo dispuesto en la letra c), resultando pues, que la regla general serán sistemas expedidos por prestadores de servicio de certificación.

43. b) En el propio acto de la firma.

Así lo establece el art. 10.5 de la LPACAP, que prevé que Cuando los interesados utilicen un sistema de firma de los previstos en este artículo, su identidad se entenderá ya acreditada mediante el propio acto de la firma. Por tanto, en el mismo momento en el que el interesado accede a la firma electrónica del documento se entiende que se ha acreditado su personalidad sin necesidad de acto o gestión posterior que lo corrobore.

44. c) Desistir de acciones o renunciar a derechos.

Con carácter general el art. 11 de la LPACAP entiende suficiente para realizar cualquier actuación prevista en el procedimiento administrativo, que los interesados acrediten previamente su identidad a través de cualquiera de los medios de identificación previstos en esta Ley.

Las Administraciones públicas solo requerirán a los interesados el uso obligatorio de firma para:

a) Formular solicitudes.

b) Presentar declaraciones responsables o comunicaciones.

c) Interponer recursos.

d) Desistir de acciones.

e) Renunciar a derechos.

Los actos de firma obligatoria coinciden con aquellos para los que el art. 5.3 exige la acreditación de la representación, otorgando a estos actos un formalismo especial, aunque ello no impedirá que se pueda también requerir de firma para otros actos.

45. b) Serán asistidos por un funcionario habilitado para ello.

El art. 12 de la LPACAP garantiza que los interesados pueden relacionarse con la Administración a través de medios electrónicos, poniendo a su disposición los canales de acceso que sean necesarios así como los sistemas y aplicaciones que en cada caso se determinen. El apartado 2 de dicho precepto impone el deber de las Administraciones públicas de asistir en el uso de medios electrónicos a los interesados no incluidos en los apartados 2 y 3 del artículo 14, esto es, aquellos no obligados a relacionarse a través de medios electrónicos con las Administraciones públicas, que así lo soliciten, especialmente en lo referente a la identificación y firma electrónica, presentación de solicitudes a través del registro electrónico general y obtención de copias auténticas.

Asimismo, si alguno de estos interesados no dispone de los medios electrónicos necesarios, su identificación o firma electrónica en el procedimiento administrativo podrá ser válidamente realizada por un funcionario público mediante el uso del sistema de firma electrónica del que esté dotado para ello. En este caso, será necesario que el interesado que carezca de los medios electrónicos necesarios se identifique ante el funcionario y preste su consentimiento expreso para esta actuación, de lo que deberá quedar constancia para los casos de discrepancia o litigio.

TÍTULO II

De la actividad de las Administraciones Públicas

1. ¿Cómo se denomina el Título II de la Ley 39/2015, de 1 de octubre, del Procedimiento Administrativo Común de las Administraciones Públicas?

a) Disposiciones generales.
b) De los interesados en el procedimiento.
c) De la actividad de las Administraciones públicas.
d) De los actos administrativos.

2. ¿Cuántos capítulos tiene el Título II "De la actividad de las Administraciones públicas" de la Ley 39/2015, de 1 de octubre, del Procedimiento Administrativo Común de las Administraciones Públicas:

a) Dos.
b) Tres.
c) Cuatro.
d) Cinco.

3. ¿Cómo se titula el Capítulo II del Título II "De la actividad de las Administraciones públicas" de la Ley 39/2015, de 1 de octubre, del Procedimiento Administrativo Común de las Administraciones Públicas:

a) Términos y plazos.
b) Cómputo de plazos.
c) Normas generales de actuación.
d) Tramitación de urgencia.

4. ¿Cómo se titula el Capítulo I del Título II "De la actividad de las Administraciones públicas" de la Ley 39/2015, de 1 de octubre, del Procedimiento Administrativo Común de las Administraciones Públicas?

a) Tramitación de urgencia.
b) Cómputo de plazos.

c) Registros.

d) Normas generales de actuación.

5. A tenor del art. 15.1 de la Ley 39/2015, de 1 de octubre, del Procedimiento Administrativo Común de las Administraciones Públicas, ¿cuál es la lengua de los procedimientos tramitados por la Administración General del Estado?

a) El castellano.

b) Cualquiera de las lenguas oficiales de la Unión Europea.

c) El castellano y el inglés.

d) Cualquiera de las lenguas oficiales en España.

6. Según dispone el art. 15.2 de la Ley 39/2015, de 1 de octubre, en los procedimientos tramitados por las Administraciones de las Comunidades Autónomas y de las Entidades Locales, el uso de la lengua se ajustará a lo previsto:

a) En la normativa estatal.

b) En la legislación autonómica correspondiente.

c) En la legislación municipal correspondiente.

d) En la Ley 7/1985, de 2 de abril, Reguladora de las Bases del Régimen Local.

7. La Ley del Procedimiento Administrativo Común de las Administraciones Públicas dispone que los interesados que se dirijan a los órganos de la Administración General del Estado con sede en el territorio de una Comunidad Autónoma:

a) Deberán utilizar necesariamente el castellano.

b) Deberán utilizar necesariamente la lengua que sea cooficial en la Comunidad Autónoma.

c) Podrán utilizar también la lengua que sea cooficial en la Comunidad Autónoma.

d) Podrán utilizar también la lengua oficial de cualquier Comunidad Autónoma.

8. ¿Quiénes de los siguientes sujetos estarán obligados, en todo caso, a relacionarse a través de medios electrónicos con las Administraciones públicas para la realización de cualquier trámite de un procedimiento administrativo?

a) Las entidades sin personalidad jurídica.

b) Quienes representen a un interesado que esté obligado a relacionarse electrónicamente con la Administración.

c) Las personas jurídicas.

d) Todos los anteriores.

9. ¿Qué artículo de la Ley 39/2015, de 1 de octubre, del Procedimiento Administrativo Común de las Administraciones Públicas, regula la lengua de los procedimientos tramitados por la Administración General del Estado?

a) El artículo 12.

b) El artículo 13.

c) El artículo 14.
d) El artículo 15.

10. ¿Cómo denomina la Ley 39/2015, de 1 de octubre, del Procedimiento Administrativo Común de las Administraciones Públicas, al Registro con el que ha de contar cada Administración donde se hará el correspondiente asiento de todo documento que sea presentado o que se reciba en cualquier órgano administrativo, Organismo público o Entidad vinculado o dependiente a estos?

a) Registro General.
b) Registro Único Electrónico.
c) Registro Electrónico General.
d) Registro Electrónico Administrativo.

11. ¿Qué artículo de la Ley 39/2015, de 1 de octubre, del Procedimiento Administrativo Común de las Administraciones Públicas regula los derechos de las personas en sus relaciones con las Administraciones públicas?

a) El artículo 12.
b) El artículo 13.
c) El artículo 14.
d) El artículo 15.

12. ¿Quiénes de los siguientes están obligados a relacionarse a través de medios electrónicos con las Administraciones públicas para la realización de cualquier trámite de un procedimiento administrativo?

a) Las entidades sin personalidad jurídica.
b) Los empleados de las Administraciones públicas para los trámites y actuaciones que realicen con ellas por razón de su condición de empleado público.
c) Las personas jurídicas.
d) Todas las respuestas son correctas.

13. Señala cuál de los siguientes no es uno de los derechos de las personas en sus relaciones con las Administraciones públicas contemplados en el art. 13 de la Ley 39/2015, de 1 de octubre:

a) A ser tratados con respeto y preferencia por las autoridades y empleados públicos, que habrán de facilitarles el ejercicio de sus derechos y el cumplimiento de sus obligaciones.
b) A ser asistidos en el uso de medios electrónicos en sus relaciones con las Administraciones públicas.
c) A comunicarse con las Administraciones públicas a través de un Punto de Acceso General electrónico de la Administración.
d) A la obtención y utilización de los medios de identificación y firma electrónica contemplados en la Ley 39/2015, de 1 de octubre.

14. Señala la respuesta incorrecta respecto al derecho y obligación de relacionarse electrónicamente con las Administraciones públicas:

a) En todo caso, estarán obligados a relacionarse a través de medios electrónicos con las Administraciones públicas para la realización de cualquier trámite de un procedimiento administrativo las personas jurídicas.

b) Una vez elegido el medio por la persona para comunicarse con las Administraciones públicas no podrá ser modificado.

c) Reglamentariamente, las Administraciones podrán establecer la obligación de relacionarse con ellas a través de medios electrónicos para determinados procedimientos y para ciertos colectivos de personas físicas que por razón de su capacidad económica, técnica, dedicación profesional u otros motivos quede acreditado que tienen acceso y disponibilidad de los medios electrónicos necesarios.

d) Las entidades sin personalidad jurídica estarán obligados a relacionarse a través de medios electrónicos con las Administraciones públicas para la realización de cualquier trámite de un procedimiento administrativo.

15. ¿Qué artículo de la LPACAP reconoce, a quienes tengan capacidad de obrar ante las Administraciones públicas, el derecho a comunicarse con las Administraciones públicas a través de un Punto de Acceso General electrónico de la Administración?

a) El art. 19.
b) El art. 17.
c) El art. 15.
d) El art. 13.

16. Señala en dónde no podrán los interesados presentar los documentos que dirijan a los órganos de las Administraciones Públicas:

a) En las representaciones diplomáticas u oficinas consulares de España en el extranjero.

b) En las oficinas de Correos y empresas de paquetería, en la forma que reglamentariamente se establezca.

c) En las oficinas de asistencia en materia de registros.

d) En el registro electrónico de la Administración u Organismo al que se dirijan, así como en los restantes registros electrónicos de cualquiera de las Administraciones o entidades que conforman el sector público.

17. A tenor de lo dispuesto en el artículo 26.2 de la LPACAP, para ser considerados válidos, los documentos electrónicos deberán:

a) Incorporar una referencia temporal del momento en que han sido emitidos.

b) Disponer de los datos de identificación que permitan su individualización, sin perjuicio de su posible incorporación a un expediente electrónico.

c) Incorporar los metadatos mínimos exigidos.

d) Todas las respuestas son correctas.

18. Señala la respuesta incorrecta respecto a los documentos aportados por los interesados al procedimiento administrativo:

a) Los interesados deberán aportar al procedimiento administrativo los datos y documentos exigidos por las Administraciones públicas de acuerdo con lo dispuesto en la normativa aplicable.

b) Las Administraciones, con carácter general, exigirán a los interesados la presentación de documentos originales.

c) Los interesados tienen derecho a no aportar documentos que ya se encuentren en poder de la Administración actuante o hayan sido elaborados por cualquier otra Administración.

d) Las Administraciones Públicas deberán recabar los documentos electrónicamente a través de sus redes corporativas o mediante consulta a las plataformas de intermediación de datos u otros sistemas electrónicos habilitados al efecto.

19. Señala la respuesta incorrecta respecto al cómputo de plazos en los registros:

a) A efectos de cómputo de los plazos, el registro electrónico de cada Administración u Organismo se regirá por la fecha y hora oficial de la sede electrónica de acceso, que deberá contar con las medidas de seguridad necesarias para garantizar su integridad y figurar de modo accesible y visible.

b) A los efectos del cómputo de plazo fijado en días hábiles, y en lo que se refiere al cumplimiento de plazos por los interesados, la presentación en un día inhábil se entenderá realizada en la primera hora del primer día hábil siguiente salvo que una norma permita expresamente la recepción en día inhábil.

c) El inicio del cómputo de los plazos que hayan de cumplir las Administraciones Públicas vendrá determinado por la fecha y hora de presentación en el registro electrónico de cada Administración u Organismo.

d) Cuando una incidencia técnica haya imposibilitado el funcionamiento ordinario del sistema o aplicación que corresponda, y hasta que se solucione el problema, la Administración podrá determinar una ampliación de los plazos vencidos, debiendo publicar en la sede electrónica tanto la incidencia técnica acontecida como la ampliación concreta del plazo vencido.

20. ¿Qué recurso cabe contra el acuerdo que declare la aplicación de la tramitación de urgencia al procedimiento?

a) Recurso de alzada.

b) Recurso de reposición.

c) Recurso extraordinario de revisión.

d) Ninguno.

21. Los medios o soportes en que se almacenen documentos deberán contar con medidas de seguridad, de acuerdo con lo previsto en el Esquema Nacional de Seguridad, que garanticen:

a) La integridad, autenticidad, confidencialidad, calidad, igualdad, protección y conservación de los documentos almacenados.

b) La integridad, autenticidad, confidencialidad, calidad, protección y conservación de los documentos almacenados.

c) La integridad, autenticidad, confidencialidad, publicidad, calidad, protección y conservación de los documentos almacenados.

d) La integridad, igualdad, confidencialidad, publicidad, calidad, protección y conservación de los documentos almacenados.

22. ¿Cuándo dispone la Ley 39/2015, de 1 de octubre, del Procedimiento Administrativo Común de las Administraciones Públicas, que será obligatoria la comparecencia de las personas ante las oficinas públicas, ya sea presencialmente o por medios electrónicos?

a) Siempre.

b) Nunca.

c) Cuando así esté previsto en una norma con rango de ley.

d) Cuando así esté previsto reglamentariamente.

23. En los casos en que proceda la comparecencia presencial de las personas ante las oficinas públicas, la correspondiente citación hará constar expresamente:

a) Los medios disponibles y objeto de la comparecencia.

b) Los efectos de no atender la citación.

c) El lugar, fecha y hora.

d) Todas las respuestas son correctas.

24. ¿En qué artículo de la LPACAP se regula la comparecencia de las personas ante las oficinas públicas?

a) En el art. 19.

b) En el art. 18.

c) En el art. 15.

d) En el art. 14.

25. Los documentos electrónicos deberán conservarse en un formato que permita garantizar:

a) La integridad del documento.

b) La autenticidad del documento.

c) La conservación del documento.

d) Todas las respuestas son correctas.

26. Señala la respuesta incorrecta respecto al silencio administrativo en los procedimientos iniciados a solicitud del interesado:

a) La desestimación por silencio administrativo tiene los solos efectos de permitir a los interesados la interposición del recurso administrativo o contencioso-administrativo que resulte procedente.

b) La estimación por silencio administrativo tiene a todos los efectos la consideración de acto administrativo finalizador del procedimiento.

c) Cuando el procedimiento tenga por objeto el acceso a actividades o su ejercicio, la ley que disponga el carácter desestimatorio del silencio deberá fundarse en la concurrencia de razones imperiosas de interés general.

d) El silencio tendrá efecto estimatorio en los procedimientos relativos al ejercicio del derecho de petición, a que se refiere el artículo 29 de la Constitución.

27. Para ser considerados válidos, los documentos electrónicos administrativos deberán:

a) Incorporar una referencia temporal del momento en que han sido emitidos.

b) Disponer de los datos de identificación que permitan su individualización, sin perjuicio de su posible incorporación a un expediente electrónico.

c) Incorporar las firmas electrónicas que correspondan de acuerdo con lo previsto en la normativa aplicable.

d) Todas las respuestas son correctas.

28. Señala la respuesta incorrecta respecto al cómputo de plazos:

a) La declaración de un día como hábil o inhábil a efectos de cómputo de plazos determinará por sí sola el funcionamiento de los centros de trabajo de las Administraciones públicas.

b) Los plazos expresados por horas se contarán de hora en hora y de minuto en minuto desde la hora y minuto en que tenga lugar la notificación o publicación del acto de que se trate y no podrán tener una duración superior a veinticuatro horas, en cuyo caso se expresarán en días.

c) Si el plazo se fija en meses o años, estos se computarán a partir del día siguiente a aquel en que tenga lugar la notificación o publicación del acto de que se trate, o desde el siguiente a aquel en que se produzca la estimación o desestimación por silencio administrativo.

d) Cuando el último día del plazo sea inhábil, se entenderá prorrogado al primer día hábil siguiente.

29. Dispone la Ley 39/2015, de 1 de octubre, que la Administración General del Estado y las Administraciones de las Comunidades Autónomas, con sujeción al calendario laboral oficial, fijarán, en su respectivo ámbito, el calendario de días inhábiles a efectos de cómputos de plazos. Dicho calendario deberá publicarse:

a) Antes del comienzo de cada año en el diario oficial que corresponda, así como en otros medios de difusión que garanticen su conocimiento generalizado.

b) El 1 de enero de cada año en el diario oficial que corresponda, así como en otros medios de difusión que garanticen su conocimiento generalizado.

c) El 31 de octubre de cada año en el diario oficial que corresponda, así como en otros medios de difusión que garanticen su conocimiento generalizado.

d) El 1 de diciembre de cada año en el diario oficial que corresponda, así como en otros medios de difusión que garanticen su conocimiento generalizado.

30. ¿A quién obligan los términos y plazos establecidos en la Ley 39/2015, de 1 de octubre?

a) Únicamente a las autoridades al servicio de las Administraciones públicas competentes para la tramitación de los asuntos.

b) Únicamente al personal al servicio de las Administraciones públicas competentes para la tramitación de los asuntos.

c) Únicamente a los interesados en los asuntos.

d) A las autoridades y personal al servicio de las Administraciones públicas competentes para la tramitación de los asuntos, así como a los interesados en los mismos.

31. ¿En qué artículo de la LPACAP se regula el cómputo de plazos?

a) En el art. 28.

b) En el art. 29.

c) En el art. 30.

d) En el art. 31.

32. A tenor del art. 31.2 de la Ley 39/2015, de 1 de octubre, el funcionamiento del registro electrónico permitirá la presentación de documentos:

a) Todos los días del año durante las veinticuatro horas.

b) De lunes a viernes las veinticuatro horas.

c) De lunes a viernes las veinticuatro horas y los fines de semana de 8 a 14 horas.

d) De lunes a viernes de 8 a 22 horas.

33. Si las circunstancias lo aconsejan y con ello no se perjudican derechos de tercero, la Administración, salvo precepto en contrario, podrá conceder de oficio o a petición de los interesados, una ampliación de los plazos establecidos, que no exceda de:

a) La mitad de los mismos.

b) La tercera parte de los mismos.

c) La cuarta parte de los mismos.

d) La quinta parte de los mismos.

34. Señala la respuesta incorrecta respecto a la ampliación de los plazos:

a) Tanto la petición de los interesados como la decisión sobre la ampliación deberán producirse, en todo caso, antes del vencimiento del plazo de que se trate.

b) Cuando como consecuencia de un ciberincidente se hayan visto gravemente afectados los servicios y sistemas utilizados para la tramitación de los procedimientos y el ejercicio de los derechos de los interesados que prevé la normativa vigente, la Administración podrá acordar la ampliación general de plazos de los procedimientos administrativos.

c) Cuando una incidencia técnica haya imposibilitado el funcionamiento ordinario del sistema o aplicación que corresponda, y hasta que se solucione el problema, la Administración podrá determinar una ampliación de los plazos no vencidos, debiendo publicar en la sede electrónica tanto la incidencia técnica acontecida como la ampliación concreta del plazo no vencido.

d) La Administración, salvo precepto en contrario, podrá conceder de oficio o a petición de los interesados, una ampliación de los plazos establecidos, que no exceda de la mitad de los mismos, si las circunstancias lo aconsejan y con ello no se perjudican derechos de tercero. El acuerdo de ampliación no será notificado a los interesados.

35. Cuando una incidencia técnica haya imposibilitado el funcionamiento ordinario del sistema o aplicación que corresponda, y hasta que se solucione el problema, la Administración:

a) Determinará una ampliación de los plazos no vencidos, debiendo publicar en la sede electrónica tanto la incidencia técnica acontecida como la ampliación concreta del plazo no vencido.

b) Podrá determinar una ampliación de los plazos no vencidos, debiendo publicar en la sede electrónica tanto la incidencia técnica acontecida como la ampliación concreta del plazo no vencido.

c) Determinará una ampliación de los plazos no vencidos, debiendo publicar en el BOE tanto la incidencia técnica acontecida como la ampliación concreta del plazo no vencido.

d) Podrá determinar una ampliación de los plazos no vencidos, debiendo publicar en el BOE tanto la incidencia técnica acontecida como la ampliación concreta del plazo no vencido.

36. A tenor de la Ley 39/2015, de 1 de octubre, del Procedimiento Administrativo Común de las Administraciones públicas, cuando se trate de informes preceptivos ya elaborados por un órgano administrativo distinto al que tramita el procedimiento, estos deberán ser remitidos en el plazo de:

a) Un mes a contar desde su solicitud.
b) Veinte días a contar desde su solicitud.
c) Quince días a contar desde su solicitud.
d) Diez días a contar desde su solicitud.

37. Podrán las Administraciones exigir a los interesados la presentación de documentos originales:

a) No, en ningún caso.
b) Sí, siempre.
c) Sí, cuando el personal de las Administraciones lo estime oportuno.
d) Sí, cuando, con carácter excepcional, la normativa reguladora aplicable así lo determine.

38. ¿Qué artículo de la LPACAP regula los documentos aportados por los interesados al procedimiento administrativo?

a) El art. 28.
b) El art. 29.
c) El art. 30.
d) El art. 31.

39. ¿La expedición de copias auténticas de qué documentos se regirá por su legislación específica?

a) La de los documentos registrales y judiciales.
b) La de los documentos públicos notariales.
c) La de los diarios oficiales.
d) Todas las respuestas son correctas.

40. ¿Pueden, a tenor de lo dispuesto en la Ley 39/2015, de 1 de octubre, del Procedimiento Administrativo Común de las Administraciones Públicas, los interesados solicitar la expedición de copias auténticas de los documentos públicos administrativos que hayan sido válidamente emitidos por las Administraciones Públicas?

a) Sí, en cualquier momento.
b) No, en ningún caso.
c) Sí, pero únicamente cuando reglamentariamente así se disponga.
d) Sí, durante los diez días siguientes a la emisión de dichos documentos públicos.

41. Los interesados podrán solicitar, en cualquier momento, la expedición de copias auténticas de los documentos públicos administrativos que hayan sido válidamente emitidos por las Administraciones públicas. La solicitud se dirigirá al órgano que emitió el documento original, debiendo expedirse, salvo las excepciones derivadas de la aplicación de la Ley 19/2013, de 9 de diciembre, en el plazo de:

a) Veinte días a contar desde la recepción de la solicitud en el registro electrónico de la Administración u Organismo competente.
b) Quince días a contar desde la recepción de la solicitud en el registro electrónico de la Administración u Organismo competente.
c) Diez días a contar desde la recepción de la solicitud en el registro electrónico de la Administración u Organismo competente.
d) Siete días a contar desde la recepción de la solicitud en el registro electrónico de la Administración u Organismo competente.

42. ¿En qué artículo de la LPACAP se regula la validez y eficacia de las copias realizadas por las Administraciones públicas?

a) En el art. 26.
b) En el art. 27.

c) En el art. 30.
d) En el art. 31.

43. Señala la respuesta incorrecta:

a) Se entiende por documentos públicos administrativos los válidamente emitidos por los órganos de las Administraciones públicas.

b) Requerirán de firma electrónica los documentos electrónicos emitidos por las Administraciones públicas que se publiquen con carácter meramente informativo.

c) Las Administraciones públicas emitirán los documentos administrativos por escrito, a través de medios electrónicos, a menos que su naturaleza exija otra forma más adecuada de expresión y constancia.

d) Para ser considerados válidos, los documentos electrónicos administrativos deberán contener información de cualquier naturaleza archivada en un soporte electrónico según un formato determinado susceptible de identificación y tratamiento diferenciado.

44. Señala la respuesta incorrecta respecto al silencio administrativo en los procedimientos iniciados a solicitud del interesado:

a) El sentido del silencio será estimatorio en los procedimientos de impugnación de actos y disposiciones.

b) La estimación por silencio administrativo tiene a todos los efectos la consideración de acto administrativo finalizador del procedimiento.

c) Cuando el procedimiento tenga por objeto el acceso a actividades o su ejercicio, la ley que disponga el carácter desestimatorio del silencio deberá fundarse en la concurrencia de razones imperiosas de interés general.

d) La desestimación por silencio administrativo tiene los solos efectos de permitir a los interesados la interposición del recurso administrativo o contencioso-administrativo que resulte procedente.

45. Señala la respuesta incorrecta respecto al silencio administrativo en los procedimientos iniciados a solicitud del interesado:

a) Los actos administrativos producidos por silencio administrativo se podrán hacer valer tanto ante la Administración como ante cualquier persona física o jurídica, pública o privada.

b) Cuando el recurso de alzada se haya interpuesto contra la desestimación por silencio administrativo de una solicitud por el transcurso del plazo, se entenderá estimado el mismo si, llegado el plazo de resolución, el órgano administrativo competente no dictase y notificase resolución expresa, siempre que no se refiera a las materias enumeradas en el párrafo anterior de este apartado.

c) El silencio tendrá efecto desestimatorio en los procedimientos relativos al ejercicio del derecho de petición, a que se refiere el artículo 29 de la Constitución.

d) El sentido del silencio será estimatorio en los procedimientos de revisión de oficio iniciados a solicitud de los interesados.

46. ¿Ante quién se podrán hacer valer los actos administrativos producidos por silencio administrativo?

a) Ante cualquier persona física.
b) Ante cualquier persona jurídica, pública o privada.
c) Ante la Administración.
d) Todas las respuestas son correctas.

47. ¿En qué artículo de la LPACAP se regula la ampliación del plazo máximo para resolver y notificar?

a) En el art. 20.
b) En el art. 22.
c) En el art. 23.
d) En el art. 26.

48. Señala la respuesta incorrecta respecto a los plazos administrativos:

a) El transcurso del plazo máximo legal para resolver un procedimiento y notificar la resolución se podrá suspender cuando exista un procedimiento no finalizado en el ámbito de la Unión Europea que condicione directamente el contenido de la resolución de que se trate, desde que se tenga constancia de su existencia, lo que deberá ser comunicado a los interesados, hasta que se resuelva, lo que también habrá de ser notificado.

b) No será necesario notificar a los interesados el acuerdo que resuelva sobre la ampliación de plazos.

c) El transcurso del plazo máximo legal para resolver un procedimiento y notificar la resolución se suspenderá cuando los interesados promuevan la recusación en cualquier momento de la tramitación de un procedimiento, desde que esta se plantee hasta que sea resuelta por el superior jerárquico del recusado.

d) Excepcionalmente, cuando se hayan agotado los medios personales y materiales disponibles a los que se refiere el apartado 5 del artículo 21, el órgano competente para resolver, a propuesta, en su caso, del órgano instructor o el superior jerárquico del órgano competente para resolver, podrá acordar de manera motivada la ampliación del plazo máximo de resolución y notificación, no pudiendo ser este superior al establecido para la tramitación del procedimiento.

49. El transcurso del plazo máximo legal para resolver un procedimiento y notificar la resolución se podrá suspender cuando se soliciten informes preceptivos a un órgano de la misma o distinta Administración, por el tiempo que medie entre la petición, que deberá comunicarse a los interesados, y la recepción del informe, que igualmente deberá ser comunicada a los mismos. Este plazo de suspensión no podrá exceder en ningún caso de:

a) Tres meses.
b) Dos meses.
c) Un mes.
d) Veinte días hábiles.

50. Según dispone la Ley del Procedimiento Administrativo Común de las Administraciones Públicas, el plazo máximo en el que debe notificarse la resolución expresa será el fijado por la norma reguladora del correspondiente procedimiento. Este plazo no podrá exceder de seis meses:

a) En ningún caso.
b) Salvo que una norma con rango de Ley establezca uno mayor.
c) Salvo que así venga previsto en el Derecho de la Unión Europea.
d) Las respuestas b) y c) son correctas.

51. ¿En qué artículo de la LPACAP se regula la obligación de resolver que tiene la Administración Pública en todos los procedimientos?

a) En el art. 19.
b) En el art. 21.
c) En el art. 24.
d) En el art. 25.

52. ¿En cuál de los siguientes casos la resolución consistirá en la declaración de la circunstancia que concurra en cada caso, con indicación de los hechos producidos y las normas aplicables?

a) En los casos de caducidad del procedimiento o desistimiento de la solicitud.
b) En los casos de prescripción.
c) En los casos de renuncia del derecho, así como de desaparición sobrevenida del objeto del procedimiento.
d) Todas las respuestas son correctas.

53. ¿En qué plazo máximo determina la Ley 39/2015, de 1 de octubre, del Procedimiento Administrativo Común de las Administraciones Públicas, que debe notificarse la resolución expresa?

a) En seis meses.
b) En tres meses.
c) En un mes.
d) En el fijado por la norma reguladora del correspondiente procedimiento.

54. ¿Conlleva algún tipo de responsabilidad el incumplimiento de la obligación legal de dictar resolución expresa en plazo?

a) No.
b) Sí, responsabilidad penal.
c) Sí, responsabilidad disciplinaria, sin perjuicio de la que hubiere lugar de acuerdo con la normativa aplicable.
d) Sí, tanto penal como disciplinaria.

55. ¿Cuándo, razones de qué tipo lo aconsejen, se podrá acordar, de oficio o a petición del interesado, la aplicación al procedimiento de la tramitación de urgencia?

a) De interés general.
b) De interés colectivo.
c) De interés público.
d) De interés nacional.

56. Según el artículo 30.6 de la Ley 39/2015 cuando un día fuese hábil en la sede del órgano administrativo autor del acto e inhábil en el municipio en que residiese el interesado:

a) Se considerará hábil.
b) Se considerará inhábil en determinados casos.
c) Se considerará inhábil si es festivo nacional únicamente.
d) Se considerará inhábil en todo caso.

57. Señala la respuesta incorrecta. Estarán obligados a relacionarse a través de medios electrónicos con las Administraciones públicas para la realización de cualquier trámite, según la Ley 39/2015:

a) Quienes representen a un interesado que esté obligado a relacionarse electrónicamente con la Administración.
b) Las entidades sin personalidad jurídica.
c) Los notarios y registradores de la propiedad y mercantiles.
d) Las personas físicas.

58. La comparecencia de las personas ante las oficinas públicas, según establece la Ley 39/2015:

a) Presencialmente, solo será obligatoria cuando así esté previsto en una norma con rango de ley.
b) Presencialmente, solo será obligatoria cuando así esté previsto en una norma reglamentaria.
c) Ya sea presencialmente o por medios electrónicos, solo será obligatoria cuando así esté previsto en una norma reglamentaria.
d) Ya sea presencialmente o por medios electrónicos, solo será obligatoria cuando así esté previsto en una norma con rango de ley.

59. Los plazos expresados en días, según la Ley 39/2015, se contarán a partir de:

a) El día en que tenga lugar la notificación o publicación del acto de que se trate, o desde el siguiente a aquel en que se produzca la estimación o la desestimación por silencio administrativo.
b) El día siguiente a aquel en que tenga lugar la notificación o publicación del acto de que se trate, o desde el día en que se produzca la estimación o la desestimación por silencio administrativo.

c) El día siguiente a aquel en que tenga lugar la notificación o publicación del acto de que se trate, o desde el siguiente a aquel en que se produzca la estimación o la desestimación por silencio administrativo.

d) El día en que tenga lugar la notificación o publicación del acto de que se trate, o desde el día en que se produzca la estimación o la desestimación por silencio administrativo.

60. ¿Cuál de los siguientes no es un derecho de los ciudadanos en sus relaciones con las Administraciones públicas?

a) El acceso a la información pública, archivos y registros.

b) A obtener y utilizar los medios de identificación y firma electrónica que figuran en la Ley 39/2015.

c) A utilizar las lenguas oficiales en el territorio de su Comunidad Autónoma, de acuerdo con lo previsto en la Ley 39/2105 y en el resto del ordenamiento jurídico.

d) A no presentar documentos no exigidos por las normas aplicables al procedimiento de que se trate, o que ya se encuentren en poder de cualquier Administración.

61. Los documentos electrónicos emitidos por las Administraciones públicas, según la Ley 39/2015:

a) Requerirán, en todo caso, de firma electrónica.

b) No requerirán, en ningún caso, de firma electrónica.

c) No requerirán de firma electrónica, salvo aquellos que se publiquen con carácter informativo.

d) No requerirán de firma electrónica si se publican con carácter meramente informativo y aquellos que no formen parte de un expediente administrativo.

62. Cuando los plazos se señalen por horas, se entiende que estas son hábiles, según la Ley 39/2015:

a) Salvo que reglamentariamente se disponga otro cómputo.

b) Salvo que por ley se disponga otro cómputo.

c) Salvo que por ley o en el derecho de la Unión Europea se disponga otro cómputo.

d) Salvo que una norma con rango de ley, una norma de la Unión Europea o de derecho internacional dispongan otro cómputo.

63. Según la Ley 39/2015, ¿cuándo podrá negarse un ciudadano a presentar documentos ante la Administración actuante?

a) En ningún caso.

b) Cuando ya los hubiere aportado anteriormente a cualquier Administración.

c) Cuando la Administración le solicite un documento original.

d) En cualquier caso porque no es una obligación jurídica.

64. En la Ley 39/2015, ¿qué plazo se fija como supletorio de duración máxima de los procedimientos, cuando las normas reguladoras de los mismos no lo fijen?

a) 3 meses.

b) 6 meses.

c) 3 meses, sin que puedan excederse los 6 meses.

d) No hay ningún plazo, debe regularse en cada procedimiento.

65. Según la Ley 39/2015, en los casos de desestimación de una solicitud por silencio administrativo, la resolución expresa posterior al vencimiento del plazo:

a) Solo podrá ser estimatoria.

b) Se adoptará sin vinculación alguna al sentido del silencio administrativo.

c) Será nula de pleno derecho.

d) Será anulable.

66. Señala la respuesta correcta en relación con la tramitación de urgencia de los procedimientos administrativos:

a) Solo se podrá acordar de oficio.

b) Cabe recurso contra el acuerdo que declare la aplicación de la tramitación de urgencia al procedimiento.

c) Se podrán reducir todos los plazos a la mitad, incluidos los relativos a la presentación de solicitudes e instancias.

d) Se podrá acordar cuando razones de interés público lo aconsejen.

67. Cuando como consecuencia de un "ciberincidente" se hayan visto gravemente afectados los servicios y sistemas utilizados para la tramitación de los procedimientos y el ejercicio de los derechos de los interesados que prevé la normativa vigente:

a) La Administración podrá acordar la suspensión de la tramitación de los procedimientos administrativos, salvo los que afecten a la seguridad nacional, la asistencia sanitaria y los servicios mínimos declarados esenciales.

b) La Administración podrá determinar una ampliación de los plazos no vencidos, debiendo publicar en la sede electrónica tanto la incidencia técnica acontecida como la ampliación concreta del plazo no vencido.

c) La Administración podrá acordar la ampliación general de plazos no vencidos de los procedimientos administrativos.

d) La Administración podrá acordar la interrupción de los plazos de los procedimientos administrativos hasta que se solvente la incidencia producida.

68. ¿Qué artículo de la Ley 39/2015, de 1 de octubre, del Procedimiento Administrativo Común de las Administraciones Públicas regula el derecho y obligación de relacionarse electrónicamente con las Administraciones públicas?

a) El artículo 12.

b) El artículo 13.

c) El artículo 14.
d) El artículo 15.

69. Los medios o soportes en que se almacenen documentos, deberán contar con medidas de seguridad que garanticen la integridad, autenticidad, confidencialidad, calidad, protección y conservación de los documentos almacenados, de acuerdo con lo previsto en:

a) El Esquema Nacional de Seguridad.
b) La Lista de confianza de prestadores de servicios de certificación.
c) La Agencia Española de Seguridad Informática.
d) Las oficinas de asistencia en materia de registros.

70. Los medios o soportes en que se almacenen documentos asegurarán:

a) La identificación de los usuarios.
b) El control de accesos.
c) El cumplimiento de las garantías previstas en la legislación de protección de datos.
d) Todas son correctas.

71. Las Administraciones públicas entregarán al interesado certificación acreditativa de la comparecencia:

a) En todo caso.
b) Nunca.
c) Cuando el interesado así lo solicite.
d) Cuando la Administración lo considere conveniente.

72. La Administración está obligada a dictar resolución expresa y a notificarla en todos los procedimientos:

a) Cualquiera que sea su forma de iniciación.
b) Salvo caducidad del procedimiento o desistimiento de la solicitud.
c) Iniciados a solicitud del interesado.
d) Salvo en los casos de prescripción o renuncia del derecho.

73. Las Administraciones Públicas deben publicar y mantener actualizadas en el portal web, a efectos informativos, las relaciones de procedimientos de su competencia, con indicación de:

a) Los plazos máximos de duración de los mismos y los efectos que produzca el silencio administrativo.
b) Los recursos que procedan contra el procedimiento.
c) Los plazos mínimos de duración de los mismos.
d) Los recursos que procedan contra el procedimiento y los efectos que produzca el silencio administrativo.

74. A tenor del artículo 31 de la Ley 39/2015, ¿cuándo permitirá la presentación de documentos el funcionamiento del registro electrónico?

a) Todos los días del año, excepto los inhábiles.
b) Todos los días del año, excepto los festivos.
c) Todos los días del año, durante las 24 horas.
d) Todos los días del año, en horario de oficina.

75. De conformidad con el artículo 26.2 de la Ley 39/2015, de 1 de octubre, del Procedimiento Administrativo Común de las Administraciones Públicas, ¿cuál no es una condición exigida para considerar válido un documento electrónico?

a) Incorporar los metadatos mínimo exigidos.
b) La firma debe incorporar el sistema *apud acta*.
c) Incorporar una referencia temporal del momento en que han sido emitidos.
d) Disponer de los datos de identificación que permitan su individualización.

Soluciones comentadas

1.c) De la actividad de las Administraciones públicas.

La Ley 39/2015, de 1 de octubre, del Procedimiento Administrativo Común de las Administraciones Públicas, se estructura en 133 artículos repartidos en un título preliminar, seis títulos, ocho disposiciones adicionales, cinco disposiciones transitorias, una disposición derogatoria y siete disposiciones finales. Los títulos son:

- Título Preliminar: Disposiciones generales.
- Título I: De los interesados en el procedimiento.
- Título II: De la actividad de las Administraciones Públicas.
- Título III: De los actos administrativos.
- Título IV: De las disposiciones sobre el procedimiento administrativo común.
- Título V: De la revisión de los actos en vía administrativa.
- Título VI: De la iniciativa legislativa y de la potestad para dictar reglamentos y otras disposiciones.

2. a) Dos.

El Título II ("De la actividad de las Administraciones Públicas") de la Ley 39/2015, de 1 de octubre, del Procedimiento Administrativo Común de las Administraciones Públicas, cuenta con dos capítulos:

- Capítulo I: Normas generales de actuación (arts. 13 a 28).
- Capítulo II: Términos y plazos (arts. 29 a 33).

3. a) Términos y plazos.

Los dos capítulos del Título II de la Ley 39/2015, de 1 de octubre, del Procedimiento Administrativo Común de las Administraciones Públicas se denominan:

- Capítulo I: Normas generales de actuación (arts. 13 a 28).
- Capítulo II: Términos y plazos (arts. 29 a 33).

4. d) Normas generales de actuación.

Los dos capítulos del Título II de la Ley 39/2015, de 1 de octubre, del Procedimiento Administrativo Común de las Administraciones Públicas se denominan:

- Capítulo I: Normas generales de actuación (arts. 13 a 28).
- Capítulo II: Términos y plazos (arts. 29 a 33).

5. a) El castellano.

El art. 15.1 de la Ley 39/2015, de 1 de octubre, del Procedimiento Administrativo Común de las Administraciones Públicas, dispone que "La lengua de los procedimientos tramitados por la Administración General del Estado será el castellano. No obstante lo anterior, los interesados que se dirijan a los órganos de la Administración General del Estado con sede en el territorio de una Comunidad Autónoma podrán utilizar también la lengua que sea cooficial en ella".

6. b) En la legislación autonómica correspondiente.

Según establece el art. 15.2 de la Ley del Procedimiento Administrativo Común de las Administraciones Públicas "en los procedimientos tramitados por las Administraciones de las Comunidades Autónomas y de las Entidades Locales, el uso de la lengua se ajustará a lo previsto en la legislación autonómica correspondiente".

7. c) Podrán utilizar también la lengua que sea cooficial en la Comunidad Autónoma.

Artículo 15.1 de la Ley 39/2015, de 1 de octubre, del Procedimiento Administrativo Común de las Administraciones Públicas: "La lengua de los procedimientos tramitados por la Administración General del Estado será el castellano. No obstante lo anterior, los interesados que se dirijan a los órganos de la Administración General del Estado con sede en el territorio de una Comunidad Autónoma podrán utilizar también la lengua que sea cooficial en ella".

8. d) Todos los anteriores.

En virtud del art. 14.2 de la Ley 39/2015, de 1 de octubre, del Procedimiento Administrativo Común de las Administraciones Públicas "En todo caso, estarán obligados a relacionarse a través de medios electrónicos con las Administraciones públicas para la realización de cualquier trámite de un procedimiento administrativo, al menos, los siguientes sujetos:

a) Las personas jurídicas.

b) Las entidades sin personalidad jurídica.

c) Quienes ejerzan una actividad profesional para la que se requiera colegiación obligatoria, para los trámites y actuaciones que realicen con las Administraciones públicas en ejercicio de dicha actividad profesional. En todo caso, dentro de este colectivo se entenderán incluidos los notarios y registradores de la propiedad y mercantiles.

d) Quienes representen a un interesado que esté obligado a relacionarse electrónicamente con la Administración.

e) Los empleados de las Administraciones públicas para los trámites y actuaciones que realicen con ellas por razón de su condición de empleado público, en la forma en que se determine reglamentariamente por cada Administración."

9. d) El artículo 15.

El capítulo I "Normas generales de actuación" del Título II "De la actividad de las Administraciones Públicas" lo componen los artículos 13 a 28, siendo el artículo 15 el que regula la lengua de los procedimientos.

10. c) Registro Electrónico General.

Según dispone el art. 16.1 de la Ley 39/2015, de 1 de octubre, del Procedimiento Administrativo Común de las Administraciones Públicas "Cada Administración dispondrá de un Registro Electrónico General, en el que se hará el correspondiente asiento de todo documento que sea presentado o que se reciba en cualquier órgano administrativo, Organismo público o Entidad vinculado o dependiente a estos. También se podrán anotar en el mismo, la salida de los documentos oficiales dirigidos a otros órganos o particulares."

11. b) El artículo 13.

El capítulo I "Normas generales de actuación" del Título II "De la actividad de las Administraciones Públicas" lo componen los artículos 13 a 28, siendo el artículo 13 el que regula los derechos de las personas en sus relaciones con las Administraciones públicas.

12. d) Todas las respuestas son correctas.

Según establece el art. 14.2 de la Ley 39/2015, de 1 de octubre, del Procedimiento Administrativo Común de las Administraciones Públicas, "En todo caso, estarán obligados a relacionarse a través de medios electrónicos con las Administraciones Públicas para la realización de cualquier trámite de un procedimiento administrativo, al menos, los siguientes sujetos:

a) Las personas jurídicas.

b) Las entidades sin personalidad jurídica.

c) Quienes ejerzan una actividad profesional para la que se requiera colegiación obligatoria, para los trámites y actuaciones que realicen con las Administraciones Públicas en ejercicio de dicha actividad profesional. En todo caso, dentro de este colectivo se entenderán incluidos los notarios y registradores de la propiedad y mercantiles.

d) Quienes representen a un interesado que esté obligado a relacionarse electrónicamente con la Administración.

e) Los empleados de las Administraciones Públicas para los trámites y actuaciones que realicen con ellas por razón de su condición de empleado público, en la forma en que se determine reglamentariamente por cada Administración."

13. a) A ser tratados con respeto y preferencia por las autoridades y empleados públicos, que habrán de facilitarles el ejercicio de sus derechos y el cumplimiento de sus obligaciones.

El art. 13 de la Ley 39/2015, de 1 de octubre, del Procedimiento Administrativo Común de las Administraciones Públicas señala que "Quienes de conformidad con el artículo 3, tienen capacidad de obrar ante las Administraciones Públicas, son titulares, en sus relaciones con ellas, de los siguientes derechos:

a) A comunicarse con las Administraciones Públicas a través de un Punto de Acceso General electrónico de la Administración.

b) A ser asistidos en el uso de medios electrónicos en sus relaciones con las Administraciones Públicas.

c) A utilizar las lenguas oficiales en el territorio de su Comunidad Autónoma, de acuerdo con lo previsto en esta Ley y en el resto del ordenamiento jurídico.

d) Al acceso a la información pública, archivos y registros, de acuerdo con lo previsto en la Ley 19/2013, de 9 de diciembre, de transparencia, acceso a la información pública y buen gobierno y el resto del Ordenamiento Jurídico.

e) A ser tratados con respeto y deferencia por las autoridades y empleados públicos, que habrán de facilitarles el ejercicio de sus derechos y el cumplimiento de sus obligaciones.

f) A exigir las responsabilidades de las Administraciones Públicas y autoridades, cuando así corresponda legalmente.

g) A la obtención y utilización de los medios de identificación y firma electrónica contemplados en esta ley.

h) A la protección de datos de carácter personal, y en particular a la seguridad y confidencialidad de los datos que figuren en los ficheros, sistemas y aplicaciones de las Administraciones públicas.

i) Cualesquiera otros que les reconozcan la Constitución y las leyes."

14. b) Una vez elegido el medio por la persona para comunicarse con las Administraciones públicas no podrá ser modificado.

El art. 14.1 de la Ley 39/2015, de 1 de octubre dispone que "Las personas físicas podrán elegir en todo momento si se comunican con las Administraciones públicas para el ejercicio de sus derechos y obligaciones a través de medios electrónicos o no, salvo que estén obligadas a relacionarse a través de medios electrónicos con las Administraciones públicas. El medio elegido por la persona para comunicarse con las Administraciones públicas podrá ser modificado por aquella en cualquier momento."

15. d) El art. 13.

El art. 13 de la Ley 39/2015, de 1 de octubre, del Procedimiento Administrativo Común de las Administraciones Públicas señala que "Quienes de conformidad con el artículo 3, tienen capacidad de obrar ante las Administraciones públicas, son titulares, en sus relaciones con ellas, de los siguientes derechos:

a) A comunicarse con las Administraciones públicas a través de un Punto de Acceso General electrónico de la Administración.

16. b) En las oficinas de Correos y empresas de paquetería, en la forma que reglamentariamente se establezca.

A tenor del art. 16.4 de la Ley del Procedimiento Administrativo Común de las Administraciones Públicas "Los documentos que los interesados dirijan a los órganos de las Administraciones públicas podrán presentarse:

a) En el registro electrónico de la Administración u Organismo al que se dirijan, así como en los restantes registros electrónicos de cualquiera de los sujetos a los que se refiere el artículo 2.1.

b) En las oficinas de Correos, en la forma que reglamentariamente se establezca.

c) En las representaciones diplomáticas u oficinas consulares de España en el extranjero.

d) En las oficinas de asistencia en materia de registros.

e) En cualquier otro que establezcan las disposiciones vigentes."

17. d) Todas las respuestas son correctas.

El art. 26.2 de la Ley 39/2015, de 1 de octubre, del Procedimiento Administrativo Común de las Administraciones Públicas, que para ser considerados válidos, los documentos electrónicos administrativos deberán:

a) Contener información de cualquier naturaleza archivada en un soporte electrónico según un formato determinado susceptible de identificación y tratamiento diferenciado.

b) Disponer de los datos de identificación que permitan su individualización, sin perjuicio de su posible incorporación a un expediente electrónico.

c) Incorporar una referencia temporal del momento en que han sido emitidos.

d) Incorporar los metadatos mínimos exigidos.

e) Incorporar las firmas electrónicas que correspondan de acuerdo con lo previsto en la normativa aplicable.

Se considerarán válidos los documentos electrónicos, que cumpliendo estos requisitos, sean trasladados a un tercero a través de medios electrónicos.

18. b) Las Administraciones, con carácter general, exigirán a los interesados la presentación de documentos originales.

A tenor del art. 28.3 de la Ley 39/2015, de 1 de octubre "Las Administraciones no exigirán a los interesados la presentación de documentos originales, salvo que, con carácter excepcional, la normativa reguladora aplicable establezca lo contrario."

19. d) Cuando una incidencia técnica haya imposibilitado el funcionamiento ordinario del sistema o aplicación que corresponda, y hasta que se solucione el problema, la Administración podrá determinar una ampliación de los plazos vencidos, debiendo publicar en la sede electrónica tanto la incidencia técnica acontecida como la ampliación concreta del plazo vencido.

Cuando una incidencia técnica haya imposibilitado el funcionamiento ordinario del sistema o aplicación que corresponda, y hasta que se solucione el problema, la Administración podrá determinar una ampliación de los plazos no vencidos, debiendo publicar en la sede electrónica tanto la incidencia técnica acontecida como la ampliación concreta del plazo no vencido (art. 32.4 de la Ley 39/2015, de 1 de octubre).

20. d) Ninguno.

A tenor de lo dispuesto en el art. 33.2 de la Ley del Procedimiento Administrativo Común de las Administraciones públicas "No cabrá recurso alguno contra el acuerdo que declare la aplicación de la tramitación de urgencia al procedimiento, sin perjuicio del procedente contra la resolución que ponga fin al procedimiento."

21. b) La integridad, autenticidad, confidencialidad, calidad, protección y conservación de los documentos almacenados.

Los medios o soportes en que se almacenen documentos, deberán contar con medidas de seguridad, de acuerdo con lo previsto en el Esquema Nacional de Seguridad, que garanticen la integridad, autenticidad, confidencialidad, calidad, protección y conservación de los documentos almacenados. En particular, asegurarán la identificación de los usuarios y el control de accesos, así como el cumplimiento de las garantías previstas en la legislación de protección de datos, (Art. 17.3 de la Ley 39/2015, de 1 de octubre).

22. c) Cuando así esté previsto en una norma con rango de ley.

Dispone el art. 19.1 de la Ley del Procedimiento Administrativo Común de las Administraciones Pública que la comparecencia de las personas ante las oficinas públicas, ya sea presencialmente o por medios electrónicos, solo será obligatoria cuando así esté previsto en una norma con rango de ley.

23. d) Todas las respuestas son correctas.

A tenor del art. 19.2 de la Ley del Procedimiento Administrativo Común de las Administraciones Pública que en los casos en que proceda la comparecencia, la correspondiente citación hará constar expresamente el lugar, fecha, hora, los medios disponibles y objeto de la comparecencia, así como los efectos de no atenderla.

24. a) En el art. 19.

El capítulo I "Normas generales de actuación" del Título II "De la actividad de las Administraciones Públicas" lo componen los artículos 13 a 28, siendo el artículo 19 el que regula la comparecencia de las personas ante las oficinas públicas.

25. d) Todas las respuestas son correctas.

Los documentos electrónicos deberán conservarse en un formato que permita garantizar la autenticidad, integridad y conservación del documento, así como su consulta con independencia del tiempo transcurrido desde su emisión.

26. d) El silencio tendrá efecto estimatorio en los procedimientos relativos al ejercicio del derecho de petición, a que se refiere el artículo 29 de la Constitución.

Dispone el art. 24.1 de la Ley del Procedimiento Administrativo Común de las Administraciones Pública que el silencio tendrá efecto desestimatorio en los procedimientos relativos al ejercicio del derecho de petición, a que se refiere el artículo 29 de la Constitución, aquellos cuya estimación tuviera como consecuencia que se transfirieran al solicitante o a terceros facultades relativas al dominio público o al servicio público, impliquen el ejercicio de actividades que puedan dañar el medio ambiente y en los procedimientos de responsabilidad patrimonial de las Administraciones públicas.

27. d) Todas las respuestas son correctas.

Dispone el art. 26.2 de la Ley 39/2015, de 1 de octubre, que para ser considerados válidos, los documentos electrónicos administrativos deberán:

a) Contener información de cualquier naturaleza archivada en un soporte electrónico según un formato determinado susceptible de identificación y tratamiento diferenciado.

b) Disponer de los datos de identificación que permitan su individualización, sin perjuicio de su posible incorporación a un expediente electrónico.

c) Incorporar una referencia temporal del momento en que han sido emitidos.

d) Incorporar los metadatos mínimos exigidos.

e) Incorporar las firmas electrónicas que correspondan de acuerdo con lo previsto en la normativa aplicable.

Se considerarán válidos los documentos electrónicos, que cumpliendo estos requisitos, sean trasladados a un tercero a través de medios electrónicos.

28. a) La declaración de un día como hábil o inhábil a efectos de cómputo de plazos determinará por sí sola el funcionamiento de los centros de trabajo de las Administraciones públicas.

A tenor del art. 30.8 de la Ley 39/2015, de 1 de octubre, la declaración de un día como hábil o inhábil a efectos de cómputo de plazos no determina por sí sola el funcionamiento de los centros de trabajo de las Administraciones públicas, la organización del tiempo de trabajo o el régimen de jornada y horarios de las mismas.

29. a) Antes del comienzo de cada año en el diario oficial que corresponda, así como en otros medios de difusión que garanticen su conocimiento generalizado.

Dispone el art. 30.7 de la Ley 39/2015, de 1 de octubre, que la Administración General del Estado y las Administraciones de las Comunidades Autónomas, con sujeción al calendario laboral oficial, fijarán, en su respectivo ámbito, el calendario de días inhábiles a efectos de cómputos de plazos. El calendario aprobado por las Comunidades Autónomas comprenderá los días inhábiles de las Entidades Locales correspondientes a su ámbito territorial, a las que será de aplicación.

Dicho calendario deberá publicarse antes del comienzo de cada año en el diario oficial que corresponda, así como en otros medios de difusión que garanticen su conocimiento generalizado.

30. d) A las autoridades y personal al servicio de las Administraciones públicas competentes para la tramitación de los asuntos, así como a los interesados en los mismos.

A tenor del art. 29 de la Ley del Procedimiento Administrativo Común de las Administraciones Pública, los términos y plazos establecidos en esta u otras leyes obligan a las autoridades y personal al servicio de las Administraciones públicas competentes para la tramitación de los asuntos, así como a los interesados en los mismos.

31. b) El art. 29.

El capítulo II "Términos y plazos" del Título II "De la actividad de las Administraciones públicas" lo componen los artículos 29 a 33, siendo el artículo 29 el que regula el cómputo de plazos.

32. a) Todos los días del año durante las veinticuatro horas.

Dispone el art. 31.2 de la Ley 39/2015, de 1 de octubre, que el registro electrónico de cada Administración u Organismo se regirá a efectos de cómputo de los plazos, por la fecha y hora oficial de la sede electrónica de acceso, que deberá contar con las medidas de seguridad necesarias para garantizar su integridad y figurar de modo accesible y visible.

El funcionamiento del registro electrónico se regirá por las siguientes reglas:

a) Permitirá la presentación de documentos todos los días del año durante las veinticuatro horas.

b) A los efectos del cómputo de plazo fijado en días hábiles, y en lo que se refiere al cumplimiento de plazos por los interesados, la presentación en un día inhábil se entenderá realizada en la primera hora del primer día hábil siguiente salvo que una norma permita expresamente la recepción en día inhábil.

Los documentos se considerarán presentados por el orden de hora efectiva en el que lo fueron en el día inhábil. Los documentos presentados en el día inhábil se reputarán anteriores, según el mismo orden, a los que lo fueran el primer día hábil posterior.

c) El inicio del cómputo de los plazos que hayan de cumplir las Administraciones públicas vendrá determinado por la fecha y hora de presentación en el registro electrónico de cada Administración u Organismo. En todo caso, la fecha y hora efectiva de inicio del cómputo de plazos deberá ser comunicada a quien presentó el documento.

33. a) La mitad de los mismos.

Según dispone el art. 32.1 de la Ley 39/2015, de 1 de octubre, la Administración, salvo precepto en contrario, podrá conceder de oficio o a petición de los interesados, una ampliación de los plazos establecidos, que no exceda de la mitad de los mismos, si las circunstancias lo aconsejan y con ello no se perjudican derechos de tercero. El acuerdo de ampliación deberá ser notificado a los interesados.

34. d) La Administración, salvo precepto en contrario, podrá conceder de oficio o a petición de los interesados, una ampliación de los plazos establecidos, que no exceda de la mitad de los mismos, si las circunstancias lo aconsejan y con ello no se perjudican derechos de tercero. El acuerdo de ampliación no será notificado a los interesados.

A tenor del art. 32.1 de la Ley 39/2015, de 1 de octubre, la Administración, salvo precepto en contrario, podrá conceder de oficio o a petición de los interesados, una ampliación de los plazos establecidos, que no exceda de la mitad de los mismos, si las circunstancias lo aconsejan y con ello no se perjudican derechos de tercero. El acuerdo de ampliación deberá ser notificado a los interesados.

35. b) Podrá determinar una ampliación de los plazos no vencidos, debiendo publicar en la sede electrónica tanto la incidencia técnica acontecida como la ampliación concreta del plazo no vencido.

Según determina el art. 32.4 de la Ley del Procedimiento Administrativo Común de las Administraciones públicas, cuando una incidencia técnica haya imposibilitado el funcionamiento ordinario del sistema o aplicación que corresponda, y hasta que se solucione el problema, la Administración podrá determinar una ampliación de los plazos no vencidos, debiendo publicar en la sede electrónica tanto la incidencia técnica acontecida como la ampliación concreta del plazo no vencido.

36. d) Diez días a contar desde su solicitud.

Señala el art. 28.2 de la Ley 39/2015, de 1 de octubre, que cuando se trate de informes preceptivos ya elaborados por un órgano administrativo distinto al que tramita el procedimiento, estos deberán ser remitidos en el plazo de diez días a contar desde su solicitud. Cumplido este plazo, se informará al interesado de que puede aportar este informe o esperar a su remisión por el órgano competente.

37. d) Sí, cuando, con carácter excepcional, la normativa reguladora aplicable así lo determine.

Dispone el art. 28.3 de la Ley 39/2015, de 1 de octubre, que las Administraciones no exigirán a los interesados la presentación de documentos originales, salvo que, con carácter excepcional, la normativa reguladora aplicable establezca lo contrario.

38. a) El art. 28.

El capítulo I "Normas generales de actuación" del Título II "De la actividad de las Administraciones públicas" lo componen los artículos 13 a 28, siendo el artículo 28 el que regula lo referente a los documentos aportados por los interesados al procedimiento administrativo.

39. d) Todas las respuestas son correctas.

Dispone el art. 27.6 que la expedición de copias auténticas de documentos públicos notariales, registrales y judiciales, así como de los diarios oficiales, se regirá por su legislación específica.

40. a) Sí, en cualquier momento.

Señala el art. 27.4 de la Ley 39/2015, de 1 de octubre, que los interesados podrán solicitar, en cualquier momento, la expedición de copias auténticas de los documentos públicos administrativos que hayan sido válidamente emitidos por las Administraciones públicas.

41. b) Quince días a contar desde la recepción de la solicitud en el registro electrónico de la Administración u Organismo competente.

Los interesados podrán solicitar, en cualquier momento, la expedición de copias auténticas de los documentos públicos administrativos que hayan sido válidamente emitidos por las Administraciones públicas. La solicitud se dirigirá al órgano que emitió el documento original, debiendo expedirse, salvo las excepciones derivadas de la aplicación de la Ley 19/2013, de 9 de diciembre, en el plazo de quince días a contar desde la recepción de la solicitud en el registro electrónico de la Administración u Organismo competente (art. 27.4 de la Ley 39/2015, de 1 de octubre).

42. b) En el art. 27.

El capítulo I "Normas generales de actuación" del Título II "De la actividad de las Administraciones públicas" lo componen los artículos 13 a 28, y concretamente en el artículo 27 se regula la validez y eficacia de las copias realizadas por las Administraciones públicas.

43. b) Requerirán de firma electrónica, los documentos electrónicos emitidos por las Administraciones públicas que se publiquen con carácter meramente informativo.

Dispone el art. 26.3 de la Ley 39/2015, de 1 de octubre, que no requerirán de firma electrónica, los documentos electrónicos emitidos por las Administraciones públicas que se publiquen con carácter meramente informativo, así como aquellos que no formen parte de un expediente administrativo.

44. a) El sentido del silencio será estimatorio en los procedimientos de impugnación de actos y disposiciones.

A tenor del art. 24.1 de la Ley del Procedimiento Administrativo Común de las Administraciones públicas, el sentido del silencio también será desestimatorio en los procedimientos de impugnación de actos y disposiciones y en los de revisión de oficio iniciados a solicitud de los interesados.

45. d) El sentido del silencio será estimatorio en los procedimientos de revisión de oficio iniciados a solicitud de los interesados.

Dispone el art. 24.1 de la Ley del Procedimiento Administrativo Común de las Administraciones públicas, el sentido del silencio también será desestimatorio en los procedimientos de impugnación de actos y disposiciones y en los de revisión de oficio iniciados a solicitud de los interesados.

46. d) Todas las respuestas son correctas.

Según establece el art. 24.4 de la Ley del Procedimiento Administrativo Común de las Administraciones públicas, los actos administrativos producidos por silencio administrativo se podrán hacer valer tanto ante la Administración como ante cualquier persona física o jurídica, pública o privada.

47. c) En el art. 23.

El capítulo I "Normas generales de actuación" del Título II "De la actividad de las Administraciones públicas" de la Ley del Procedimiento Administrativo Común de las Administraciones públicas, lo componen los artículos 13 a 28, y concretamente en el artículo 23 se regula la ampliación del plazo máximo para resolver y notificar.

48. b) No será necesario notificar a los interesados el acuerdo que resuelva sobre la ampliación de plazos.

Dispone el art. 23.2 de la Ley 39/2015, de 1 de octubre, que contra el acuerdo que resuelva sobre la ampliación de plazos, que deberá ser notificado a los interesados, no cabrá recurso alguno.

49. a) Tres meses.

Dispone el art. 22.1.d) de la Ley del Procedimiento Administrativo Común de las Administraciones públicas, que el transcurso del plazo máximo legal para resolver un procedimiento y notificar la resolución se podrá suspender en los siguientes casos:

d) Cuando se soliciten informes preceptivos a un órgano de la misma o distinta Administración, por el tiempo que medie entre la petición, que deberá comunicarse a los interesados, y la recepción del informe, que igualmente deberá ser comunicada a los mismos. Este plazo de suspensión no podrá exceder en ningún caso de tres meses. En caso de no recibirse el informe en el plazo indicado, proseguirá el procedimiento.

50. d) Las respuestas b) y c) son correctas.

Respecto a la obligación de resolver dispone el art. 21.2 de la Ley 39/2015, de 1 de octubre, que el plazo máximo en el que debe notificarse la resolución expresa será el fijado por la norma reguladora del correspondiente procedimiento. Este plazo no podrá exceder de seis meses salvo que una norma con rango de Ley establezca uno mayor o así venga previsto en el derecho de la Unión Europea.

51. b) En el art. 21.

El capítulo I "Normas generales de actuación" del Título II "De la actividad de las Administraciones públicas" de la Ley del Procedimiento Administrativo Común de las Administraciones públicas, lo componen los artículos 13 a 28, y en el artículo 21 se establece que la Administración está obligada a dictar resolución expresa y a notificarla en todos los procedimientos cualquiera que sea su forma de iniciación.

52. d) Todas las respuestas son correctas.

El art. 21.1 de la Ley 39/2015, de 1 de octubre, dispone que la Administración está obligada a dictar resolución expresa y a notificarla en todos los procedimientos cualquiera que sea su forma de iniciación.

En los casos de prescripción, renuncia del derecho, caducidad del procedimiento o desistimiento de la solicitud, así como de desaparición sobrevenida del objeto del procedimiento, la resolución consistirá en la declaración de la circunstancia que concurra en cada caso, con indicación de los hechos producidos y las normas aplicables.

53. d) En el fijado por la norma reguladora del correspondiente procedimiento.

El art. 21.2 de la Ley del Procedimiento Administrativo Común de las Administraciones Públicas dispone que el plazo máximo en el que debe notificarse la resolución expresa será el fijado por la norma reguladora del correspondiente procedimiento.

Este plazo no podrá exceder de seis meses salvo que una norma con rango de Ley establezca uno mayor o así venga previsto en el Derecho de la Unión Europea.

54. c) Sí, responsabilidad disciplinaria, sin perjuicio de la que hubiere lugar de acuerdo con la normativa aplicable.

A tenor del art. 21.6 de la Ley 39/2015, de 1 de octubre, el personal al servicio de las Administraciones públicas que tenga a su cargo el despacho de los asuntos, así como los titulares de los órganos administrativos competentes para instruir y resolver son directamente responsables, en el ámbito de sus competencias, del cumplimiento de la obligación legal de dictar resolución expresa en plazo.

El incumplimiento de dicha obligación dará lugar a la exigencia de responsabilidad disciplinaria, sin perjuicio de la que hubiere lugar de acuerdo con la normativa aplicable.

55. c) De interés público.

La Ley 39/2015, de 1 de octubre, dispone que cuando razones de interés público lo aconsejen, se podrá acordar, de oficio o a petición del interesado, la aplicación al procedimiento de la tramitación de urgencia.

56. d) Se considerará inhábil en todo caso.

El art. 30.6 de la Ley 39/2015, de 1 de octubre, dispone que cuando un día fuese hábil en el municipio o Comunidad Autónoma en que residiese el interesado, e inhábil en la sede del órgano administrativo, o a la inversa, se considerará inhábil en todo caso.

57. d) Las personas físicas.

El art. 14.2 de la Ley 39/2015, de 1 de octubre, establece que en todo caso, estarán obligados a relacionarse a través de medios electrónicos con las Administraciones públicas para la realización de cualquier trámite de un procedimiento administrativo, al menos, los siguientes sujetos:

a) Las personas jurídicas.

b) Las entidades sin personalidad jurídica.

c) Quienes ejerzan una actividad profesional para la que se requiera colegiación obligatoria, para los trámites y actuaciones que realicen con las Administraciones públicas en ejercicio de dicha actividad profesional. En todo caso, dentro de este colectivo se entenderán incluidos los notarios y registradores de la propiedad y mercantiles.

d) Quienes representen a un interesado que esté obligado a relacionarse electrónicamente con la Administración.

e) Los empleados de las Administraciones públicas para los trámites y actuaciones que realicen con ellas por razón de su condición de empleado público, en la forma en que se determine reglamentariamente por cada Administración.

58. d) Ya sea presencialmente o por medios electrónicos, solo será obligatoria cuando así esté previsto en una norma con rango de ley.

A tenor del art. 19.1 de la Ley 39/2015, de 1 de octubre, la comparecencia de las personas ante las oficinas públicas, ya sea presencialmente o por medios electrónicos, solo será obligatoria cuando así esté previsto en una norma con rango de ley.

59. c) El día siguiente a aquel en que tenga lugar la notificación o publicación del acto de que se trate, o desde el siguiente a aquel en que se produzca la estimación o la desestimación por silencio administrativo.

Señala el art. 30.3 de la Ley del Procedimiento Administrativo Común de las Administraciones públicas, que los plazos expresados en días se contarán a partir del día siguiente a aquel en que tenga lugar la notificación o publicación del acto de que se trate, o desde el siguiente a aquel en que se produzca la estimación o la desestimación por silencio administrativo.

60. d) A no presentar documentos no exigidos por las normas aplicables al procedimiento de que se trate, o que ya se encuentren en poder de cualquier Administración.

Según establece el art. 13 de la Ley 39/2015, de 1 de octubre, quienes de conformidad con el artículo 3, tienen capacidad de obrar ante las Administraciones públicas, son titulares, en sus relaciones con ellas, de los siguientes derechos:

a) A comunicarse con las Administraciones públicas a través de un Punto de Acceso General electrónico de la Administración.

b) A ser asistidos en el uso de medios electrónicos en sus relaciones con las Administraciones públicas.

c) A utilizar las lenguas oficiales en el territorio de su Comunidad Autónoma, de acuerdo con lo previsto en esta Ley y en el resto del ordenamiento jurídico.

d) Al acceso a la información pública, archivos y registros, de acuerdo con lo previsto en la Ley 19/2013, de 9 de diciembre, de transparencia, acceso a la información pública y buen gobierno y el resto del Ordenamiento Jurídico.

e) A ser tratados con respeto y deferencia por las autoridades y empleados públicos, que habrán de facilitarles el ejercicio de sus derechos y el cumplimiento de sus obligaciones.

f) A exigir las responsabilidades de las Administraciones públicas y autoridades, cuando así corresponda legalmente.

g) A la obtención y utilización de los medios de identificación y firma electrónica contemplados en esta Ley.

h) A la protección de datos de carácter personal, y en particular a la seguridad y confidencialidad de los datos que figuren en los ficheros, sistemas y aplicaciones de las Administraciones públicas.

i) Cualesquiera otros que les reconozcan la Constitución y las leyes.

61. d) No requerirán de firma electrónica si se publican con carácter meramente informativo y aquellos que no formen parte de un expediente administrativo.

A tenor del art. 26.3 de la Ley 39/2015, de 1 de octubre, no requerirán de firma electrónica, los documentos electrónicos emitidos por las Administraciones públicas que se publiquen con carácter meramente informativo, así como aquellos que no formen parte de un expediente administrativo. En todo caso, será necesario identificar el origen de estos documentos.

62. c) Salvo que por ley o en el derecho de la Unión Europea se disponga otro cómputo.

El art. 30.1 de la Ley 39/2015, de 1 de octubre, dispone que salvo que por Ley o en el Derecho de la Unión Europea se disponga otro cómputo, cuando los plazos se señalen por horas, se entiende que éstas son hábiles. Son hábiles todas las horas del día que formen parte de un día hábil.

Los plazos expresados por horas se contarán de hora en hora y de minuto en minuto desde la hora y minuto en que tenga lugar la notificación o publicación del acto de que se trate y no podrán tener una duración superior a veinticuatro horas, en cuyo caso se expresarán en días.

63. b) Cuando ya los hubiere aportado anteriormente a cualquier Administración.

Las Administraciones no exigirán a los interesados la presentación de documentos originales, salvo que, con carácter excepcional, la normativa reguladora aplicable establezca lo contrario.

Asimismo, las Administraciones públicas no requerirán a los interesados datos o documentos no exigidos por la normativa reguladora aplicable o que hayan sido aportados anteriormente por el interesado a cualquier Administración. A estos efectos, el interesado deberá indicar en qué momento y ante qué órgano administrativo presentó los citados documentos, debiendo las Administraciones públicas recabarlos electrónicamente a través de sus redes corporativas o de una consulta a las plataformas de intermediación de datos u otros sistemas electrónicos habilitados al efecto, salvo que conste en el procedimiento la oposición expresa del interesado o la ley especial aplicable requiera su consentimiento expreso. Excepcionalmente, si las Administraciones públicas no pudieran recabar los citados documentos, podrán solicitar nuevamente al interesado su aportación (art. 28.3 Ley 39/2015, de 1 de octubre)

64. a) 3 meses.

A tenor del art. 21.3 de la Ley 39/2015, de 1 de octubre, cuando las normas reguladoras de los procedimientos no fijen el plazo máximo, este será de tres meses.

65. b) Se adoptará sin vinculación alguna al sentido del silencio administrativo.

El art. 24.3 de la Ley 39/2015, de 1 de octubre, proclama que la obligación de dictar resolución expresa a que se refiere el apartado primero del artículo 21 se sujetará al siguiente régimen:

a) En los casos de estimación por silencio administrativo, la resolución expresa posterior a la producción del acto solo podrá dictarse de ser confirmatoria del mismo.

b) En los casos de desestimación por silencio administrativo, la resolución expresa posterior al vencimiento del plazo se adoptará por la Administración sin vinculación alguna al sentido del silencio.

66. d) Se podrá acordar cuando razones de interés público lo aconsejen.

A tenor del art. 33.1 de la Ley 39/2015, de 1 de octubre, cuando razones de interés público lo aconsejen, se podrá acordar, de oficio o a petición del interesado, la aplicación al procedimiento de la tramitación de urgencia, por la cual se reducirán a la mitad los plazos establecidos para el procedimiento ordinario, salvo los relativos a la presentación de solicitudes y recursos.

67. b) La Administración podrá determinar una ampliación de los plazos no vencidos, debiendo publicar en la sede electrónica tanto la incidencia técnica acontecida como la ampliación concreta del plazo no vencido.

El art. 32.4 de la Ley 39/2015, de 1 de octubre, dispone que cuando una incidencia técnica haya imposibilitado el funcionamiento ordinario del sistema o aplicación que corresponda, y hasta que se solucione el problema, la Administración podrá determinar una ampliación de los plazos no vencidos, debiendo publicar en la sede electrónica tanto la incidencia técnica acontecida como la ampliación concreta del plazo no vencido.

68. c) El artículo 14.

El capítulo I "Normas generales de actuación" del Título II "De la actividad de las Administraciones públicas" lo componen los artículos 13 a 28, siendo el artículo 14 el que regula el derecho y obligación de relacionarse electrónicamente con las Administraciones públicas.

69. a) El Esquema Nacional de Seguridad.

El art. 17.3 de la Ley 39/2015, de 1 de octubre, dispone que los medios o soportes en que se almacenen documentos, deberán contar con medidas de seguridad, de acuerdo con lo previsto en el Esquema Nacional de Seguridad, que garanticen la integridad, autenticidad, confidencialidad, calidad, protección y conservación de los documentos almacenados. En particular, asegurarán la identificación de los usuarios y el control de accesos, así como el cumplimiento de las garantías previstas en la legislación de protección de datos.

70. d) Todas son correctas.

Los medios o soportes en que se almacenen documentos, deberán contar con medidas de seguridad, de acuerdo con lo previsto en el Esquema Nacional de Seguridad, que garanticen la integridad, autenticidad, confidencialidad, calidad, protección y conservación de los documentos almacenados. En particular, asegurarán la identificación de los usuarios y el control de accesos, así como el cumplimiento de las garantías previstas en la legislación de protección de datos (art. 17.3 de la Ley 39/2015, de 1 de octubre).

71. c) Cuando el interesado así lo solicite.

Según establece el art. 19.3 de la Ley 39/2015, de 1 de octubre, las Administraciones públicas entregarán al interesado certificación acreditativa de la comparecencia cuando así lo solicite.

72. a) Cualquiera que sea su forma de iniciación.

Según proclama el art. 21.1 de la Ley 39/2015, de 1 de octubre, la Administración está obligada a dictar resolución expresa y a notificarla en todos los procedimientos cualquiera que sea su forma de iniciación.

73. a) Los plazos máximos de duración de los mismos y los efectos que produzca el silencio administrativo.

Señala el art. 21.4 de la Ley del Procedimiento Administrativo Común de las Administraciones Públicas que las Administraciones públicas deben publicar y mantener actualizadas en el portal web, a efectos informativos, las relaciones de procedimientos de su competencia, con indicación de los plazos máximos de duración de los mismos, así como de los efectos que produzca el silencio administrativo.

74. c) Todos los días del año, durante las 24 horas.

El art. 31.2 de la Ley del Procedimiento Administrativo Común de las Administraciones Públicas dispone que el funcionamiento del registro electrónico permitirá la presentación de documentos todos los días del año durante las veinticuatro horas.

75. b) La firma debe incorporar el sistema *apud acta*.

El art. 26.2 de la dispone que, para ser considerados válidos, los documentos electrónicos administrativos deberán:

a) Contener información de cualquier naturaleza archivada en un soporte electrónico según un formato determinado susceptible de identificación y tratamiento diferenciado.

b) Disponer de los datos de identificación que permitan su individualización, sin perjuicio de su posible incorporación a un expediente electrónico.

c) Incorporar una referencia temporal del momento en que han sido emitidos.

d) Incorporar los metadatos mínimos exigidos.

e) Incorporar las firmas electrónicas que correspondan de acuerdo con lo previsto en la normativa aplicable.

TÍTULO III

De los actos administrativos

1. Las Administraciones públicas:

a) No pueden dictar actos administrativos.
b) Pueden dictar actos administrativos.
c) Solamente pueden dictar actos administrativos de forma excepcional.
d) Solo pueden dictar resoluciones administrativas.

2. Los actos administrativos que dicten las Administraciones públicas se producirán por el órgano competente ajustándose a los requisitos y al procedimiento establecido:

a) Y siempre se dictan de oficio.
b) Y siempre se dictan a instancia de parte.
c) Dictados de oficio o a instancia de parte.
d) Solo cuando así se considere necesario.

3. Serán motivados, con sucinta referencia de hechos y fundamentos de derecho:

a) Los actos que limiten derechos subjetivos o intereses legítimos.
b) Los acuerdos de aplicación de la tramitación de urgencia, de ampliación de plazos y de realización de actuaciones complementarias.
c) Los actos que rechacen pruebas propuestas por los interesados.
d) Todas las respuestas anteriores son correctas.

4. Serán motivados, con sucinta referencia de hechos y fundamentos de derecho:

a) Los actos que acuerden la terminación del procedimiento por la imposibilidad material de continuarlo por causas sobrevenidas, así como los que acuerden el desistimiento por la Administración en procedimientos iniciados de oficio.
b) Las propuestas de resolución en los procedimientos de carácter sancionador, así como los actos que resuelvan procedimientos de carácter sancionador o de responsabilidad patrimonial.
c) Los actos que se dicten en el ejercicio de potestades discrecionales, así como los que deban serlo en virtud de disposición legal o reglamentaria expresa.
d) Todas las respuestas anteriores son correctas.

5. Los acuerdos de aplicación de la tramitación de urgencia, de ampliación de plazos y de realización de actuaciones complementarias:

a) Serán motivados, con sucinta referencia de hechos y fundamentos de derecho.
b) No es necesario que se motiven.
c) Serán motivados con la justificación de los hechos.
d) Serán motivados con la justificación de los fundamentos de derecho.

6. Los actos que rechacen pruebas propuestas por los interesados:

a) Serán motivados, con sucinta referencia de hechos y fundamentos de derecho.
b) No es necesario que se motiven.
c) Serán motivados con la justificación de los hechos.
d) Serán motivados con la justificación de los fundamentos de derecho.

7. La motivación de los actos que pongan fin a los procedimientos selectivos y de concurrencia competitiva se realizará de conformidad con lo que dispongan las normas que regulen sus convocatorias:

a) Debiendo, en todo caso, quedar acreditados en el procedimiento los fundamentos de la resolución que se adopte.
b) Se recomienda la acreditación en el procedimiento de los fundamentos de la resolución que se adopte.
c) No es necesaria la acreditación en el procedimiento de los fundamentos de la resolución que se adopte.
d) Son correctas las respuestas b) y c).

8. Dispone la norma que los actos administrativos se producirán:

a) Oralmente, de forma habitual.
b) Por escrito o de forma oral.
c) Por escrito a través de medios electrónicos, a menos que su naturaleza exija otra forma más adecuada de expresión y constancia.
d) Por escrito en documento papel.

9. En los casos en que los órganos administrativos ejerzan su competencia de forma verbal:

a) La constancia escrita del acto, cuando sea necesaria, se efectuará y firmará por el titular del órgano inferior o funcionario que la reciba oralmente, expresando en la comunicación del mismo la autoridad de la que procede.
b) No se requiere de constancia escrito del mismo.
c) La constancia escrita del acto, cuando sea necesaria, se efectuará y firmará por el titular del órgano o funcionario que la emita oralmente.
d) La constancia escrita deberá constar en todo caso.

10. Cuando deba dictarse una serie de actos administrativos de la misma naturaleza, tales como nombramientos, concesiones o licencias:

a) Deben constar en actos separados.

b) Podrán refundirse en un único acto, acordado por el órgano competente, que especificará las personas u otras circunstancias que individualicen los efectos del acto para cada interesado.

c) Podrán constar en un único acto en el que conste la información de forma generalizada.

d) Podrán refundirse en tantos actos como tipos de actos consten.

11. Cuando se deban dictar nombramientos y concesiones administrativos, de la misma naturaleza:

a) Deben constar en actos separados.

b) Podrán refundirse en un único acto, acordado por el órgano competente, que especificará las personas u otras circunstancias que individualicen los efectos del acto para cada interesado.

c) Podrán constar en un único acto en el que conste la información de forma generalizada.

d) Podrán refundirse en tantos actos como tipos de actos consten.

12. Cuando se deban dictar licencias y concesiones administrativas, de la misma naturaleza:

a) Deben constar en actos separados.

b) Podrán refundirse en un único acto, acordado por el órgano competente, que especificará las personas u otras circunstancias que individualicen los efectos del acto para cada interesado.

c) Podrán constar en un único acto en el que conste la información de forma generalizada.

d) Podrán refundirse en tantos actos como tipos de actos consten.

13. Las resoluciones administrativas de carácter particular:

a) No podrán vulnerar lo establecido en una disposición de carácter general.

b) Podrán vulnerar lo establecido en una disposición de carácter general.

c) No tienen por qué respetar lo establecido en una disposición de carácter general.

d) Pueden generalizarse.

14. Las resoluciones administrativas de carácter particular no podrán vulnerar lo establecido en una disposición de carácter general:

a) Aunque aquellas procedan de un órgano de igual o superior jerarquía al que dictó la disposición general.

b) Solo se permite si el órgano que dictó la resolución es de igual jerarquía.

c) Solo se permite si el órgano que dictó la resolución es de jerarquía superior.

d) Solo se permite si el órgano que dictó la resolución es de jerarquía inferior.

15. Las resoluciones administrativas que vulneren lo establecido en una disposición reglamentaria:

a) Son válidas.
b) Son convalidables.
c) Son nulas.
d) Son ineficaces.

16. Los actos de las Administraciones públicas sujetos al Derecho Administrativo:

a) No serán ejecutivos de ninguna forma.
b) Serán ejecutivos con arreglo a lo dispuesto en esta ley.
c) Siempre serán ejecutivos.
d) Serán ejecutivas ejecutivos de forma excepcional.

17. Los actos de las Administraciones públicas sujetos al Derecho Administrativo:

a) Se presumirán válidos y producirán efectos desde la fecha en que se dicten, salvo que en ellos se disponga otra cosa.
b) Siempre son válidos y producen efectos.
c) No son válidos hasta que producen efectos.
d) No son eficaces.

18. La eficacia de los actos:

a) Nunca puede ser demorada.
b) Quedará demorada cuando así lo exija el contenido del acto.
c) Quedará demorada cuando esté supeditada a su notificación, publicación o aprobación superior.
d) Son correctas las respuestas b) y c).

19. Los actos:

a) Nunca pueden tener eficacia retroactiva.
b) Con carácter general, gozan de eficacia retroactiva.
c) Excepcionalmente, podrá otorgarse eficacia retroactiva a los actos.
d) Solo tienen eficacia retroactiva si no son válidos.

20. Podrá otorgarse eficacia retroactiva:

a) Siempre y en todo caso.
b) Excepcionalmente, a los actos cuando se dicten en sustitución de actos anulados.
c) Excepcionalmente, a los actos cuando se dicten en sustitución de actos convalidados.
d) Nunca.

21. Podrá otorgarse eficacia retroactiva:

a) Siempre, cuando se trate de actos nulos.

b) Excepcionalmente, cuando produzcan efectos favorables al interesado.

c) Excepcionalmente, siempre que los supuestos de hecho necesarios existieran ya en la fecha a que se retrotraiga la eficacia del acto y esta no lesione derechos o intereses legítimos de otras personas.

d) Son correctas las respuestas b) y c).

22. Las normas y actos dictados por los órganos de las Administraciones públicas en el ejercicio de su propia competencia:

a) Deberán ser observadas observados por el resto de los órganos administrativos, aunque no dependan jerárquicamente entre sí o pertenezcan a otra Administración.

b) Deberán ser observadas observados por el resto de los órganos administrativos, solo en el caso de que dependan jerárquicamente entre sí.

c) Deberán ser observadas observados por el resto de los órganos administrativos, solo si pertenecen a otra Administración.

d) Sirven de sugerencia, por si el resto de órganos administrativos los quiere tener en cuenta.

23. Ante el caso de que un órgano administrativo reciba una norma dictada por un órgano de la Administración pública en el ejercicio de su propia competencia:

a) No está vinculado por la misma.

b) Solo está vinculado por la misma si el órgano administrativo que debe cumplirla depende jerárquicamente del que la ha dictado.

c) Solo está vinculado por la misma si el órgano administrativo es de la misma Administración pública que el que la ha dictado.

d) Está vinculado en todo caso.

24. Ante el caso de que un órgano administrativo reciba un acto dictado por un órgano de la Administración pública en el ejercicio de su propia competencia:

a) No está vinculado por el mismo.

b) Solo está vinculado por el mismo si el órgano administrativo que debe cumplirlo depende jerárquicamente del que la ha dictado.

c) Solo está vinculado por el mismo si el órgano administrativo es de la misma Administración pública que el que la ha dictado.

d) Está vinculado en todo caso.

25. Cuando una Administración pública tenga que dictar, en el ámbito de sus competencias, un acto que necesariamente tenga por base otro dictado por una Administración pública distinta y aquella entienda que es ilegal:

a) Debe dictarlo.

b) Podrá requerir a esta previamente para que anule o revise el acto.

c) No podrá requerir a esta previamente para que anule o revise el acto.

d) Todas las respuestas anteriores son incorrectas.

26. En el caso en el que una Administración pública que tenga que dictar, en el ámbito de sus competencias, un acto que necesariamente tenga por base otro dictado por una Administración pública distinta y aquella entienda que es ilegal, y haya requerido previamente a esta segunda para que anule o revise el acto de acuerdo con lo dispuesto en la normativa:

a) Deberá estarse a lo que le diga la Administración que dictó el acto de base.

b) Podrá decidir cómo actuar.

c) Deberá esperar a las indicaciones de un superior jerárquico.

d) En el caso de recibir un rechazo al requerimiento, podrá interponer recurso contencioso-administrativo.

27. En el caso en que se interponga un recurso contencioso-administrativo por el rechazo ante el requerimiento a una Administración para que anule o revise el acto de acuerdo con lo dispuesto en el artículo 44 de la Ley 29/1998, de 13 de julio:

a) Quedará suspendido el procedimiento para dictar resolución.

b) Seguirá transcurriendo el plazo para dictar la resolución.

c) Se cancelará plazo para dictar la resolución.

d) Se establecerá un nuevo plazo para dictar la resolución.

28. El órgano que dicte las resoluciones y actos administrativos:

a) Los notificará a los interesados cuyos derechos e intereses sean afectados por aquélaquellos.

b) Los debe notificar a todo el mundo.

c) Los debe comunicar públicamente pero solamente a los interesados.

d) Los debe comunicar a todo el mundo.

29. La notificación de la resolución administrativa a los interesados debe ser cursada:

a) Dentro del plazo de dos días a partir de la fecha emisión de la misma.

b) Dentro del plazo de cinco días a partir de la fecha emisión de la misma.

c) Dentro del plazo de diez días a partir de la fecha emisión de la misma.

d) Dentro del plazo de quince días a partir de la fecha emisión de la misma.

30. La notificación del acto administrativo a los interesados debe ser cursada:

a) Dentro del plazo de dos días a partir de la fecha en que el acto haya sido dictado.

b) Dentro del plazo de cinco días a partir de la fecha en que el acto haya sido dictado.

c) Dentro del plazo de diez días a partir de la fecha en que el acto haya sido dictado.

d) Dentro del plazo de quince días a partir de la fecha en que el acto haya sido dictado.

31. La notificación del acto administrativo a los interesados debe contener:

a) El texto íntegro de la resolución, con indicación de si pone fin o no a la vía administrativa.

b) La expresión de los recursos que procedan, en su caso, en vía administrativa y judicial

c) El órgano ante el que deban presentarse los recursos y el plazo para interponerlos, sin perjuicio de que los interesados puedan ejercitar, en su caso, cualquier otro que estimen procedente.

d) Todas las respuestas anteriores son correctas.

32. Las notificaciones que, conteniendo el texto íntegro del acto, omitiesen alguno de los demás requisitos previstos legalmente:

a) No producirán efecto alguno.

b) Surtirán efecto a partir de la fecha en que el interesado realice actuaciones que supongan el conocimiento del contenido y alcance de la resolución o acto objeto de la notificación, o interponga cualquier recurso que proceda.

c) Producirán efectos en todo caso.

d) Solo producirán efectos si el interesado así lo solicita.

33. Indica la respuesta correcta:

a) A los solos efectos de entender cumplida la obligación de notificar dentro del plazo máximo de duración de los procedimientos, será suficiente que la notificación contenga, cuando menos, el texto íntegro de la resolución, así como el intento de notificación debidamente acreditado.

b) A los solos efectos de entender cumplida la obligación de notificar dentro del plazo máximo de duración de los procedimientos, será suficiente que la notificación contenga, cuando menos, el intento de notificación debidamente acreditado.

c) A los solos efectos de entender cumplida la obligación de notificar dentro del plazo máximo de duración de los procedimientos, será suficiente que la notificación contenga la información que se pueda facilitar.

d) Son correctas las respuestas b) y c).

34. Cuando la resolución administrativa tenga por destinatario más de un interesado:

a) No se podrá hacer traslado de la misma.

b) Las Administraciones públicas podrán adoptar las medidas que consideren necesarias para la protección de los datos personales que consten en la misma.

c) Se permite exceptuar la protección de datos establecida de forma habitual por la ley.

d) Solo se podrá hacer llegar a un interesado.

35. Cuando el acto administrativo tenga por destinatario más de un interesado:

a) No se podrá hacer traslado del mismo.

b) Las Administraciones públicas podrán adoptar las medidas que consideren necesarias para la protección de los datos personales que consten en el mismo.

c) Se permite exceptuar la protección de datos establecida de forma habitual por la ley.

d) Solo se podrá hacer llegar a un interesado.

36. Las notificaciones se practicarán:

a) Preferentemente por medios electrónicos y, en todo caso, cuando el interesado resulte obligado a recibirlas por esta vía.

b) Preferentemente por escrito en documento papel y, en todo caso, cuando el interesado resulte obligado a recibirlas por esta vía.

c) Solo por medios electrónicos.

d) Indistintamente en documento papel o por medios electrónicos.

37. Las notificaciones:

a) Nunca se realizarán por medios electrónicos.

b) Se deben realizar por medios electrónicos cuando el interesado esté obligado a recibirlas por esta vía.

c) Solo se van a realizar por medios electrónicos si el interesado está de acuerdo.

d) Siempre se deben realizar el formato papel u oralmente.

38. Las Administraciones podrán practicar las notificaciones por medios no electrónicos:

a) Nunca.

b) Siempre.

c) Cuando la notificación se realice con ocasión de la comparecencia espontánea del interesado o su representante en las oficinas de asistencia en materia de registro y solicite la comunicación o notificación personal en ese momento.

d) No se establecen por ley los supuestos.

39. Las Administraciones podrán practicar las notificaciones por medios no electrónicos:

a) Nunca.

b) Siempre.

c) Cuando para asegurar la eficacia de la actuación administrativa resulte necesario practicar la notificación por entrega directa de un empleado público de la Administración notificante.

d) No se establecen por ley los supuestos.

40. Indica la respuesta correcta:

a) Con independencia del medio utilizado, las notificaciones serán válidas siempre que permitan tener constancia de su envío o puesta a disposición, de la recepción o acceso por el interesado o su representante, de sus fechas y horas, del contenido íntegro, y de la identidad fidedigna del remitente y destinatario de la misma. La acreditación de la notificación efectuada se incorporará al expediente.

b) Con independencia del medio utilizado, las notificaciones serán válidas siempre que permitan tener constancia de su envío o puesta a disposición, de la recepción o acceso por el interesado o su representante, de sus fechas y horas, del contenido íntegro, y de la identidad fidedigna del remitente y destinatario de la misma. No es necesario contar con la acreditación de la notificación efectuada en el expediente.

c) Las notificaciones serán válidas cuando se tiene constancia de su envío o puesta a disposición y la recepción o acceso por el interesado o su representante.

d) Las notificaciones serán válidas cuando conste la fecha y hora de recepción de la notificación.

41. Las Administraciones podrán establecer la obligación de practicar electrónicamente las notificaciones para determinados procedimientos:

a) Por ley.
b) Por reglamento.
c) Por orden.
d) Por concesión.

42. Las Administraciones podrán establecer la obligación de practicar electrónicamente las notificaciones para ciertos colectivos de personas físicas que por razón de su capacidad económica, técnica, dedicación profesional u otros motivos quede acreditado que tienen acceso y disponibilidad de los medios electrónicos necesarios:

a) Por ley.
b) Por reglamento.
c) Por orden.
d) Por concesión.

43. El interesado podrá identificar un dispositivo electrónico y/o una dirección de correo electrónico que servirán para el envío de los avisos regulados en el artículo 41 de la Ley 39/2015:

a) Y para las notificaciones.
b) Pero no para la práctica de notificaciones.
c) Para la práctica de notificaciones si el interesado así lo establece.
d) Para todo tipo de comunicación.

44. Según la normativa, aquellas en las que el acto a notificar vaya acompañado de elementos que no sean susceptibles de conversión en formato electrónico:

a) Se podrá notificar por medios electrónicos en la medida de lo que se pueda.
b) No se podrán notificar por medios electrónicos.
c) Se notificará en parte a través de medios electrónicos y en formato papel.
d) Se notificarán de forma verbal.

45. Según la normativa, aquellas notificaciones que contengan medios de pago a favor de los obligados, tales como cheques:

a) Se podrá notificar por medios electrónicos en la medida de lo que se pueda.
b) No se podrán notificar por medios electrónicos.

c) Se notificará en parte a través de medios electrónicos y en formato papel.

d) Se notificarán de forma verbal.

46. Establece la normativa que en ningún caso se efectuará por medio electrónico la siguiente notificación:

a) Aquellas en las que el acto a notificar vaya acompañado de elementos que no sean susceptibles de conversión en formato electrónico.

b) Las que contengan medios de pago a favor de los obligados, tales como cheques.

c) Las que contenga información relativa a terceras personas.

d) Son correctas las respuestas a) y b).

47. En los procedimientos iniciados a solicitud del interesado:

a) La notificación se practicará por el medio señalado al efecto por aquel.

b) La notificación se practicará por el medio señalado al efecto por la Administración pública.

c) La notificación se practicará por el medio señalado al efecto por cualquier interesado.

d) La notificación se practicará por el medio señalado al efecto por aquel por aquel o por la Administración pública.

48. En los procedimientos iniciados a solicitud del interesado:

a) La notificación será electrónica en los casos en los que exista obligación de relacionarse de esta forma con la Administración.

b) La notificación siempre será electrónica.

c) La notificación nunca podrá ser electrónica.

d) La notificación, excepcionalmente, podrá ser electrónica.

49. Cuando no fuera posible realizar la notificación de acuerdo con lo señalado en la solicitud:

a) Se dará por no notificado.

b) Se practicará en cualquier lugar adecuado a tal fin.

c) Se practicará por cualquier medio que permita tener constancia de la recepción por el interesado o su representante, así como de la fecha, la identidad y el contenido del acto notificado.

d) Son correctas las respuestas b) y c).

50. En los procedimientos iniciados de oficio, las Administraciones públicas podrán recabar, mediante consulta a las bases de datos del Instituto Nacional de Estadística, los datos sobre el domicilio del interesado recogidos en el Padrón Municipal, remitidos por las Entidades Locales:

a) A los solos efectos de su iniciación.

b) A todos los efectos.

c) Para su conclusión.
d) Todas las respuestas anteriores son incorrectas.

51. Cuando el interesado o su representante rechace la notificación de una actuación administrativa:

a) Se hará constar en el expediente, especificándose las circunstancias del intento de notificación y el medio, dando por efectuado el trámite y siguiéndose el procedimiento.
b) Se paralizará el procedimiento.
c) No es necesario registrarlo en el expediente.
d) Se hará constar en el expediente, especificándose las circunstancias del intento de notificación y el medio, pero no se da por efectuado el trámite y se paraliza el procedimiento.

52. Las Administraciones públicas enviarán un aviso al dispositivo electrónico y/o a la dirección de correo electrónico del interesado que este haya comunicado, informándole de la puesta a disposición de una notificación en la sede electrónica de la Administración u Organismo correspondiente o en la dirección electrónica habilitada única:

a) Para el caso en que la notificación sea electrónica.
b) Con independencia de que la notificación se realice en papel o por medios electrónicos.
c) Para el caso en que la notificación se realice en papel.
d) Para el caso en que la notificación sea verbal.

53. Las Administraciones públicas enviarán un aviso al dispositivo electrónico y/o a la dirección de correo electrónico del interesado que este haya comunicado, informándole de la puesta a disposición de una notificación en la sede electrónica de la Administración u Organismo correspondiente o en la dirección electrónica habilitada única. La falta de práctica de este aviso:

a) Anula todo el procedimiento.
b) Cancela el procedimiento.
c) No impedirá que la notificación sea considerada plenamente válida.
d) Impedirá que la notificación sea considerada plenamente eficaz.

54. Cuando el interesado fuera notificado por distintos cauces:

a) Se invalida la comunicación.
b) Se tomará como fecha de notificación la de aquella que se hubiera producido en primer lugar.
c) Se tomará como fecha de notificación la de aquella que se hubiera producido en último lugar.
d) Se tomará como fecha de notificación la realizada por medios electrónicos.

55. Todas las notificaciones que se practiquen en papel:

a) Se deben registrar.

b) Deberán ser puestas a disposición del interesado en la sede electrónica de la Administración u Organismo actuante para que pueda acceder al contenido de las mismas de forma voluntaria.

c) Deben ser comunicadas con quince días de antelación.

d) Todas las respuestas anteriores son correctas.

56. Cuando la notificación se practique en el domicilio del interesado, de no hallarse presente este en el momento de entregarse la notificación:

a) Nunca se podrá realizar la misma.

b) Podrá hacerse cargo de la misma cualquier persona mayor de catorce años que se encuentre en el domicilio y haga constar su identidad.

c) Podrá hacerse cargo de la misma cualquier persona mayor de dieciséis años que se encuentre en el domicilio y haga constar su identidad.

d) Podrá hacerse cargo de la misma cualquier persona mayor de dieciocho años que se encuentre en el domicilio y haga constar su identidad.

57. Si nadie se hiciera cargo de la notificación:

a) Se hará constar esta circunstancia en el expediente, junto con el día y la hora en que se intentó la notificación, intento que se repetirá por una sola vez y en una hora distinta dentro de los tres días siguientes.

b) En caso de que el primer intento de notificación se haya realizado antes de las quince horas, el segundo intento deberá realizarse después de las quince horas y viceversa, dejando en todo caso al menos un margen de diferencia de tres horas entre ambos intentos de notificación.

c) Si el segundo intento también resultara infructuoso, se procederá en la forma prevista en la normativa.

d) Todas las respuestas anteriores son correctas.

58. Si nadie se hiciera cargo de la notificación, se hará constar esta circunstancia en el expediente, junto con el día y la hora en que se intentó la notificación:

a) Intento que se repetirá por una sola vez y en una hora distinta dentro de los tres días siguientes.

b) Intento que se repetirá por una sola vez y en una hora distinta dentro de los cinco días siguientes.

c) Intento que se repetirá por una sola vez y en una hora distinta dentro de los siete días siguientes.

d) Intento que se repetirá por una sola vez y en una hora distinta dentro de los diez días siguientes.

59. Si nadie se hiciera cargo de la notificación, se hará constar esta circunstancia en el expediente, junto con el día y la hora en que se intentó la notificación:

a) Intento que se repetirá por una sola.
b) Intento que se repetirá más de una vez.
c) Intento que se repetirá dos veces.
d) Intento que se repetirá como mínimo, tres veces.

60. En caso de que el primer intento de notificación no fructífero se haya realizado antes de las quince horas:

a) El segundo deberá realizarse a primera hora de la mañana.
b) El segundo deberá realizarse en la misma franja horaria.
c) El segundo debe realizarse después de las quince horas, y viceversa, dejando en todo caso al menos un margen de diferencia de tres horas entre ambos intentos de notificación.
d) El segundo debe realizarse después de las quince horas, y viceversa, dejando en todo caso al menos un margen de diferencia de cinco horas entre ambos intentos de notificación.

61. Cuando el interesado accediera al contenido de la notificación en sede electrónica:

a) Se le ofrecerá la posibilidad de que el resto de notificaciones se puedan realizar a través de medios electrónicos.
b) Se comunicará que el resto de notificaciones se puedan realizar a través de medios electrónicos.
c) Se obligará a que el resto de notificaciones se puedan realizar a través de medios electrónicos.
d) Se prohibirá que el resto de notificaciones se puedan realizar a través de medios electrónicos.

62. Las notificaciones por medios electrónicos:

a) Se practicarán mediante comparecencia en la sede electrónica de la Administración u Organismo actuante.
b) Se practicarán a través de la dirección electrónica habilitada única.
c) Se practicarán mediante ambos sistemas, mediante comparecencia en la sede electrónica de la Administración u Organismo actuante o a través de la dirección electrónica habilitada única, según disponga cada Administración u Organismo.
d) Todas las respuestas anteriores son correctas.

63. Las notificaciones por medios electrónicos:

a) Se entenderán practicadas en el momento en que se produzca el acceso a su contenido.
b) Se entenderán practicadas el día siguiente al momento en que se produzca el acceso a su contenido.

c) Se entenderán practicadas en el momento en que se realice.

d) Se entenderán practicadas a las 48 h respecto del momento en que se produzca el acceso a su contenido.

64. Cuando la notificación por medios electrónicos sea de carácter obligatorio:

a) Se entenderá rechazada cuando hayan transcurrido 24 horas naturales desde la puesta a disposición de la notificación sin que se acceda a su contenido.

b) Se entenderá rechazada cuando hayan transcurrido 48 horas naturales desde la puesta a disposición de la notificación sin que se acceda a su contenido.

c) Se entenderá rechazada cuando hayan transcurrido cuatro días naturales desde la puesta a disposición de la notificación sin que se acceda a su contenido.

d) Se entenderá rechazada cuando hayan transcurrido diez días naturales desde la puesta a disposición de la notificación sin que se acceda a su contenido.

65. Cuando la notificación por medios electrónicos haya sido expresamente elegida por el interesado:

a) Se entenderá rechazada cuando hayan transcurrido 24 horas naturales desde la puesta a disposición de la notificación sin que se acceda a su contenido.

b) Se entenderá rechazada cuando hayan transcurrido 48 horas naturales desde la puesta a disposición de la notificación sin que se acceda a su contenido.

c) Se entenderá rechazada cuando hayan transcurrido cuatro días naturales desde la puesta a disposición de la notificación sin que se acceda a su contenido.

d) Se entenderá rechazada cuando hayan transcurrido diez días naturales desde la puesta a disposición de la notificación sin que se acceda a su contenido.

66. Los interesados podrán acceder a las notificaciones desde:

a) Todas las Sedes de la Administración.

b) El Punto de Acceso General electrónico de la Administración, que funcionará como un portal de acceso.

c) El Punto electrónico de la Administración, que funcionará como un portal de acceso.

d) El Punto Central electrónico de la Administración, que funcionará como un portal de acceso.

67. En el caso de notificaciones infructuosas por ser el interesado desconocido:

a) No se podrá entender hecha nunca.

b) Solo se podrá entender anunciada.

c) Solo podrá realizarse la notificación en edictos a la pared de la sede general de la Administración pública.

d) La notificación se hará por medio de un anuncio publicado en el «Boletín Oficial del Estado».

68. En el caso de notificaciones infructuosas porque se ignore el lugar de la notificación:

a) No se podrá entender hecha nunca.
b) Solo se podrá entender anunciada.
c) Solo podrá realizarse la notificación en edictos a la pared de la sede general de la Administración pública.
d) La notificación se hará por medio de un anuncio publicado en el «Boletín Oficial del Estado».

69. En el caso de notificaciones infructuosas porque se ignore el lugar del bien:

a) No se podrá entender hecha nunca.
b) Solo se podrá entender anunciada.
c) Solo podrá realizarse la notificación en edictos a la pared de la sede general de la Administración pública.
d) La notificación se hará por medio de un anuncio publicado en el «Boletín Oficial del Estado».

70. Los actos administrativos serán objeto de publicación:

a) Siempre y en todo caso.
b) Cuando así lo establezcan las normas reguladoras de cada procedimiento.
c) Cuando lo aconsejen razones de interés público apreciadas por el órgano competente.
d) Son correctas las respuestas b) y c).

71. Los actos administrativos serán objeto de publicación, surtiendo esta los efectos de la notificación:

a) Cuando el acto tenga por destinatario a una pluralidad indeterminada de personas o cuando la Administración estime que la notificación efectuada a un solo interesado es insuficiente para garantizar la notificación a todos, siendo, en este último caso, adicional a la individualmente realizada.
b) Cuando se trate de actos integrantes de un procedimiento selectivo o de concurrencia competitiva de cualquier tipo.
c) Cuando se trate de actos con datos privados.
d) Son correctas las respuestas a) y b).

72. La publicación de los actos se realizará:

a) En los periódicos.
b) En cualquier boletín o diario oficial.
c) En el diario oficial que corresponda, según cual sea la Administración de la que proceda el acto a notificar.
d) En el diario oficial que corresponda, según cual sea la Administración del domicilio del interesado.

73. Los actos de la Administración pública que lesionen los derechos y liberta-des susceptibles de amparo constitucional:

a) Son ineficaces.
b) Son nulos de pleno derecho.
c) Son anulables.
d) Son válidos, aunque inmorales.

74. Las disposiciones administrativas que vulneren la Constitución, las leyes u otras disposiciones administrativas de rango superior, las que regulen materias re-servadas a la ley, y las que establezcan la retroactividad de disposiciones sanciona-doras no favorables o restrictivas de derechos individuales:

a) Son ineficaces.
b) Son nulos de pleno derecho.
c) Son anulables.
d) Son válidos, aunque inmorales.

75. Los actos de la Administración pública que tengan un contenido imposible:

a) Son ineficaces.
b) Son nulos de pleno derecho.
c) Son anulables.
d) Son válidos, aunque inmorales.

Soluciones comentadas

1. b) Pueden dictar actos administrativos.

Dispone el artículo 34.1 de la Ley 39/2015, de 1 de octubre, del Procedimiento Administrativo Común de las Administraciones públicas que los actos administrativos que dicten las Administraciones públicas, bien de oficio o a instancia del interesado, se producirán por el órgano competente ajustándose a los requisitos y al procedimiento establecido.

2. c) Dictados de oficio o a instancia de parte.

Dispone el artículo 34.1 de la Ley 39/2015, de 1 de octubre, del Procedimiento Administrativo Común de las Administraciones públicas que los actos administrativos que dicten las Administraciones públicas, bien de oficio o a instancia del interesado, se producirán por el órgano competente ajustándose a los requisitos y al procedimiento establecido.

3. d) Todas las respuestas anteriores son correctas.

Recoge el artículo 35.1 de la Ley 39/2015, de 1 de octubre, del Procedimiento Administrativo Común de las Administraciones Públicas que serán motivados, con sucinta referencia de hechos y fundamentos de derecho:

a) Los actos que limiten derechos subjetivos o intereses legítimos.

b) Los actos que resuelvan procedimientos de revisión de oficio de disposiciones o actos administrativos, recursos administrativos y procedimientos de arbitraje y los que declaren su inadmisión.

c) Los actos que se separen del criterio seguido en actuaciones precedentes o del dictamen de órganos consultivos.

d) Los acuerdos de suspensión de actos, cualquiera que sea el motivo de esta, así como la adopción de medidas provisionales previstas en el artículo 56.

e) Los acuerdos de aplicación de la tramitación de urgencia, de ampliación de plazos y de realización de actuaciones complementarias.

f) Los actos que rechacen pruebas propuestas por los interesados.

g) Los actos que acuerden la terminación del procedimiento por la imposibilidad material de continuarlo por causas sobrevenidas, así como los que acuerden el desistimiento por la Administración en procedimientos iniciados de oficio.

h) Las propuestas de resolución en los procedimientos de carácter sancionador, así como los actos que resuelvan procedimientos de carácter sancionador o de responsabilidad patrimonial.

i) Los actos que se dicten en el ejercicio de potestades discrecionales, así como los que deban serlo en virtud de disposición legal o reglamentaria expresa.

4. d) Todas las respuestas anteriores son correctas.

Recoge el artículo 35.1 de la Ley 39/2015, de 1 de octubre, del Procedimiento Administrativo Común de las Administraciones públicas que serán motivados, con sucinta referencia de hechos y fundamentos de derecho:

a) Los actos que limiten derechos subjetivos o intereses legítimos.

b) Los actos que resuelvan procedimientos de revisión de oficio de disposiciones o actos administrativos, recursos administrativos y procedimientos de arbitraje y los que declaren su inadmisión.

c) Los actos que se separen del criterio seguido en actuaciones precedentes o del dictamen de órganos consultivos.

d) Los acuerdos de suspensión de actos, cualquiera que sea el motivo de esta, así como la adopción de medidas provisionales previstas en el artículo 56.

e) Los acuerdos de aplicación de la tramitación de urgencia, de ampliación de plazos y de realización de actuaciones complementarias.

f) Los actos que rechacen pruebas propuestas por los interesados.

g) Los actos que acuerden la terminación del procedimiento por la imposibilidad material de continuarlo por causas sobrevenidas, así como los que acuerden el desistimiento por la Administración en procedimientos iniciados de oficio.

h) Las propuestas de resolución en los procedimientos de carácter sancionador, así como los actos que resuelvan procedimientos de carácter sancionador o de responsabilidad patrimonial.

i) Los actos que se dicten en el ejercicio de potestades discrecionales, así como los que deban serlo en virtud de disposición legal o reglamentaria expresa.

5. a) Serán motivados, con sucinta referencia de hechos y fundamentos de derecho.

Recoge el artículo 35.1 de la Ley 39/2015, de 1 de octubre, del Procedimiento Administrativo Común de las Administraciones públicas que serán motivados, con sucinta referencia de hechos y fundamentos de derecho:

a) Los actos que limiten derechos subjetivos o intereses legítimos.

b) Los actos que resuelvan procedimientos de revisión de oficio de disposiciones o actos administrativos, recursos administrativos y procedimientos de arbitraje y los que declaren su inadmisión.

c) Los actos que se separen del criterio seguido en actuaciones precedentes o del dictamen de órganos consultivos.

d) Los acuerdos de suspensión de actos, cualquiera que sea el motivo de esta, así como la adopción de medidas provisionales previstas en el artículo 56.

e) Los acuerdos de aplicación de la tramitación de urgencia, de ampliación de plazos y de realización de actuaciones complementarias.

f) Los actos que rechacen pruebas propuestas por los interesados.

g) Los actos que acuerden la terminación del procedimiento por la imposibilidad material de continuarlo por causas sobrevenidas, así como los que acuerden el desistimiento por la Administración en procedimientos iniciados de oficio.

h) Las propuestas de resolución en los procedimientos de carácter sancionador, así como los actos que resuelvan procedimientos de carácter sancionador o de responsabilidad patrimonial.

i) Los actos que se dicten en el ejercicio de potestades discrecionales, así como los que deban serlo en virtud de disposición legal o reglamentaria expresa.

6. a) Serán motivados, con sucinta referencia de hechos y fundamentos de derecho.

Recoge el artículo 35.1 de la Ley 39/2015, de 1 de octubre, del Procedimiento Administrativo Común de las Administraciones Públicas que serán motivados, con sucinta referencia de hechos y fundamentos de derecho:

a) Los actos que limiten derechos subjetivos o intereses legítimos.

b) Los actos que resuelvan procedimientos de revisión de oficio de disposiciones o actos administrativos, recursos administrativos y procedimientos de arbitraje y los que declaren su inadmisión.

c) Los actos que se separen del criterio seguido en actuaciones precedentes o del dictamen de órganos consultivos.

d) Los acuerdos de suspensión de actos, cualquiera que sea el motivo de esta, así como la adopción de medidas provisionales previstas en el artículo 56.

e) Los acuerdos de aplicación de la tramitación de urgencia, de ampliación de plazos y de realización de actuaciones complementarias.

f) Los actos que rechacen pruebas propuestas por los interesados.

g) Los actos que acuerden la terminación del procedimiento por la imposibilidad material de continuarlo por causas sobrevenidas, así como los que acuerden el desistimiento por la Administración en procedimientos iniciados de oficio.

h) Las propuestas de resolución en los procedimientos de carácter sancionador, así como los actos que resuelvan procedimientos de carácter sancionador o de responsabilidad patrimonial.

i) Los actos que se dicten en el ejercicio de potestades discrecionales, así como los que deban serlo en virtud de disposición legal o reglamentaria expresa.

7. a) Debiendo, en todo caso, quedar acreditados en el procedimiento los fundamentos de la resolución que se adopte.

Recoge el artículo 35.2 de la Ley 39/2015, de 1 de octubre, del Procedimiento Administrativo Común de las Administraciones Públicas que la motivación de los actos que pongan fin a los procedimientos selectivos y de concurrencia competitiva se realizará de conformidad con lo que dispongan las normas que regulen sus convocatorias, debiendo, en todo caso, quedar acreditados en el procedimiento los fundamentos de la resolución que se adopte.

8. c) Por escrito a través de medios electrónicos, a menos que su naturaleza exija otra forma más adecuada de expresión y constancia.

Recoge el artículo 36.1 de la Ley 39/2015, de 1 de octubre, del Procedimiento Administrativo Común que los actos administrativos se producirán por escrito a través de medios electrónicos, a menos que su naturaleza exija otra forma más adecuada de expresión y constancia.

9. a) La constancia escrita del acto, cuando sea necesaria, se efectuará y firmará por el titular del órgano inferior o funcionario que la reciba oralmente, expresando en la comunicación del mismo la autoridad de la que procede.

Recoge el artículo 36.2 de la Ley 39/2015, de 1 de octubre, del Procedimiento Administrativo Común que en los casos en que los órganos administrativos ejerzan su competencia de forma verbal, la constancia escrita del acto, cuando sea necesaria, se efectuará y firmará por el titular del órgano inferior o funcionario que la reciba oralmente, expresando en la comunicación del mismo la autoridad de la que procede. Si se tratara de resoluciones, el titular de la competencia deberá autorizar una relación de las que haya dictado de forma verbal, con expresión de su contenido.

10. b) Podrán refundirse en un único acto, acordado por el órgano competente, que especificará las personas u otras circunstancias que individualicen los efectos del acto para cada interesado.

Recoge el artículo 36.3 de la Ley 39/2015, de 1 de octubre, del Procedimiento Administrativo Común que cuando deba dictarse una serie de actos administrativos de la misma naturaleza, tales como nombramientos, concesiones o licencias, podrán refundirse en un único acto, acordado por el órgano competente, que especificará las personas u otras circunstancias que individualicen los efectos del acto para cada interesado.

11. b) Podrán refundirse en un único acto, acordado por el órgano competente, que especificará las personas u otras circunstancias que individualicen los efectos del acto para cada interesado.

Recoge el artículo 36.3 de la Ley 39/2015, de 1 de octubre, del Procedimiento Administrativo Común que cuando deba dictarse una serie de actos administrativos de la misma naturaleza, tales como nombramientos, concesiones o licencias, podrán refundirse en un único acto, acordado por el órgano competente, que especificará las personas u otras circunstancias que individualicen los efectos del acto para cada interesado.

12. b) Podrán refundirse en un único acto, acordado por el órgano competente, que especificará las personas u otras circunstancias que individualicen los efectos del acto para cada interesado.

Recoge el artículo 36.3 de la Ley 39/2015, de 1 de octubre, del Procedimiento Administrativo Común que cuando deba dictarse una serie de actos administrativos de la misma naturaleza, tales como nombramientos, concesiones o licencias, podrán refundirse en un único acto, acordado por el órgano competente, que especificará las personas u otras circunstancias que individualicen los efectos del acto para cada interesado.

13. a) No podrán vulnerar lo establecido en una disposición de carácter general.

Recoge el artículo 37.1 de la Ley 39/2015, de 1 de octubre, del Procedimiento Administrativo Común que las resoluciones administrativas de carácter particular no podrán vulnerar lo establecido en una disposición de carácter general, aunque aquellas procedan de un órgano de igual o superior jerarquía al que dictó la disposición general.

14. a) Aunque aquellas procedan de un órgano de igual o superior jerarquía al que dictó la disposición general.

Recoge el artículo 37.1 de la Ley 39/2015, de 1 de octubre, del Procedimiento Administrativo Común que las resoluciones administrativas de carácter particular no podrán vulnerar lo establecido en una disposición de carácter general, aunque aquéllas aquellas procedan de un órgano de igual o superior jerarquía al que dictó la disposición general.

15. c) Son nulas.

Dispone el artículo 37.2 de la Ley 39/2015, de 1 de octubre, del Procedimiento Administrativo Común que son nulas las resoluciones administrativas que vulneren lo establecido en una disposición reglamentaria, así como aquellas que incurran en alguna de las causas recogidas en el artículo 47.

16. b) Serán ejecutivos con arreglo a lo dispuesto en esta ley.

Dispone el artículo 38 de la Ley 39/2015, de 1 de octubre, del Procedimiento Administrativo Común que los actos de las Administraciones públicas sujetos al Derecho Administrativo serán ejecutivos con arreglo a lo dispuesto en esta ley.

17. a) Se presumirán válidos y producirán efectos desde la fecha en que se dicten, salvo que en ellos se disponga otra cosa.

Dispone el artículo 39.1 de la Ley 39/2015, de 1 de octubre, del Procedimiento Administrativo Común que los actos de las Administraciones públicas sujetos al Derecho Administrativo se presumirán válidos y producirán efectos desde la fecha en que se dicten, salvo que en ellos se disponga otra cosa.

18. d) Son correctas las respuestas b) y c).

Dispone el artículo 39.2 de la Ley 39/2015, de 1 de octubre, del Procedimiento Administrativo Común que la eficacia quedará demorada cuando así lo exija el contenido del acto o esté supeditada a su notificación, publicación o aprobación superior.

19. c) Excepcionalmente, podrá otorgarse eficacia retroactiva a los actos.

Dispone el artículo 39.3 de la Ley 39/2015, de 1 de octubre, del Procedimiento Administrativo Común que excepcionalmente, podrá otorgarse eficacia retroactiva a los actos cuando se dicten en sustitución de actos anulados, así como cuando produzcan efectos favorables al interesado, siempre que los supuestos de hecho necesarios existieran ya en la fecha a que se retrotraiga la eficacia del acto y esta no lesione derechos o intereses legítimos de otras personas.

20. b) Excepcionalmente, a los actos cuando se dicten en sustitución de actos anulados.

Dispone el artículo 39.3 de la Ley 39/2015, de 1 de octubre, del Procedimiento Administrativo Común que excepcionalmente, podrá otorgarse eficacia retroactiva a los actos cuando se dicten en sustitución de actos anulados, así como cuando produzcan efectos favorables al interesado, siempre que los supuestos de hecho necesarios existieran ya en la fecha a que se retrotraiga la eficacia del acto y esta no lesione derechos o intereses legítimos de otras personas.

21. d) Son correctas las respuestas b) y c).

Dispone el artículo 39.3 de la Ley 39/2015, de 1 de octubre, del Procedimiento Administrativo Común que excepcionalmente, podrá otorgarse eficacia retroactiva a los actos cuando se dicten en sustitución de actos anulados, así como cuando produzcan efectos favorables al interesado, siempre que los supuestos de hecho necesarios existieran ya en la fecha a que se retrotraiga la eficacia del acto y esta no lesione derechos o intereses legítimos de otras personas.

22. a) Deberán ser observadas observados por el resto de los órganos administrativos, aunque no dependan jerárquicamente entre sí o pertenezcan a otra Administración.

Dispone el artículo 39.4 de la Ley 39/2015, de 1 de octubre, del Procedimiento Administrativo Común que las normas y actos dictados por los órganos de las Administraciones públicas en el ejercicio de su propia competencia deberán ser observadas por el resto de los órganos administrativos, aunque no dependan jerárquicamente entre sí o pertenezcan a otra Administración.

23. d) Está vinculado en todo caso.

Dispone el artículo 39.4 de la Ley 39/2015, de 1 de octubre, del Procedimiento Administrativo Común que las normas y actos dictados por los órganos de las Administraciones públicas en el ejercicio de su propia competencia deberán ser observadas por el resto de los órganos administrativos, aunque no dependan jerárquicamente entre sí o pertenezcan a otra Administración.

24. d) Está vinculado en todo caso.

Dispone el artículo 39.4 de la Ley 39/2015, de 1 de octubre, del Procedimiento Administrativo Común que las normas y actos dictados por los órganos de las Administraciones públicas en el ejercicio de su propia competencia deberán ser observadas por el resto de los órganos administrativos, aunque no dependan jerárquicamente entre sí o pertenezcan a otra Administración.

25. b) Podrá requerir a esta previamente para que anule o revise el acto.

Dispone el artículo 39.5 de la Ley 39/2015, de 1 de octubre, del Procedimiento Administrativo Común que cuando una Administración pública tenga que dictar, en el ámbito de sus competencias, un acto que necesariamente tenga por base otro dictado por una Administración pública distinta y aquella entienda que es ilegal, podrá requerir a esta previamente para que anule o revise el acto de acuerdo con lo dispuesto en el artículo 44 de la Ley 29/1998, de 13 de julio, reguladora de la Jurisdicción Contencioso-Administrativa, y, de rechazar el requerimiento, podrá interponer recurso contencioso-administrativo. En estos casos, quedará suspendido el procedimiento para dictar resolución.

26. d) En el caso de recibir un rechazo al requerimiento, podrá interponer recurso contencioso-administrativo.

Dispone el artículo 39.5 de la Ley 39/2015, de 1 de octubre, del Procedimiento Administrativo Común que cuando una Administración pública tenga que dictar, en el ámbito de sus competencias, un acto que necesariamente tenga por base otro dictado por una Administración pública distinta y aquella entienda que es ilegal, podrá requerir a esta previamente para que anule o revise el acto de acuerdo con lo dispuesto en el artículo 44 de la Ley 29/1998, de 13 de julio, reguladora de la Jurisdicción Contencioso-Administrativa, y, de rechazar el requerimiento, podrá interponer recurso contencioso-administrativo. En estos casos, quedará suspendido el procedimiento para dictar resolución.

27. a) Quedará suspendido el procedimiento para dictar resolución.

Dispone el artículo 39.5 de la Ley 39/2015, de 1 de octubre, del Procedimiento Administrativo Común que cuando una Administración pública tenga que dictar, en el ámbito de sus competencias, un acto que necesariamente tenga por base otro dictado por una Administración pública distinta y aquella entienda que es ilegal, podrá requerir a esta previamente para que anule o revise el acto de acuerdo con lo dispuesto en el artículo 44 de la Ley 29/1998, de 13 de julio, reguladora de la Jurisdicción Contencioso-Administrativa y, de rechazar el requerimiento, podrá interponer recurso contencioso-administrativo. En estos casos, quedará suspendido el procedimiento para dictar resolución.

28. a) Los notificará a los interesados cuyos derechos e intereses sean afectados por aquél aquellos.

Dispone el artículo 40.1 de la Ley 39/2015, de 1 de octubre, del Procedimiento Administrativo Común que el órgano que dicte las resoluciones y actos administrativos los notificará a los interesados cuyos derechos e intereses sean afectados por aquellos, en los términos previstos en los artículos siguientes.

29. c) Dentro del plazo de diez días a partir de la fecha emisión de la misma.

Dispone el artículo 40.2 de la Ley 39/2015, de 1 de octubre, del Procedimiento Administrativo Común que Toda notificación deberá ser cursada dentro del plazo de diez días a partir de la fecha en que el acto haya sido dictado, y deberá contener el texto íntegro de la resolución, con indicación de si pone fin o no a la vía administrativa, la expresión de los recursos que procedan, en su caso, en vía administrativa y judicial, el órgano ante el que hubieran de presentarse y el plazo para interponerlos, sin perjuicio de que los interesados puedan ejercitar, en su caso, cualquier otro que estimen procedente.

30. c) Dentro del plazo de diez días a partir de la fecha en que el acto haya sido dictado.

Dispone el artículo 40.2 de la Ley 39/2015, de 1 de octubre, del Procedimiento Administrativo Común que toda notificación deberá ser cursada dentro del plazo de diez días a partir de la fecha en que el acto haya sido dictado, y deberá contener el texto íntegro de la resolución, con indicación de si pone fin o no a la vía administrativa, la expresión de los recursos que procedan, en su caso, en vía administrativa y judicial, el órgano ante el que hubieran de presentarse y el plazo para interponerlos, sin perjuicio de que los interesados puedan ejercitar, en su caso, cualquier otro que estimen procedente.

31. d) Todas las respuestas anteriores son correctas.

Dispone el artículo 40.2 de la Ley 39/2015, de 1 de octubre, del Procedimiento Administrativo Común que toda notificación deberá ser cursada dentro del plazo de diez días a partir de la fecha en que el acto haya sido dictado, y deberá contener el texto íntegro de la resolución, con indicación de si pone fin o no a la vía administrativa, la expresión de los recursos que procedan, en su caso, en vía administrativa y judicial, el órgano ante el que hubieran de presentarse y el plazo para interponerlos, sin perjuicio de que los interesados puedan ejercitar, en su caso, cualquier otro que estimen procedente.

32. b) Surtirán efecto a partir de la fecha en que el interesado realice actuaciones que supongan el conocimiento del contenido y alcance de la resolución o acto objeto de la notificación, o interponga cualquier recurso que proceda.

Dispone el artículo 40.3 de la Ley 39/2015, de 1 de octubre, del Procedimiento Administrativo Común que las notificaciones que, conteniendo el texto íntegro del acto, omitiesen alguno de los demás requisitos previstos en el apartado anterior, surtirán efecto a partir de la fecha en que el interesado realice actuaciones que supongan el conocimiento del contenido y alcance de la resolución o acto objeto de la notificación, o interponga cualquier recurso que proceda.

33. a) A los solos efectos de entender cumplida la obligación de notificar dentro del plazo máximo de duración de los procedimientos, será suficiente que la notificación contenga, cuando menos, el texto íntegro de la resolución, así como el intento de notificación debidamente acreditado.

Dispone el artículo 40.4 de la Ley 39/2015, de 1 de octubre, del Procedimiento Administrativo Común que, sin perjuicio de lo establecido en el apartado anterior, y a los solos efectos de entender cumplida la obligación de notificar dentro del plazo máximo de duración de los procedimientos, será suficiente la notificación que contenga, cuando menos, el texto íntegro de la resolución, así como el intento de notificación debidamente acreditado.

34. b) Las Administraciones públicas podrán adoptar las medidas que consideren necesarias para la protección de los datos personales que consten en la misma.

Dispone el artículo 40.5 de la Ley 39/2015, de 1 de octubre, del Procedimiento Administrativo Común que las Administraciones públicas podrán adoptar las medidas que consideren necesarias para la protección de los datos personales que consten en las resoluciones y actos administrativos, cuando estos tengan por destinatarios a más de un interesado.

35. b) Las Administraciones públicas podrán adoptar las medidas que consideren necesarias para la protección de los datos personales que consten en el mismo.

Dispone el artículo 40.5 de la Ley 39/2015, de 1 de octubre, del Procedimiento Administrativo Común que las Administraciones públicas podrán adoptar las medidas que consideren necesarias para la protección de los datos personales que consten en las resoluciones y actos administrativos, cuando estos tengan por destinatarios a más de un interesado.

36. a) Preferentemente por medios electrónicos y, en todo caso, cuando el interesado resulte obligado a recibirlas por esta vía.

Dispone el artículo 41.1 de la Ley 39/2015, de 1 de octubre, del Procedimiento Administrativo Común que las notificaciones se practicarán preferentemente por medios electrónicos y, en todo caso, cuando el interesado resulte obligado a recibirlas por esta vía.

37. b) Se deben realizar por medios electrónicos cuando el interesado esté obligado a recibirlas por esta vía.

Dispone el artículo 41.1 de la Ley 39/2015, de 1 de octubre, del Procedimiento Administrativo Común que las notificaciones se practicarán preferentemente por medios electrónicos y, en todo caso, cuando el interesado resulte obligado a recibirlas por esta vía.

38. c) Cuando la notificación se realice con ocasión de la comparecencia espontánea del interesado o su representante en las oficinas de asistencia en materia de registro y solicite la comunicación o notificación personal en ese momento.

Dispone el artículo 41.1 de la Ley 39/2015, de 1 de octubre, del Procedimiento Administrativo Común que las notificaciones se practicarán preferentemente por medios electrónicos y, en todo caso, cuando el interesado resulte obligado a recibirlas por esta vía.

No obstante lo anterior, las Administraciones podrán practicar las notificaciones por medios no electrónicos en los siguientes supuestos:

a) Cuando la notificación se realice con ocasión de la comparecencia espontánea del interesado o su representante en las oficinas de asistencia en materia de registro y solicite la comunicación o notificación personal en ese momento. [...]

39. c) Cuando para asegurar la eficacia de la actuación administrativa resulte necesario practicar la notificación por entrega directa de un empleado público de la Administración notificante.

Dispone el artículo 41.1 de la Ley 39/2015, de 1 de octubre, del Procedimiento Administrativo Común que las notificaciones se practicarán preferentemente por medios electrónicos y, en todo caso, cuando el interesado resulte obligado a recibirlas por esta vía.

No obstante lo anterior, las Administraciones podrán practicar las notificaciones por medios no electrónicos en los siguientes supuestos:

[…]

b) Cuando para asegurar la eficacia de la actuación administrativa resulte necesario practicar la notificación por entrega directa de un empleado público de la Administración notificante.

Con independencia del medio utilizado, las notificaciones serán válidas siempre que permitan tener constancia de su envío o puesta a disposición, de la recepción o acceso por el interesado o su representante, de sus fechas y horas, del contenido íntegro, y de la identidad fidedigna del remitente y destinatario de la misma. La acreditación de la notificación efectuada se incorporará al expediente.

40. a) Con independencia del medio utilizado, las notificaciones serán válidas siempre que permitan tener constancia de su envío o puesta a disposición, de la recepción o acceso por el interesado o su representante, de sus fechas y horas, del contenido íntegro, y de la identidad fidedigna del remitente y destinatario de la misma. La acreditación de la notificación efectuada se incorporará al expediente.

Dispone el artículo 41.1 de la Ley 39/2015, de 1 de octubre, del Procedimiento Administrativo Común que los interesados que no estén obligados a recibir notificaciones electrónicas, podrán decidir y comunicar en cualquier momento a la Administración pública, mediante los modelos normalizados que se establezcan al efecto, que las notificaciones sucesivas se practiquen o dejen de practicarse por medios electrónicos.

41. b) Por reglamento.

Dispone el artículo 41.1 de la Ley 39/2015, de 1 de octubre, del Procedimiento Administrativo Común que […] Reglamentariamente, las Administraciones podrán establecer la obligación de practicar electrónicamente las notificaciones para determinados procedimientos y para ciertos colectivos de personas físicas que por razón de su capacidad económica, técnica, dedicación profesional u otros motivos quede acreditado que tienen acceso y disponibilidad de los medios electrónicos necesarios.

42. b) Por reglamento.

Dispone el artículo 41.1 de la Ley 39/2015, de 1 de octubre, del Procedimiento Administrativo Común que […] Reglamentariamente, las Administraciones podrán establecer la obligación de practicar electrónicamente las notificaciones para determinados procedimientos y para ciertos colectivos de personas físicas que por razón de su capacidad económica, técnica, dedicación profesional u otros motivos quede acreditado que tienen acceso y disponibilidad de los medios electrónicos necesarios.

43. b) Pero no para la práctica de notificaciones.

Dispone el artículo 41.1 de la Ley 39/2015, de 1 de octubre, del Procedimiento Administrativo Común que […] Adicionalmente, el interesado podrá identificar un dispositivo electrónico y/o una dirección de correo electrónico que servirán para el envío de los avisos regulados en este artículo, pero no para la práctica de notificaciones.

44. b) No se podrán notificar por medios electrónicos.

Dispone el artículo 41.2 de la Ley 39/2015, de 1 de octubre, del Procedimiento Administrativo Común que en ningún caso se efectuarán por medios electrónicos las siguientes notificaciones:

a) Aquellas en las que el acto a notificar vaya acompañado de elementos que no sean susceptibles de conversión en formato electrónico.

b) Las que contengan medios de pago a favor de los obligados, tales como cheques.

45. b) No se podrán notificar por medios electrónicos.

Dispone el artículo 41.2 de la Ley 39/2015, de 1 de octubre, del Procedimiento Administrativo Común que en ningún caso se efectuarán por medios electrónicos las siguientes notificaciones:

a) Aquellas en las que el acto a notificar vaya acompañado de elementos que no sean susceptibles de conversión en formato electrónico.

b) Las que contengan medios de pago a favor de los obligados, tales como cheques.

46. d) Son correctas las respuestas a) y b).

Dispone el artículo 41.2 de la Ley 39/2015, de 1 de octubre, del Procedimiento Administrativo Común que en ningún caso se efectuarán por medios electrónicos las siguientes notificaciones:

a) Aquellas en las que el acto a notificar vaya acompañado de elementos que no sean susceptibles de conversión en formato electrónico.

b) Las que contengan medios de pago a favor de los obligados, tales como cheques.

47. a) La notificación se practicará por el medio señalado al efecto por aquel.

Dispone el artículo 41.3 de la Ley 39/2015, de 1 de octubre, del Procedimiento Administrativo Común que en los procedimientos iniciados a solicitud del interesado, la notificación se practicará por el medio señalado al efecto por aquel. Esta notificación será electrónica en los casos en los que exista obligación de relacionarse de esta forma con la Administración.

48. a) La notificación será electrónica en los casos en los que exista obligación de relacionarse de esta forma con la Administración.

Dispone el artículo 41.3 de la Ley 39/2015, de 1 de octubre, del Procedimiento Administrativo Común que en los procedimientos iniciados a solicitud del interesado, la notificación se practicará por el medio señalado al efecto por aquel. Esta notificación será electrónica en los casos en los que exista obligación de relacionarse de esta forma con la Administración.

49. d) Son correctas las respuestas b) y c).

Dispone el artículo 41.3 de la Ley 39/2015, de 1 de octubre, del Procedimiento Administrativo Común que […] Cuando no fuera posible realizar la notificación de acuerdo con lo señalado en la solicitud, se practicará en cualquier lugar adecuado a tal fin, y por cualquier medio que permita tener constancia de la recepción por el interesado o su representante, así como de la fecha, la identidad y el contenido del acto notificado.

50. a) A los solos efectos de su iniciación.

Dispone el artículo 41.4 de la Ley 39/2015, de 1 de octubre, del Procedimiento Administrativo Común que en los procedimientos iniciados de oficio, a los solos efectos de su iniciación, las Administraciones públicas podrán recabar, mediante consulta a las bases de datos del Instituto Nacional de Estadística, los datos sobre el domicilio del interesado recogidos en el Padrón Municipal, remitidos por las Entidades Locales en aplicación de lo previsto en la Ley 7/1985, de 2 de abril, reguladora de las Bases del Régimen Local.

51. a) Se hará constar en el expediente, especificándose las circunstancias del intento de notificación y el medio, dando por efectuado el trámite y siguiéndose el procedimiento.

Dispone el artículo 41.4 de la Ley 39/2015, de 1 de octubre, del Procedimiento Administrativo Común que cuando el interesado o su representante rechace la notificación de una actuación administrativa, se hará constar en el expediente, especificándose las circunstancias del intento de notificación y el medio, dando por efectuado el trámite y siguiéndose el procedimiento.

52. b) Con independencia de que la notificación se realice en papel o por medios electrónicos.

Dispone el artículo 41.5 de la Ley 39/2015, de 1 de octubre, del Procedimiento Administrativo Común que con independencia de que la notificación se realice en papel o por medios electrónicos, las Administraciones públicas enviarán un aviso al dispositivo electrónico y/o a la dirección de correo electrónico del interesado que este haya comunicado, informándole de la puesta a disposición de una notificación en la sede electrónica de la Administración u Organismo correspondiente o en la dirección electrónica habilitada única. La falta de práctica de este aviso no impedirá que la notificación sea considerada plenamente válida.

53. c) No impedirá que la notificación sea considerada plenamente válida.

Dispone el artículo 41.6 de la Ley 39/2015, de 1 de octubre, del Procedimiento Administrativo Común que con independencia de que la notificación se realice en papel o por medios electrónicos, las Administraciones públicas enviarán un aviso al dispositivo electrónico y/o a la dirección de correo electrónico del interesado que este haya comunicado, informándole de la puesta a disposición de una notificación en la sede electrónica de la Administración u Organismo correspondiente o en la dirección electrónica habilitada única. La falta de práctica de este aviso no impedirá que la notificación sea considerada plenamente válida.

54. b) Se tomará como fecha de notificación la de aquella que se hubiera producido en primer lugar.

Dispone el artículo 41.7 de la Ley 39/2015, de 1 de octubre, del Procedimiento Administrativo Común que cuando el interesado fuera notificado por distintos cauces, se tomará como fecha de notificación la de aquella que se hubiera producido en primer lugar.

55. b) Deberán ser puestas a disposición del interesado en la sede electrónica de la Administración u Organismo actuante para que pueda acceder al contenido de las mismas de forma voluntaria.

Dispone el artículo 42.1 de la Ley 39/2015, de 1 de octubre, del Procedimiento Administrativo Común que todas las notificaciones que se practiquen en papel deberán ser puestas a disposición del interesado en la sede electrónica de la Administración u Organismo actuante para que pueda acceder al contenido de las mismas de forma voluntaria.

56. b) Podrá hacerse cargo de la misma cualquier persona mayor de catorce años que se encuentre en el domicilio y haga constar su identidad.

Dispone el artículo 42.2 de la Ley 39/2015, de 1 de octubre, del Procedimiento Administrativo Común que, cuando la notificación se practique en el domicilio del interesado, de no hallarse presente este en el momento de entregarse la notificación, podrá hacerse cargo de la misma cualquier persona mayor de catorce años que se encuentre en el domicilio y haga constar su identidad. Si nadie se hiciera cargo de la notificación, se hará constar esta circunstancia en el expediente, junto con el día y la hora en que se intentó la notificación, intento que se repetirá por una sola vez y en una hora distinta dentro de los tres días siguientes. En caso de que el primer intento de notificación se haya realizado antes de las quince horas, el segundo intento deberá realizarse después de las quince horas y viceversa, dejando en todo caso al menos un margen de diferencia de tres horas entre ambos intentos de notificación. Si el segundo intento también resultara infructuoso, se procederá en la forma prevista en el artículo 44.

57. d) Todas las respuestas anteriores son correctas.

Dispone el artículo 42.2 de la Ley 39/2015, de 1 de octubre, del Procedimiento Administrativo Común que cuando la notificación se practique en el domicilio del interesado, de no hallarse presente este en el momento de entregarse la notificación, podrá hacerse cargo de la misma cualquier persona mayor de catorce años que se encuentre en el domicilio y haga constar su identidad. Si nadie se hiciera cargo de la notificación, se hará constar esta circunstancia en el expediente, junto con el día y la hora en que se intentó la notificación, intento que se repetirá por una sola vez y en una hora distinta dentro de los tres días siguientes. En caso de que el primer intento de notificación se haya realizado antes de las quince horas, el segundo intento deberá realizarse después de las quince horas y viceversa, dejando en todo caso al menos un margen de diferencia de tres horas entre ambos intentos de notificación. Si el segundo intento también resultara infructuoso, se procederá en la forma prevista en el artículo 44.

58. a) Intento que se repetirá por una sola vez y en una hora distinta dentro de los tres días siguientes.

Dispone el artículo 42.2 de la Ley 39/2015, de 1 de octubre, del Procedimiento Administrativo Común que cuando la notificación se practique en el domicilio del interesado, de no hallarse presente este en el momento de entregarse la notificación, podrá hacerse cargo de la misma cualquier persona mayor de catorce años que se encuentre en el domicilio y haga constar su identidad. Si nadie se hiciera cargo de la notificación, se hará constar esta circunstancia en el expediente, junto con el día y la hora en que se intentó la notificación, intento que se repetirá por una sola vez y en una hora distinta dentro de los tres días siguientes. En caso de que el primer intento de notificación se haya realizado antes de las quince horas, el segundo intento deberá realizarse después de las quince horas y viceversa, dejando en todo caso al menos un margen de diferencia de tres horas entre ambos intentos de notificación. Si el segundo intento también resultara infructuoso, se procederá en la forma prevista en el artículo 44.

59. a) Intento que se repetirá por una sola.

Dispone el artículo 42.2 de la Ley 39/2015, de 1 de octubre, del Procedimiento Administrativo Común que cuando la notificación se practique en el domicilio del interesado, de no hallarse presente este en el momento de entregarse la notificación, podrá hacerse cargo de la misma cualquier persona mayor de catorce años que se encuentre en el domicilio y haga constar su identidad. Si nadie se hiciera cargo de la notificación, se hará constar esta circunstancia en el expediente, junto con el día y la hora en que se intentó la notificación, intento que se repetirá por una sola vez y en una hora distinta dentro de los tres días siguientes. En caso de que el primer intento de notificación se haya realizado antes de las quince horas, el segundo intento deberá realizarse después de las quince horas y viceversa, dejando en todo caso al menos un margen de diferencia de tres horas entre ambos intentos de notificación. Si el segundo intento también resultara infructuoso, se procederá en la forma prevista en el artículo 44.

60. c) El segundo debe realizarse después de las quince horas, y viceversa, dejando en todo caso al menos un margen de diferencia de tres horas entre ambos intentos de notificación.

Dispone el artículo 42.2 de la Ley 39/2015, de 1 de octubre, del Procedimiento Administrativo Común que, cuando la notificación se practique en el domicilio del interesado, de no hallarse presente este en el momento de entregarse la notificación, podrá hacerse cargo de la misma cualquier persona mayor de catorce años que se encuentre en el domicilio y haga constar su identidad. Si nadie se hiciera cargo de la notificación, se hará constar esta circunstancia en el expediente, junto con el día y la hora en que se intentó la notificación, intento que se repetirá por una sola vez y en una hora distinta dentro de los tres días siguientes. En caso de que el primer intento de notificación se haya realizado antes de las quince horas, el segundo intento deberá realizarse después de las quince horas y viceversa, dejando en todo caso al menos un margen de diferencia de tres horas entre ambos intentos de notificación. Si el segundo intento también resultara infructuoso, se procederá en la forma prevista en el artículo 44.

61. a) Se le ofrecerá la posibilidad de que el resto de notificaciones se puedan realizar a través de medios electrónicos.

Dispone el artículo 42.3 de la Ley 39/2015, de 1 de octubre, del Procedimiento Administrativo Común que, cuando el interesado accediera al contenido de la notificación en sede electrónica, se le ofrecerá la posibilidad de que el resto de notificaciones se puedan realizar a través de medios electrónicos.

62. d) Todas las respuestas anteriores son correctas.

Dispone el artículo 43 de la Ley 39/2015, de 1 de octubre, del Procedimiento Administrativo Común que las notificaciones por medios electrónicos se practicarán mediante comparecencia en la sede electrónica de la Administración u Organismo actuante, a través de la dirección electrónica habilitada única o mediante ambos sistemas, según disponga cada Administración u Organismo.

63. a) Se entenderán practicadas en el momento en que se produzca el acceso a su contenido.

Dispone el artículo 43.2 de la Ley 39/2015, de 1 de octubre, del Procedimiento Administrativo Común que las notificaciones por medios electrónicos se entenderán practicadas en el momento en que se produzca el acceso a su contenido.

64. d) Se entenderá rechazada cuando hayan transcurrido diez días naturales desde la puesta a disposición de la notificación sin que se acceda a su contenido.

Dispone el artículo 43.2 de la Ley 39/2015, de 1 de octubre, del Procedimiento Administrativo Común que [...] cuando la notificación por medios electrónicos sea de carácter obligatorio, o haya sido expresamente elegida por el interesado, se entenderá rechazada cuando hayan transcurrido diez días naturales desde la puesta a disposición de la notificación sin que se acceda a su contenido.

65. d) Se entenderá rechazada cuando hayan transcurrido diez días naturales desde la puesta a disposición de la notificación sin que se acceda a su contenido.

Dispone el artículo 43.2 de la Ley 39/2015, de 1 de octubre, del Procedimiento Administrativo Común que [...] cuando la notificación por medios electrónicos sea de carácter obligatorio, o haya sido expresamente elegida por el interesado, se entenderá rechazada cuando hayan transcurrido diez días naturales desde la puesta a disposición de la notificación sin que se acceda a su contenido.

66. b) El Punto de Acceso General electrónico de la Administración, que funcionará como un portal de acceso.

Dispone el artículo 43.4 de la Ley 39/2015, de 1 de octubre, del Procedimiento Administrativo Común que los interesados podrán acceder a las notificaciones desde el Punto de Acceso General electrónico de la Administración, que funcionará como un portal de acceso.

67. d) La notificación se hará por medio de un anuncio publicado en el «Boletín Oficial del Estado».

Dispone el artículo 44 de la Ley 39/2015, de 1 de octubre, del Procedimiento Administrativo Común que cuando los interesados en un procedimiento sean desconocidos, se ignore el lugar de la notificación o bien, intentada esta, no se hubiese podido practicar, la notificación se hará por medio de un anuncio publicado en el «Boletín Oficial del Estado».

68. d) La notificación se hará por medio de un anuncio publicado en el «Boletín Oficial del Estado».

Dispone el artículo 44 de la Ley 39/2015, de 1 de octubre, del Procedimiento Administrativo Común que Cuando los interesados en un procedimiento sean desconocidos, se ignore el lugar de la notificación o bien, intentada esta, no se hubiese podido practicar, la notificación se hará por medio de un anuncio publicado en el «Boletín Oficial del Estado».

69. d) La notificación se hará por medio de un anuncio publicado en el «Boletín Oficial del Estado».

Dispone el artículo 44 de la Ley 39/2015, de 1 de octubre, del Procedimiento Administrativo Común que cuando los interesados en un procedimiento sean desconocidos, se ignore el lugar de la notificación o bien, intentada esta, no se hubiese podido practicar, la notificación se hará por medio de un anuncio publicado en el «Boletín Oficial del Estado».

70. d) Son correctas las respuestas b) y c).

Dispone el artículo 45.1 de la Ley 39/2015, de 1 de octubre, del Procedimiento Administrativo Común que los actos administrativos serán objeto de publicación cuando así lo establezcan las normas reguladoras de cada procedimiento o cuando lo aconsejen razones de interés público apreciadas por el órgano competente.

71. d) Son correctas las respuestas a) y b).

Dispone el artículo 45.1 de la Ley 39/2015, de 1 de octubre, del Procedimiento Administrativo Común que […] en todo caso, los actos administrativos serán objeto de publicación, surtiendo esta los efectos de la notificación, en los siguientes casos:

a) Cuando el acto tenga por destinatario a una pluralidad indeterminada de personas o cuando la Administración estime que la notificación efectuada a un solo interesado es insuficiente para garantizar la notificación a todos, siendo, en este último caso, adicional a la individualmente realizada.

b) Cuando se trate de actos integrantes de un procedimiento selectivo o de concurrencia competitiva de cualquier tipo. En este caso, la convocatoria del procedimiento deberá indicar el medio donde se efectuarán las sucesivas publicaciones, careciendo de validez las que se lleven a cabo en lugares distintos.

72. c) En el diario oficial que corresponda, según cual sea la Administración de la que proceda el acto a notificar.

Dispone el artículo 45.3 de la Ley 39/2015, de 1 de octubre, del Procedimiento Administrativo Común que la publicación de los actos se realizará en el diario oficial que corresponda, según cual sea la Administración de la que proceda el acto a notificar.

73. b) Son nulos de pleno derecho.

Dispone el artículo 47.1 de la Ley 39/2015, de 1 de octubre, del Procedimiento Administrativo Común que los actos de las Administraciones públicas son nulos de pleno derecho en los casos siguientes:

a) Los que lesionen los derechos y libertades susceptibles de amparo constitucional.

b) Los dictados por órgano manifiestamente incompetente por razón de la materia o del territorio.

c) Los que tengan un contenido imposible.

d) Los que sean constitutivos de infracción penal o se dicten como consecuencia de esta.

e) Los dictados prescindiendo total y absolutamente del procedimiento legalmente establecido o de las normas que contienen las reglas esenciales para la formación de la voluntad de los órganos colegiados.

f) Los actos expresos o presuntos contrarios al ordenamiento jurídico por los que se adquieren facultades o derechos cuando se carezca de los requisitos esenciales para su adquisición.

g) Cualquier otro que se establezca expresamente en una disposición con rango de ley.

74. b) Son nulos de pleno derecho.

Dispone el artículo 47.2 de la Ley 39/2015, de 1 de octubre, del Procedimiento Administrativo Común que también serán nulas de pleno derecho las disposiciones administrativas que vulneren la Constitución, las leyes u otras disposiciones administrativas de rango superior, las que regulen materias reservadas a la ley, y las que establezcan la retroactividad de disposiciones sancionadoras no favorables o restrictivas de derechos individuales.

75. b) Son nulos de pleno derecho.

Dispone el artículo 47.1 de la Ley 39/2015, de 1 de octubre, del Procedimiento Administrativo Común que los actos de las Administraciones públicas son nulos de pleno derecho en los casos siguientes:

a) Los que lesionen los derechos y libertades susceptibles de amparo constitucional.

b) Los dictados por órgano manifiestamente incompetente por razón de la materia o del territorio.

c) Los que tengan un contenido imposible.

d) Los que sean constitutivos de infracción penal o se dicten como consecuencia de esta.

e) Los dictados prescindiendo total y absolutamente del procedimiento legalmente establecido o de las normas que contienen las reglas esenciales para la formación de la voluntad de los órganos colegiados.

f) Los actos expresos o presuntos contrarios al ordenamiento jurídico por los que se adquieren facultades o derechos cuando se carezca de los requisitos esenciales para su adquisición.

g) Cualquier otro que se establezca expresamente en una disposición con rango de ley.

TÍTULO IV

De las disposiciones sobre
el procedimiento administrativo común

1. El Título IV regula las disposiciones sobre el procedimiento administrativo común y está conformado por:

a) Los artículos 53 a 105 de la LPACAP y se divide en siete capítulos.
b) Los artículos 56 a 101 de la LPACAP y se divide en seis capítulos.
c) Los artículos 63 a 105 de la LPACAP y se divide en ocho capítulos.
d) Los artículos 54 a 103 de la LPACP y se divide en cinco capítulos.

2. Los interesados en un procedimiento administrativo tienen derecho:

a) A presentar documentos originales salvo que, de manera excepcional, la normativa reguladora aplicable establezca lo contrario, y a obtener un certificado relativo a su presentación.
b) A identificar a las autoridades y al personal al servicio de las Administraciones públicas bajo cuya responsabilidad se tramiten los procedimientos, además del resto de derechos previstos en la LPACAP, y cualquier otro derecho que les reconozcan la Constitución y las leyes.
c) A identificar a cualquier autoridad y al personal al servicio de las Administraciones públicas, aunque no intervengan en la tramitación de los procedimientos.
d) A no presentar documentos originales salvo que, de manera excepcional, la normativa reguladora aplicable establezca lo contrario. En caso de que, excepcionalmente, deban presentar un documento original, tendrán derecho a obtener un certificado acreditando la entrega del documento original.

3. Los interesados en un procedimiento administrativo tienen, entre otros, alguno de los siguientes derechos:

a) A formular alegaciones, utilizar los medios de defensa admitidos por el Ordenamiento Jurídico, y a aportar documentos en cualquier fase del procedimiento anterior a la propuesta de resolución, que deberán ser tenidos en cuenta por el órgano competente al redactar la resolución.
b) A obtener información y orientación acerca de los requisitos jurídicos o técnicos que las disposiciones vigentes impongan a cualquier proyecto.

c) A actuar asistidos de asesor en todos los procedimientos.

d) A cumplir las obligaciones de pago a través de los medios electrónicos.

4. El interesado en un procedimiento tiene derecho:

a) A no presentar datos exigidos por las normas aplicables al procedimiento de que se trate.

b) A no presentar documentos originales salvo que, de manera excepcional, la normativa reguladora aplicable establezca lo contrario.

c) A presentar documentos no exigidos por las normas aplicables al procedimiento de que se trate.

d) A presentar los documentos en formato electrónico salvo que, de manera excepcional, la normativa reguladora aplicable establezca lo contrario.

5. Quienes se relacionen con las Administraciones públicas a través de medios electrónicos tendrán derecho a:

a) Consultar la información del procedimiento, a través de cualquier certificado electrónico que tengan a su alcance.

b) Consultar la información del procedimiento en cualquier Administración pública de su localidad de residencia.

c) Consultar la información del procedimiento en el Punto de Acceso General electrónico de la Administración.

d) Consultar la información del procedimiento en cualquier Administración pública de la localidad que indique en su solicitud de acceso.

6. Los supuestos de iniciación de oficio del procedimiento administrativo son los siguientes:

a) Por acuerdo del órgano competente, bien por propia iniciativa o como consecuencia de orden superior, a petición razonada de otros órganos o por denuncia.

b) Por acuerdo del órgano competente, bien por propia iniciativa o como consecuencia de orden superior, a petición de otros órganos o por querella.

c) Por acuerdo del órgano competente, bien por propia iniciativa o como consecuencia de orden instructor, a petición razonada de otros órganos o por denuncia.

d) Por acuerdo del órgano competente, bien por propia iniciativa o como consecuencia de orden instructor, a petición de otros órganos o por denuncia.

7. En relación con el derecho a formular alegaciones, utilizar los medios de defensa y aportar documentos, el artículo 53.1.e) de la LPACAP dispone que el interesado en un procedimiento tiene derecho a:

a) Formular alegaciones, utilizar los medios de defensa admitidos por el Ordenamiento Jurídico, y aportar documentos en cualquier fase del procedimiento anterior a la propuesta de resolución, que podrán ser tenidos en cuenta por el órgano competente al redactar la propuesta de resolución.

b) Formular alegaciones, utilizar los medios de defensa admitidos por el Ordenamiento Jurídico, y aportar documentos en cualquier fase del procedimiento anterior al trámite de audiencia, que deberán ser tenidos en cuenta por el órgano competente al redactar la propuesta de resolución.

c) Formular alegaciones, utilizar los medios de defensa admitidos por el Ordenamiento Jurídico, y aportar documentos en cualquier fase del procedimiento anterior a la propuesta de resolución, que podrán ser tenidos en cuenta por el órgano competente.

d) Formular alegaciones, utilizar los medios de defensa admitidos por el Ordenamiento Jurídico, y aportar documentos en cualquier fase del procedimiento, que deberán ser tenidos en cuenta por el órgano competente al redactar la propuesta de resolución.

8. Además de los derechos previstos en el artículo 53.1 de la LPACAP, en el caso de procedimientos administrativos de naturaleza sancionadora, los presuntos responsables tendrán algunos de los siguientes derechos:

a) Derecho a la presunción de no existencia de responsabilidad penal y administrativa.

b) Derecho a que se adopten medidas cautelares para evitar los perjuicios de la sanción, así como a conocer la identidad de la autoridad competente para imponer la sanción, con independencia de la norma que atribuya tal competencia.

c) Derecho a la presunción de no existencia de responsabilidad administrativa durante la instrucción, derecho a las medidas cautelares y derecho a ser notificado de la identidad de la autoridad competente para imponer la sanción y de la norma que atribuya tal competencia.

d) Derecho a ser notificado de los hechos que se le imputen, de las infracciones que tales hechos puedan constituir y de las sanciones que, en su caso, se les pudieran imponer, así como de la identidad del instructor, de la autoridad competente para imponer la sanción y de la norma que atribuya tal competencia.

9. Los procedimientos administrativos podrán iniciarse:

a) Solo de oficio, por acuerdo del órgano competente.

b) De oficio, por acuerdo del órgano competente, o a solicitud del interesado. Salvo los procedimientos de naturaleza sancionadora que se iniciarán siempre de oficio.

c) De oficio, por acuerdo de cualquier órgano de cualquier Administración Pública, o a solicitud del interesado. Salvo los procedimientos de responsabilidad patrimonial y de naturaleza sancionadora que se iniciarán siempre de oficio.

d) De oficio, por acuerdo del órgano inferior al competente para resolver o por denuncia de cualquier Administración Pública.

10. ¿Qué artículo regula los derechos del interesado en el procedimiento administrativo?

a) El artículo 13 de la LPACAP.
b) El artículo 53 de la LPACAP.
c) El artículo 63 de la LPACAP.
d) El artículo 74 de la LPACP.

11. El derecho de información con respecto a la tramitación del procedimiento establecido en el art. 53.1.a) de la LPAC pretende:

a) Que los interesados puedan conocer el estado del procedimiento antes de la propuesta de resolución.

b) Que los interesados puedan conocer el estado del procedimiento antes del trámite de audiencia, así como el órgano que lo está instruyendo.

c) Que los interesados puedan conocer el estado del procedimiento en todos sus momentos, así como la forma y el modo en el que está siendo tramitado.

d) Que los interesados puedan conocer el estado del procedimiento antes del trámite de audiencia, así como la forma y el modo en el que está siendo tramitado.

12. Antes de la iniciación del procedimiento administrativo se podrán acordar medidas provisionales para:

a) Proteger a terceros y menores implicados.

b) Proteger a menores implicados.

c) Proteger los derechos y bienes públicos afectados.

d) Asegurar la efectividad de la resolución.

13. ¿Cuál es la finalidad del periodo de información o actuaciones previas del procedimiento administrativo?

a) La finalidad es conocer las circunstancias del caso concreto y la necesidad o no de iniciar el procedimiento.

b) La finalidad es conocer las circunstancias del caso concreto y la conveniencia o no de iniciar el procedimiento.

c) La finalidad es conocer las circunstancias del caso concreto y la oportunidad o no de iniciar el procedimiento.

d) La finalidad es conocer las circunstancias del caso concreto y las personas involucradas, en particular, los menores afectados.

14. Las actuaciones previas al procedimiento administrativo serán realizadas por:

a) El órgano competente para la iniciación del procedimiento.

b) Los órganos que tengan atribuidas funciones de instrucción del procedimiento y, en defecto de estos, por la persona u órgano administrativo competente para la resolución del procedimiento.

c) Los órganos que tengan atribuidas funciones de investigación, averiguación e inspección en la materia y, en defecto de estos, por la persona u órgano administrativo que se determine por el órgano competente para la iniciación o resolución del procedimiento.

d) Los órganos que tengan competencia para la adopción de las medidas cautelares o, en su defecto, por el órgano competente para la iniciación del procedimiento.

15. Antes de la iniciación del procedimiento administrativo se podrán acordar medidas provisionales:

a) En los términos previstos en la Ley de Enjuiciamiento Civil.
b) En los términos previstos en la Ley de Enjuiciamiento Civil o Criminal.
c) En los términos previstos en el Código Civil.
d) En los términos previstos en a la Ley de la Jurisdicción Contencioso-Administrativa.

16. Iniciado el procedimiento, el órgano administrativo competente para resolver el procedimiento podrá adoptar las medidas provisionales que estime oportunas:

a) Para asegurar la eficacia de la resolución que pudiera recaer, si existiesen elementos de juicio suficientes para ello, de acuerdo con los principios de proporcionalidad y efectividad y gratuidad.
b) Para asegurar la eficiencia de la resolución que pudiera recaer, si existiesen elementos de juicio para ello, de acuerdo con los principios de responsabilidad, conveniencia y menor onerosidad.
c) Para asegurar la eficacia de la resolución que pudiera recaer, si existiesen elementos de juicio suficientes para ello, de acuerdo con los principios de proporcionalidad, efectividad y menor onerosidad.
d) Para asegurar la efectividad de la resolución que pudiera recaer, si existiesen elementos de juicio para ello, de acuerdo con los principios de cooperación y menor onerosidad.

17. En los procedimientos administrativos de naturaleza sancionadora, los presuntos responsables tendrán, entre otros, los siguientes derechos:

a) Derecho a ser notificado de los hechos que se le imputen, de las sanciones que, en su caso, se les pudieran imponer, así como de la identidad de la autoridad competente para proponer la sanción y de la norma que atribuya tal competencia. También tendrán derecho a la presunción de no existencia de responsabilidad penal mientras no se demuestre lo contrario.
b) Derecho a ser notificado de las infracciones que ciertos hechos puedan constituir y de las sanciones que, en su caso, se les pudieran imponer, así como de la identidad del instructor, de la autoridad competente para imponer la sanción y de la norma que atribuya tal competencia. También tendrán derecho a la presunción de no existencia de responsabilidad civil y penal mientras no se demuestre lo contrario.
c) Derecho a ser notificado de los hechos que se le imputen, de las infracciones que tales hechos puedan constituir y de las sanciones que, en su caso, se les pudieran imponer, así como de la identidad de la autoridad competente para proponer la sanción y de la norma que atribuya tal competencia. También tendrán derecho a la presunción de no existencia de responsabilidad administrativa y, en su caso, penal, mientras no se demuestre lo contrario.
d) Derecho a ser notificado de los hechos que se le imputen, de las infracciones que tales hechos puedan constituir y de las sanciones que, en su caso, se les pudieran imponer, así como de la identidad del instructor, de la autoridad competente para imponer la sanción y de la norma que atribuya tal competencia. También tendrán derecho a la presunción de no existencia de responsabilidad administrativa mientras no se demuestre lo contrario.

18. Iniciado el procedimiento, el órgano administrativo competente para resolver el procedimiento podrá alzar o modificar las medidas provisionales:

a) Excepcionalmente, de oficio, en la resolución administrativa que ponga fin al procedimiento correspondiente, en virtud de circunstancias sobrevenidas o que no pudieron ser tenidas en cuenta en el momento de su adopción.

b) Hasta que se proceda a la audiencia del interesado, en virtud de circunstancias manifestadas por el interesado y que no pudieron ser tenidas en cuenta en el momento de su adopción.

c) Durante la tramitación del procedimiento, de oficio o a instancia de parte, en virtud de circunstancias sobrevenidas o que no pudieron ser tenidas en cuenta en el momento de su adopción.

d) De oficio, en la resolución administrativa que ponga fin al procedimiento correspondiente.

19. El órgano administrativo podrá disponer la acumulación de procedimientos:

a) Que guarden identidad de hechos, siempre que sea el mismo órgano quien deba tramitarlos y resolverlos. En todo caso, solo se podrá disponer la acumulación de oficio.

b) Que guarden identidad sustancial o íntima conexión, siempre que sea el mismo órgano quien deba tramitarlos y resolverlos. La acumulación se podrá disponer de oficio o a instancia de parte, cualquiera que haya sido la forma de su iniciación.

c) Que guarden cierta conexión objetiva, con independencia del órgano que deba tramitarlos y resolverlos. La acumulación se podrá disponer a instancia de parte.

d) Que guarden identidad sustancial o íntima conexión, siempre que sea el mismo órgano quien deba instruirlo, aunque deban resolverlos órganos distintos, en función de su competencia territorial o material. La acumulación solo se podrá disponer de oficio, siempre que los procedimientos acumulados se hayan iniciado de oficio.

20. Los procedimientos administrativos se iniciarán de oficio:

a) Por acuerdo del órgano competente, solo cuando media denuncia previa.

b) Por acuerdo del órgano que tiene atribuida la competencia de iniciación, bien por propia iniciativa o como consecuencia de orden superior, a petición razonada de otros órganos o por denuncia.

c) Solo por acuerdo motivado del órgano superior al órgano que tiene atribuida la competencia para instruir.

d) Por acuerdo razonado del órgano instructor o por orden del superior.

21. Las solicitudes para impulsar el inicio de un procedimiento deben, entre otras circunstancias, contener:

a) Nombre y apellidos del interesado y, en su caso, de la persona que lo represente.

b) Relación detalla de hechos.

c) Firma del solicitante o acreditación de la autenticidad de su voluntad expresada mediante poder notarial.

d) Nombre y apellidos de los terceros afectados y la relación detalla de hechos.

22. ¿Quién tiene la obligación de facilitar el código de identificación del órgano, centro o unidad administrativa al que debe dirigir cualquier interesado su correspondiente solicitud para la iniciación de un procedimiento administrativo?

a) Las oficinas de asistencia al interesado.
b) Las oficinas de asistencia en materia de procedimientos.
c) Las oficinas de asistencia en materia de registros.
d) Cualquier administración pública a la que acuda el interesado.

23. En los procedimientos de naturaleza sancionadora, ¿qué aspectos deberán especificar las peticiones razonadas que los órganos administrativos dirijan al órgano competente para iniciar el procedimiento?

a) Solo será necesario especificar con detalle las conductas o hechos que pudieran constituir infracción administrativa.

b) Las circunstancias, conductas o hechos objeto del procedimiento de los que ha tenido conocimiento el órgano que formula la petición y, en la medida de lo posible, deberán especificar la persona o personas presuntamente responsables; las conductas o hechos que pudieran constituir infracción administrativa y su tipificación; así como el lugar, la fecha, fechas o periodo de tiempo continuado en que los hechos se produjeron.

c) La persona o personas responsables y afectadas por la infracción; las conductas o hechos que pudieran constituir infracción administrativa, así como el periodo de tiempo en que los hechos se produjeron.

d) Las circunstancias, conductas o hechos objeto del procedimiento de los que ha tenido conocimiento el órgano que formula la petición y, en la medida de lo posible, deberán especificar la persona o personas afectadas por la infracción, las conductas o hechos que pudieran constituir infracción administrativa y las fechas o periodo de tiempo continuado en que los hechos se produjeron.

24. ¿Qué se entiende por denuncia, a los efectos de una posible iniciación de un procedimiento?

a) El acto por el que una Administración, en cumplimiento de su obligación legal, pone en conocimiento del Ministerio Fiscal la existencia de un determinado hecho que pudiera justificar la iniciación de oficio de un procedimiento penal o administrativo.

b) El acto por el que cualquier persona, en cumplimiento de una obligación, pone en conocimiento de un órgano administrativo la existencia de un determinado hecho que pudiera justificar la iniciación de oficio de un procedimiento judicial.

c) El acto por el que cualquier persona, en cumplimiento o no de una obligación legal, pone en conocimiento de un órgano administrativo la existencia de un determinado hecho que pudiera justificar la iniciación de oficio de un procedimiento administrativo.

d) El acto por el que una Administración, en cumplimiento de una obligación legal, pone en conocimiento de un órgano administrativo la existencia de un determinado hecho que pudiera justificar la iniciación de oficio de un procedimiento penal o administrativo de naturaleza sancionadora.

25. La presentación de una denuncia:

a) No confiere, por sí sola, la condición de interesado en el procedimiento.

b) Confiere, por sí sola, la condición de interesado en el procedimiento.

c) Otorgará la condición de interesado en el procedimiento, solo en el caso de que el denunciante lo solicitara, expresamente, en la denuncia.

d) Confiere, por sí sola, la condición de interesado en el procedimiento, en el caso de que se tratara de un procedimiento de responsabilidad patrimonial.

26. ¿Qué artículo regula el inicio del procedimiento a solicitud del interesado?

a) El artículo 62 de la LPACAP.

b) El artículo 63 de la LPACAP.

c) El artículo 66 de la LPACAP.

d) El artículo 71 de la LPACAP.

27. Cuando la denuncia invocara un perjuicio en el patrimonio de las Administraciones públicas:

a) Se iniciará obligatoriamente el procedimiento.

b) La no iniciación del procedimiento deberá ser motivada y se notificará a los denunciantes la decisión de si se ha iniciado o no el procedimiento.

c) Se iniciará obligatoriamente el procedimiento y se notificará a los denunciantes la decisión de inicio del procedimiento.

d) La no iniciación del procedimiento deberá ser elevada al superior jerárquico, que decidirá lo que corresponda y en todo caso, se notificará a los interesados la decisión de si se ha iniciado o no el procedimiento.

28. El órgano competente para resolver el procedimiento deberá eximir al denunciante del pago de la multa que le correspondería u otro tipo de sanción de carácter no pecuniario:

a) Cuando la denuncia invoque un perjuicio en el patrimonio de la Administración pública y el denunciante sea el primero en aportar elementos de prueba que permitan iniciar el procedimiento o comprobar la infracción, siempre y cuando en el momento de aportarse aquellos no se disponga de elementos suficientes para ordenar la misma y se repare el perjuicio causado. En todo caso, será necesario que el denunciante cese en la participación de la infracción y no haya destruido elementos de prueba relacionados con el objeto de la denuncia.

b) En ningún caso.

c) Cuando la denuncia invoque un perjuicio en el patrimonio de una persona física y/o jurídica y el denunciante sea uno de los primeros en aportar elementos de prueba que permitan iniciar el procedimiento o comprobar la infracción, siempre y cuando en el momento de aportarse aquellos no se disponga de elementos suficientes para ordenar la misma. En todo caso, será necesario que el denunciante cese en la participación de la infracción y no haya destruido elementos de prueba relacionados con el objeto de la denuncia.

d) A discrecionalidad del órgano competente para resolver el procedimiento, que valorará los elementos de prueba aportados por el denunciante, siempre y cuando en el momento de aportarse aquellos no se dispusiera de elementos suficientes para ordenar el procedimiento.

29. En los procedimientos de naturaleza sancionadora:

a) Se podrá imponer una sanción sin que se haya tramitado el oportuno procedimiento, si el infractor llega a un acuerdo con el órgano instructor.

b) En ningún caso se podrá imponer una sanción sin que se haya tramitado el oportuno procedimiento.

c) Solo se podrá imponer una sanción sin que se haya tramitado el oportuno procedimiento, si media reconocimiento expreso del infractor.

d) Se podrá imponer una sanción sin que se haya tramitado el oportuno procedimiento, si el infractor llega a un acuerdo con el órgano competente para imponer la sanción.

30. ¿Qué artículos de la LPACP regulan el inicio del procedimiento a solicitud del interesado?

a) Los artículos 70 a 74 de la LPACAP.

b) Los artículos 54 a 57 de la LPACAP.

c) Los artículos 58 a 65 de la LPACAP.

d) Los artículos 66 a 69 de la LPACAP.

31. ¿Cuáles son las formas de iniciar un procedimiento administrativo a solicitud del interesado de conformidad con la LPACAP?

a) Mediante una solicitud de iniciación, mediante una declaración responsable o mediante un correo electrónico.

b) Mediante una solicitud de iniciación, mediante una denuncia o mediante un recurso.

c) Mediante una solicitud de iniciación o mediante una declaración responsable o comunicación.

d) Mediante una solicitud de iniciación, mediante una declaración responsable, mediante un correo electrónico o mediante un recurso.

32. En el caso de procedimientos de naturaleza sancionadora las actuaciones previas se orientarán:

a) A determinar, con la mayor precisión posible, los hechos susceptibles de motivar las medidas cautelares, la identificación de la persona o personas que pudieran resultar responsables y afectadas por los hechos y las circunstancias relevantes que concurran en unos y otros.

b) A determinar, con la mayor precisión posible, los motivos que justifican los hechos objeto de la incoación del procedimiento.

c) A determinar, con la mayor precisión posible, los hechos susceptibles de motivar la adopción de medidas cautelares, la identificación de la persona o personas que pudieran resultar responsables y cooperadores y los motivos que justifican los hechos objeto de la incoación del procedimiento.

d) A determinar, con la mayor precisión posible, los hechos susceptibles de motivar la incoación del procedimiento, la identificación de la persona o personas que pudieran resultar responsables y las circunstancias relevantes que concurran en unos y otros.

33. Antes de la iniciación del procedimiento administrativo, no se podrán adoptar medidas provisionales:

a) Que puedan causar perjuicio a la propia Administración competente para resolver el procedimiento.

b) Que puedan causar perjuicio de difícil o imposible reparación a los interesados o que impliquen violación de derechos amparados por las leyes.

c) Que puedan causar perjuicio a los bienes y derechos de cualquier Administración pública o que impliquen obligaciones para terceros.

d) Que puedan causar perjuicio a los interesados o que impliquen violación de derechos de terceros.

34. Entre las medidas provisionales que se puedan adoptar antes de iniciar un procedimiento administrativo podemos citar:

a) La suspensión temporal o definitiva de actividades.

b) La prestación de fianzas.

c) La retirada o intervención de bienes productivos o suspensión definitiva de servicios por razones de sanidad, higiene o seguridad, el cierre provisional del establecimiento por estas u otras causas previstas en la normativa reguladora aplicable.

d) El depósito, retención o inmovilización de inmuebles.

35. El órgano administrativo competente para resolver el procedimiento podrá adoptar las medidas provisionales, una vez iniciado el procedimiento:

a) De oficio o a instancia de parte y de forma motivada, de acuerdo con los principios de proporcionalidad, efectividad y menor onerosidad.

b) Solo de oficio y de acuerdo con los principios de proporcionalidad y oportunidad.

c) De oficio o a instancia de parte, discrecionalmente, si lo estima necesario para asegurar la efectividad de la resolución.

d) Solo a instancia de parte y de forma motivada, de acuerdo con los principios de proporcionalidad, efectividad y menor perjuicio para el afectado.

36. Iniciado el procedimiento, las medidas provisionales se extinguirán:

a) Cuando surta efectos la resolución administrativa que ponga fin al procedimiento correspondiente.

b) Cuando circunstancias sobrevenidas obliguen al órgano administrativo competente a adoptar una resolución expresa de extinción de las citadas medidas.

c) Cuando concurran circunstancias que no pudieron ser tenidas en cuenta en el momento de su adopción, que obliguen al órgano administrativo competente a adoptar una resolución expresa de extinción de las citadas medidas.

d) Cuando se dicte la resolución administrativa que ponga fin al procedimiento correspondiente.

37. Contra el acuerdo de acumulación de unos procedimientos con otros con los que guarde íntima conexión:

a) Procede recurso de reposición ante el mismo órgano que lo dictó.
b) Procede recurso de alzada ante el superior jerárquico del órgano que lo dictó.
c) Solo procede recurso extraordinario de revisión.
d) No procederá recurso alguno.

38. Los procedimientos se iniciarán de oficio por acuerdo del órgano competente:

a) Por propia iniciativa.
b) Por denuncia.
c) A petición razonada del Juzgado de lo Contencioso-Administrativo.
d) Las respuestas a) y b) son correctas.

39. ¿Qué se entiende por inicio del procedimiento por petición razonada de otros órganos?

a) Se trata de una propuesta de iniciación del procedimiento formulada por el órgano administrativo que tenga competencia para resolver el procedimiento y que ha tenido conocimiento de las circunstancias, conductas o hechos objeto del procedimiento.
b) Se trata de una propuesta de iniciación del procedimiento formulada por cualquier órgano administrativo que no tiene competencia para iniciar el mismo y que ha tenido conocimiento de las circunstancias, conductas o hechos objeto del procedimiento, bien ocasionalmente o bien por tener atribuidas funciones de inspección, averiguación o investigación.
c) Se trata de una propuesta de iniciación del procedimiento formulada por cualquier órgano administrativo o judicial que no tiene competencia para iniciar el mismo y que ha tenido conocimiento de las circunstancias, conductas o hechos objeto del procedimiento, bien ocasionalmente o bien por tener atribuidas funciones de inspección, averiguación o investigación.
d) Se trata de una propuesta de iniciación del procedimiento formulada por cualquier órgano judicial y que ha tenido conocimiento de las circunstancias, conductas o hechos objeto del procedimiento mediante denuncia.

40. ¿Qué artículos de la LPACAP regulan la iniciación del procedimiento de oficio por la Administración?

a) Los artículos 58 a 65 de la LPACAP.
b) Los artículos 66 a 68 de la LPACAP.
c) Los artículos 70 a 74 de la LPACAP.
d) Los artículos 54 a 57 de la LPACP.

41. Los interesados en un procedimiento administrativo tienen, entre otros, los siguientes derechos:

a) A obtener información y orientación acerca de los requisitos jurídicos o técnicos que las disposiciones vigentes impongan a los proyectos, actuaciones o solicitudes que se propongan realizar.

b) A no presentar datos y documentos que hayan sido elaborados por un fedatario público.

c) A formular alegaciones, utilizar los medios de defensa admitidos por el Ordenamiento Jurídico, y a aportar documentos en cualquier fase del procedimiento, que podrán ser tenidos en cuenta por el órgano competente al redactar la resolución.

d) A actuar asistidos de abogado y procurador, solo cuando la Administración expresamente lo acuerde en resolución aprobada al efecto.

42. Los derechos específicos que corresponden a los interesados en un procedimiento sancionador se encuentran regulados en:

a) El artículo 13.2 de la LPACAP.
b) El artículo 53.2 de la LPACAP.
c) El artículo 73.2 de la LPACAP.
d) El artículo 98.2 de la LPACP.

43. Las solicitudes de iniciación en los procedimientos de responsabilidad patrimonial contendrán:

a) Las lesiones producidas, la presunta relación de causalidad entre estas y el funcionamiento del servicio público, la evaluación económica de la responsabilidad patrimonial, si fuera posible, y el momento en que la lesión efectivamente se produjo, e irá acompañada de cuantas alegaciones, documentos e informaciones se estimen oportunos y de la proposición de prueba, concretando los medios de que pretenda valerse el reclamante.

b) El contenido establecido en el artículo 66 de la LPACAP así como las lesiones producidas, la presunta relación de causalidad entre estas y el funcionamiento del servicio público, la evaluación económica de la responsabilidad patrimonial, si fuera posible, y el momento en que la lesión efectivamente se produjo, e irá acompañada de cuantas alegaciones, documentos e informaciones se estimen oportunos y de la proposición de prueba, concretando los medios de que pretenda valerse el reclamante.

c) El contenido establecido en el artículo 68 de la LPACAP así como las lesiones producidas y cuantas alegaciones, documentos e informaciones se estimen oportunos.

d) El contenido establecido en el artículo 69 de la LPACAP, las lesiones producidas, la presunta relación de causalidad entre estas y el funcionamiento del servicio público, la evaluación económica de la responsabilidad patrimonial y la proposición de prueba, concretando los medios de que pretenda valerse el reclamante.

44. La petición razonada de inicio del procedimiento remitida por otros órganos distintos al competente para el inicio del procedimiento:

a) Vincula al órgano competente para iniciar el procedimiento. En este sentido, el órgano competente para el inicio del procedimiento, en el plazo de diez días desde la recepción de la petición, deberá comunicar al órgano que hubiera formulado la petición, la fecha de iniciación del procedimiento.

b) No vincula al órgano competente para iniciar el procedimiento, si bien el órgano competente para el inicio del procedimiento deberá comunicar, al órgano que hubiera formulado la petición, los motivos por los que, en su caso, no procede la iniciación.

c) Vincula al órgano competente para iniciar el procedimiento. En este sentido, el órgano competente para el inicio del procedimiento, en el plazo de quince días desde la recepción de la petición, deberá comunicar al órgano que hubiera formulado la petición, la fecha de iniciación del procedimiento.

d) No vincula al órgano competente para iniciar el procedimiento y podrá archivar la petición si considera que no hay indicios suficientes para la apertura del procedimiento.

45. En los procedimientos de responsabilidad patrimonial, ¿qué deberán especificar las peticiones razonadas de los órganos administrativos al órgano competente para el inicio del procedimiento?

a) Las circunstancias, conductas o hechos objeto del procedimiento de los que ha tenido conocimiento el órgano que formula la petición y, en la medida de lo posible, deberán especificar la persona o personas presuntamente responsables; las conductas o hechos que pudieran constituir infracción administrativa y su tipificación.

b) Las circunstancias, conductas o hechos objeto del procedimiento de los que ha tenido conocimiento el órgano que formula la petición y, expresamente, se deberán especificar la persona o personas presuntamente responsables y el momento en que la lesión efectivamente se produjo.

c) Las circunstancias, conductas o hechos objeto del procedimiento de los que ha tenido conocimiento el órgano que formula la petición y se deberá individualizar la lesión producida en una persona o grupo de personas, su relación de causalidad con el funcionamiento del servicio público, su evaluación económica si fuera posible, y el momento en que la lesión efectivamente se produjo.

d) Las circunstancias, conductas o hechos objeto del procedimiento de los que ha tenido conocimiento el órgano que formula la petición y se deberá individualizar la relación de causalidad con el funcionamiento del servicio público.

46. En los procedimientos de naturaleza sancionadora, la incoación del procedimiento:

a) Se comunicará al denunciante, en todo caso.

b) Se comunicará al denunciante cuando las normas reguladoras del procedimiento así lo prevean.

c) Se notificará al denunciante. Asimismo, se le notificarán todas las resoluciones y actos administrativos que afecten a sus derechos e intereses.

d) Se notificará al denunciante, que gozará de todos los derechos del art. 53 de la LPACAP.

47. Los procedimientos de naturaleza sancionadora se iniciarán:

a) De oficio o a instancia de parte por acuerdo del órgano competente para iniciar el procedimiento y establecerán la debida separación entre la fase instructora y la sancionadora, que se encomendará a órganos distintos

b) Siempre de oficio por acuerdo del órgano competente para resolver el procedimiento y establecerán la debida separación entre la fase instructora y la sancionadora, que se encomendará a órganos distintos.

c) De oficio o a instancia de parte por acuerdo del órgano competente para instruir el procedimiento, que acordará la debida separación entre la fase instructora y la sancionadora.

d) Siempre de oficio por acuerdo del órgano competente para iniciar el procedimiento y establecerán la debida separación entre la fase instructora y la sancionadora, que se encomendará a órganos distintos.

48. ¿Qué limitación establece la LPACAP para que la Administración pueda iniciar un nuevo procedimiento sancionador en caso de infracciones continuadas?

a) El artículo 62.3 de la LPACAP establece que no se podrán iniciar nuevos procedimientos de carácter sancionador por hechos o conductas tipificadas como infracciones en cuya comisión el infractor persista de forma continuada, en tanto no haya recaído una primera resolución, sea sancionadora o no.

b) El artículo 65.3 de la LPACAP establece que no se podrán iniciar nuevos procedimientos de carácter sancionador por hechos o conductas tipificadas como infracciones en cuya comisión el infractor persista de forma continuada, en tanto no haya recaído una primera resolución sancionadora, con carácter ejecutivo.

c) El artículo 63.3 de la LPACAP establece que no se podrán iniciar nuevos procedimientos de carácter sancionador por hechos o conductas tipificadas como infracciones en cuya comisión el infractor persista de forma continuada, en tanto no haya recaído una primera resolución sancionadora, con carácter ejecutivo.

d) El artículo 67.3 de la LPACAP establece que no se podrán iniciar nuevos procedimientos de carácter sancionador por hechos o conductas tipificadas como infracciones en cuya comisión el infractor persista de forma continuada, en tanto no haya recaído una primera resolución sancionadora.

49. El procedimiento sancionador se inicia:

a) Mediante una denuncia.
b) Mediante una notificación.
c) Mediante una comunicación.
d) Mediante un acto de incoación.

50. Los procedimientos de naturaleza sancionadora tendrá las siguientes fases:

a) Fase instructora y fase sancionadora, que se encomendará a órganos distintos.
b) Fase instructora, fase probatoria y fase sancionadora, que se encomendará a órganos distintos.

c) Fase instructora, fase de alegaciones, fase probatoria y fase sancionadora, que se encomendará a órganos distintos.

d) Fase instructora, fase de alegaciones y fase sancionadora, que se encomendará a órganos distintos.

51. De acuerdo con la regulación del procedimiento sancionador que realiza la LPACAP, ¿es obligatorio que el instructor elabore el pliego de cargos?

a) Sí, el pliego de cargos es obligatorio.

b) No. La elaboración del pliego de cargos por el instructor se contempla como algo excepcional y solo para el supuesto de que en el acuerdo de inicio del expediente no se pueda precisar las posibles sanciones.

c) No. La elaboración del pliego de cargos por el instructor se contempla como algo excepcional y solo para el supuesto de que en el acuerdo de inicio del expediente no se hayan podido calificar inicialmente los hechos.

d) Sí, el pliego de cargos es obligatorio y determinará los hechos que motivan la incoación del procedimiento, su posible calificación y las sanciones que pudieran corresponder, sin perjuicio de lo que resulte de la instrucción.

52. ¿Qué condición resulta necesario para que un interesado inicie un procedimiento de responsabilidad patrimonial?

a) Los procedimientos de responsabilidad patrimonial solo se podrán iniciar de oficio por la Administración, siempre que el derecho no haya prescrito.

b) Los procedimientos de responsabilidad patrimonial solo se podrán iniciar de oficio por la Administración, siempre que el derecho no haya prescrito.

c) Resulta necesario que el derecho no haya prescrito.

d) Resulta necesario que el derecho no haya caducado.

53. Las medidas provisionales adoptadas en un procedimiento administrativo se extinguirán:

a) Cuando surta efectos la resolución administrativa que ponga fin al procedimiento correspondiente.

b) En cualquier momento de la tramitación del procedimiento.

c) De conformidad con una resolución expresa que ponga fin a las medidas provisionales.

d) Cuando finalice el plazo de recurso de la resolución administrativa que ponga fin al procedimiento correspondiente.

54. Cuando una Administración pública decida iniciar de oficio un procedimiento de responsabilidad patrimonial será necesario:

a) Que no haya prescrito el derecho a la reclamación del interesado.

b) Que la entidad aseguradora no hay cubierto, en todo o en parte, el siniestro.

c) Que el interesado no haya originado el daño.

d) Que no se haya iniciado un procedimiento civil por los mismos hechos.

55. ¿Cuál será el plazo de prescripción del derecho a reclamar la responsabilidad patrimonial cuando deriva de una norma declarada contraria al derecho de la Unión Europea?

a) El derecho a reclamar prescribirá a los dos años de la publicación en el Diario Oficial de la Unión Europea.

b) El derecho a reclamar prescribirá a los seis meses de la publicación en el Boletín Oficial del Estado y al año de la publicación en el Diario Oficial de la Unión Europea.

c) El derecho a reclamar prescribirá al año de la publicación en el Boletín Oficial del Estado que corresponda.

d) El derecho a reclamar prescribirá al año de la publicación en el Diario Oficial de la Unión Europea.

56. El acuerdo de iniciación del procedimiento de responsabilidad patrimonial se notificará:

a) Al Defensor del Pueblo y a los particulares presuntamente lesionados, concediéndoles un plazo de diez días para que aporten cuantas alegaciones, documentos o información estimen conveniente a su derecho y propongan cuantas pruebas sean pertinentes para el reconocimiento del mismo.

b) Al Consejo Consultivo correspondiente y a los particulares presuntamente lesionados, concediéndoles un plazo de quince días para que aporten cuantas alegaciones, documentos o información estimen conveniente.

c) A los particulares presuntamente lesionados y a todos los interesados en el procedimiento y concediéndoles un plazo de veinte días para que aporten cuantas alegaciones, documentos o información estimen conveniente.

d) A los particulares presuntamente lesionados, concediéndoles un plazo de diez días para que aporten cuantas alegaciones, documentos o información estimen conveniente a su derecho y propongan cuantas pruebas sean pertinentes para el reconocimiento del mismo.

57. En los procedimientos de responsabilidad patrimonial, la petición razonada que un órgano con funciones de investigación vaya a remitir al órgano competente para la iniciación del procedimiento, ¿qué aspectos deberá contener?

a) Las circunstancias, conductas o hechos objeto del procedimiento de los que ha tenido conocimiento el órgano que formula la petición, la supuesta lesión producida, así como la determinación de los bienes y derechos particulares afectados.

b) Las circunstancias, conductas o hechos objeto del procedimiento de los que ha tenido conocimiento el órgano que formula la petición. Por otra parte, deberá individualizar la lesión producida en una persona o grupo de personas, su relación de causalidad con el funcionamiento del servicio público, su evaluación económica si fuera posible, y el momento en que la lesión efectivamente se produjo.

c) La lesión producida, así como los bienes y derechos públicos afectados.

d) Las circunstancias, conductas o hechos objeto del procedimiento, la lesión producida en los bienes y derechos de la Administración pública y su evaluación económica.

58. A los efectos de la LPACAP, ¿qué debe entenderse por declaración responsable?

a) El documento mediante el que los interesados ponen en conocimiento de la Administración pública competente sus datos identificativos y se aporta la documentación que acredite la veracidad de estos datos.

b) El documento suscrito por un interesado en el que acredita que cumple con los requisitos establecidos en la normativa vigente para obtener el reconocimiento de un derecho o facultad, para lo que aporta la documentación que así lo acredita y se compromete a mantener el cumplimiento de las obligaciones inherentes al derecho o facultad indicada.

c) El documento mediante el que los interesados ponen en conocimiento de la Administración pública competente sus datos identificativos o cualquier otro dato relevante para el inicio de una actividad o el ejercicio de un derecho.

d) El documento suscrito por un interesado en el que este manifiesta, bajo su responsabilidad, que cumple con los requisitos establecidos en la normativa vigente para obtener el reconocimiento de un derecho o facultad o para su ejercicio, que dispone de la documentación que así lo acredita, que la pondrá a disposición de la Administración cuando le sea requerida, y que se compromete a mantener el cumplimiento de las anteriores obligaciones durante el período de tiempo inherente a dicho reconocimiento o ejercicio.

59. No formarán parte de los expedientes administrativos:

a) Los informes facultativos solicitados antes de la resolución administrativa que ponga fin al procedimiento.

b) Los informes preceptivos solicitados antes de la resolución administrativa que ponga fin al procedimiento.

c) Las notificaciones.

d) La información de apoyo contenida en bases de datos informáticas.

60. ¿Cuál será el plazo de prescripción del derecho a reclamar la responsabilidad patrimonial por un acto que se manifieste lesivo?

a) El derecho a reclamar prescribirá a los quince años de producido el acto que manifieste su efecto lesivo.

b) El derecho a reclamar prescribirá a los cinco años de producido el acto que manifieste su efecto lesivo.

c) El derecho a reclamar prescribirá a los dos años de producido el acto que manifieste su efecto lesivo.

d) El derecho a reclamar prescribirá al año de producido el acto que manifieste su efecto lesivo.

61. El interesado en un procedimiento tiene derecho:

a) A conocer, hasta el trámite de audiencia, el estado de la tramitación de los procedimientos en los que tengan la condición de interesado.

b) A conocer el sentido del silencio administrativo que corresponda, en caso de que la Administración no dicte ni notifique resolución expresa en plazo.

c) A conocer los órganos que informan el procedimiento. En todo caso, el órgano al que le corresponda resolver el procedimiento será conocido junto con la resolución definitiva del procedimiento.

d) A conocer los actos decisorios del procedimiento, pero no los actos de trámite del mismo.

62. Cuando en virtud de una norma sea preciso remitir el expediente electrónico, se hará de acuerdo con lo previsto en:

a) La LPACAP y en el Esquema de Interoperabilidad de la respectiva Comunidad Autónoma, y se enviará, foliado, autentificado y acompañado de un informe, asimismo autentificado, con todos los documentos que contenga el expediente.

b) El Esquema Nacional de Interoperabilidad y en las correspondientes Normas Técnicas de Interoperabilidad, y se enviará completo, foliado, autentificado y acompañado de un índice, asimismo autentificado, de los documentos que contenga.

c) La LRJSP y en el correspondiente Esquema de Interoperabilidad, y se enviará completo, foliado, y acompañado de un índice de los documentos que contenga.

d) El Esquema de Interoperabilidad y en las correspondientes Directrices de Técnicas Normativas, y se enviará completo, foliado, autentificado y acompañado de un índice, asimismo autentificado, de los documentos que contenga.

63. Los procedimientos administrativos se impulsarán:

a) De oficio en todos sus trámites y a través de medios electrónicos, respetando los principios de transparencia, inmutabilidad y celeridad.

b) De oficio o a instancia de parte y a través de medios electrónicos, respetando los principios de transparencia y publicidad.

c) De oficio en todos sus trámites y a través de medios electrónicos, respetando los principios de transparencia y publicidad.

d) De oficio o a instancia de un superior jerárquico y a través de medios electrónicos, respetando los principios de transparencia y celeridad.

64. Se acordarán en un solo acto todos los trámites que, por su naturaleza, admitan un impulso simultáneo y no sea obligado su cumplimiento sucesivo, de acuerdo con el principio de:

a) Transparencia administrativa.
b) Celeridad administrativa.
c) Simplificación administrativa.
d) Agilidad.

65. Los trámites que deban ser cumplimentados por los interesados deberán realizarse:

a) En el plazo de diez días desde la notificación del correspondiente acto.

b) En el plazo de diez días a partir del siguiente al de la notificación del correspondiente acto, salvo en el caso de que en la norma correspondiente se fije plazo distinto.

c) En el plazo de quince días a partir del siguiente al de la notificación del correspondiente acto.

d) En el plazo que conste en la propia notificación del correspondiente acto.

66. Cuando la Administración considere que alguno de los actos de los interesados no reúne los requisitos necesarios:

a) Lo pondrá en conocimiento del autor, pero continuará los trámites del procedimiento, en aplicación del principio de celeridad.

b) La Administración intentará subsanar los requisitos que faltan, por sus propios medios. En su defecto, continuarán los trámites del procedimiento, dejando constancia en el expediente de las actuaciones realizadas por la Administración para garantizar el derecho del interesado.

c) Lo pondrá en conocimiento del autor, pero continuará los trámites del procedimiento y que en cualquier momento antes de la resolución podrá completar el trámite.

d) Lo pondrá en conocimiento de su autor, concediéndole un plazo de diez días para cumplimentarlo.

67. Las cuestiones incidentales que se susciten en el procedimiento:

a) No suspenderán la tramitación del procedimiento, salvo las que se refieran a la nulidad de actuaciones.

b) Suspenderán la tramitación del procedimiento y se resolverá, expresamente, por el órgano competente, en el plazo de diez días.

c) No suspenderán la tramitación del procedimiento, incluso las que se refieran a la nulidad de actuaciones, salvo la recusación.

d) No suspenderán la tramitación del procedimiento, salvo las que se refieran a la nulidad de actuaciones y la prescripción.

68. La autenticación del índice de un expediente administrativo garantizará:

a) La integridad e inmutabilidad del expediente electrónico generado desde el momento de su firma y permitirá su recuperación siempre que sea preciso.

b) La unicidad y mutabilidad del expediente electrónico generado desde el momento de su firma y permitirá su recuperación siempre que sea preciso.

c) La transparencia y calidad del expediente electrónico generado desde el momento de su firma y permitirá su recuperación siempre que sea preciso.

d) La transparencia y mutabilidad del expediente electrónico generado desde el momento de su firma y permitirá su recuperación siempre que sea preciso.

69. La Administración podrá declarar decaído el derecho al trámite de un interesado:

a) Cuando los trámites que deban ser cumplimentados por los interesados no se realizaran en el plazo de diez días a partir del siguiente al de la notificación del correspondiente acto o en el plazo fijado por la norma correspondiente.

b) Cuando la Administración considere que alguno de los actos de los interesados no reúne los requisitos necesarios y el autor no lo cumplimenta en el plazo de diez días concedido para cumplimentarlo.

c) Cuando los trámites que deban ser cumplimentados por los interesados no se realizaran en el plazo de diez días a partir del siguiente al de la notificación del correspondiente acto, pero se cumplimentará antes del día que se notifique la resolución en la que se tenga por transcurrido el plazo.

d) Todas las respuestas son correctas.

70. Los trámites que deban ser cumplimentados por los interesados deberán realizarse:

a) Siempre en el plazo máximo de diez días a partir del siguiente al de la notificación del correspondiente acto.

b) En el plazo de diez días a partir del siguiente al de la notificación del correspondiente acto, salvo en el caso de que en la norma correspondiente se fije plazo distinto.

c) En el plazo de quince días a partir del siguiente al de la notificación del correspondiente acto, salvo en el caso de que en la norma correspondiente se fije plazo distinto.

d) Siempre en el plazo máximo de diez días a partir del siguiente al de la notificación del correspondiente acto.

71. ¿Cuál será el plazo de prescripción del derecho a reclamar por un acto que motive la indemnización por responsabilidad patrimonial?

a) El derecho a reclamar prescribirá a los seis meses de producido el acto que motive la indemnización.

b) El derecho a reclamar prescribirá al año de producido el acto que motive la indemnización.

c) El derecho a reclamar prescribirá a los dos años de producido el acto que motive la indemnización.

d) El derecho a reclamar prescribirá a los cinco años de producido el acto que motive la indemnización.

72. A los efectos de iniciar un procedimiento de acuerdo con la LPACAP, ¿qué debe entenderse por comunicación?

a) El documento por el que los interesados ponen en conocimiento de la Administración pública competente sus datos identificativos o cualquier otro dato relevante para el inicio de una actividad o el ejercicio de un derecho.

b) El documento suscrito por un interesado en el que este manifiesta, bajo su responsabilidad, que cumple con los requisitos establecidos en la normativa vigente para obtener el reconocimiento de un derecho o facultad o para su ejercicio, que dispone de la documentación que así lo acredita, que la pondrá a disposición de la Administración cuando le sea requerida, y que se compromete a mantener el cumplimiento de las anteriores obligaciones durante el periodo de tiempo inherente a dicho reconocimiento o ejercicio.

c) El documento por el que los interesados ponen en conocimiento de la Administración pública competente sus datos identificativos o cualquier otro dato relevante para solicitar se apruebe el inicio de una actividad empresarial. Será necesario para iniciar la actividad que la Administración resuelva de forma expresa.

d) El documento suscrito por un interesado en el que éste manifiesta, bajo su responsabilidad, que cumple con los requisitos establecidos en la normativa vigente y solicita se reconozca, expresamente, un derecho o facultad y se compromete a mantener el cumplimiento de las obligaciones inherentes a dicho reconocimiento o ejercicio, una vez lo haya obtenido.

73. En los procedimientos de responsabilidad patrimonial en los que proceda reconocer derecho a indemnización por anulación en la jurisdicción contencioso-administrativa de un acto o disposición de carácter general, el derecho a reclamar prescribirá:

a) Al año de haberse notificado la sentencia definitiva.

b) A los tres años de haberse notificado la resolución administrativa o la sentencia definitiva.

c) A los diez años de haberse notificado la sentencia definitiva.

d) Al año de haber concluido el plazo de recurso de la sentencia del juzgado de lo contencioso-administrativo.

74. Las Administraciones públicas tendrán permanentemente publicados y actualizados:

a) Modelos de declaración responsable y de comunicación.

b) Modelos de expedientes administrativos, fácilmente accesibles a los interesados.

c) Modelos de trámites y recursos administrativos, fácilmente accesibles a los interesados.

d) Modelos de índice numerado de todos los documentos que pudiera contener un expediente administrativo.

75. En los procedimientos sancionadores donde exista pliego de cargo, ¿se le debe notificar al interesado dándole la opción de presentar alegaciones?

a) No, dado que ya se concedió trámite de alegaciones con el acuerdo de inicio del procedimiento.

b) Sí, siempre.

c) No, salvo que el órgano instructor lo considere necesario.

d) Solo excepcionalmente, si no se pudieron presentar alegaciones en el plazo concedido en el acuerdo de inicio del procedimiento.

76. Indica cuál de los siguientes procedimientos se ha integrado en la Ley 39/2015, de 1 de octubre, como una especialidad del procedimiento administrativo común:

a) Procedimiento especial sobre potestad disciplinaria.

b) Procedimiento especial sobre expropiación forzosa.

c) Procedimiento especial sobre contratación del sector público.

d) Procedimiento especial de responsabilidad patrimonial.

77. El título IV de la Ley 39/2015, de 1 de octubre, incorpora el uso generalizado y obligatorio de medios electrónicos:

a) A las fases de iniciación e instrucción del procedimiento.

b) A las fases de iniciación, instrucción y finalización del procedimiento.

c) A las fases de iniciación, ordenación, instrucción y finalización del procedimiento.

d) Se incorpora el uso generalizado pero no obligatorio a las fases de iniciación, ordenación, instrucción y finalización del procedimiento.

78. Indica cuál de las siguientes novedades incorpora el título IV de la Ley 39/2015, de 1 de octubre:

a) La tramitación de emergencia del procedimiento administrativo común.

b) La integración del procedimiento especial sobre potestad disciplinaria como especialidad del procedimiento administrativo común.

c) La tramitación de urgencia del procedimiento administrativo común.

d) La tramitación simplificada del procedimiento administrativo común.

79. En relación con la tramitación del procedimiento administrativo común, indica cuál de las siguientes ya estaba contemplada en la Ley 30/1992, de 26 de noviembre, antecesora de la Ley 39/2015, de 1 de octubre:

a) La tramitación simplificada del procedimiento administrativo común.

b) La tramitación de urgencia del procedimiento administrativo común.

c) La tramitación de emergencia del procedimiento administrativo común.

d) La tramitación sumaria del procedimiento administrativo común.

80. Entre las novedades que la Ley 39/2015, de 1 de octubre, incorpora al título IV, de disposiciones sobre el procedimiento administrativo común, NO se encuentra:

a) La integración del procedimiento especial sobre responsabilidad patrimonial como especialidad del procedimiento administrativo común.

b) La incorporación de la tramitación simplificada del procedimiento administrativo común.

c) La integración del procedimiento especial sobre potestad sancionadora como especialidad del procedimiento administrativo común.

d) La incorporación de la tramitación de urgencia del procedimiento administrativo común.

81. Los actos de instrucción necesarios para la determinación, conocimiento y comprobación de los hechos en virtud de los cuales deba pronunciarse la resolución:

a) Se podrán realizar de oficio y a través de medios electrónicos.

b) Se podrán realizar de oficio o a solicitud de persona interesada y a través de medios electrónicos.

c) Se realizarán de oficio preferiblemente a través de medios electrónicos.

d) Se realizarán de oficio y a través de medios electrónicos.

82. ¿A quién corresponde realizar los actos de instrucción para la determinación, conocimiento y comprobación de los hechos en virtud de los cuales debe pronunciarse la resolución?

a) Al superior jerárquico del órgano que haya incoado el procedimiento administrativo.

b) Al órgano que tramite el procedimiento administrativo.

c) Al órgano competente para resolver el procedimiento administrativo.

d) Al órgano a quién corresponda la ordenación del procedimiento administrativo.

83. Las aplicaciones y sistemas de información utilizados para la instrucción de los procedimientos deberán (marque la alternativa de respuesta INCORRECTA):

a) Garantizar el control de los tiempos y plazos.

b) Facilitar la publicación de los procedimientos.

c) Garantizar la tramitación ordenada de los expedientes.

d) Facilitar la simplificación de los procedimientos.

84. Los actos de instrucción que requieran la intervención de los interesados, ¿cómo habrán de practicarse?

a) En la forma que resulte más conveniente para el órgano que tramite el procedimiento.

b) En la forma que resulte más conveniente para el interés público.

c) En la forma que resulte más conveniente para los interesados.

d) En la forma que resulte más conveniente para la finalización del procedimiento administrativo.

85. ¿Se deben de tener en cuenta las obligaciones laborales o profesionales de los interesados a la hora de practicar los actos de instrucción que requieran su intervención?

a) Sí, en la medida de lo posible.
b) No de forma preceptiva.
c) Sí, siempre que su finalidad sea la consecución del interés público.
d) No, en ningún caso.

86. El órgano instructor adoptará las medidas necesarias para lograr el pleno respeto a dos principios de los interesados en el procedimiento administrativo. ¿Cuáles son?

a) Contradicción y legalidad.
b) Legalidad y transparencia.
c) Seguridad jurídica y contradicción.
d) Contradicción e igualdad.

87. ¿En qué momento del procedimiento los interesados pueden aportar documentos u otros elementos de juicio?

a) En todo momento.
b) Durante la fase de ordenación del procedimiento.
c) Durante la fase de instrucción del procedimiento.
d) En cualquier momento del procedimiento anterior al trámite de audiencia.

88. Las alegaciones aducidas por los interesados en ejercicio del derecho reconocido por el art. 76.1 de la Ley 39/2015, de 1 de octubre:

a) Tienen como finalidad acreditar la exactitud de los datos presentados por los interesados.
b) Posibilitan la participación de los interesados en el procedimiento administrativo.
c) Tienen como finalidad acreditar la exactitud o la inexactitud de los datos presentados por los interesados.
d) Todas las respuestas anteriores son correctas.

89. ¿En qué momento del procedimiento los interesados pueden alegar defectos de tramitación?

a) En todo momento.
b) Durante el trámite de audiencia pública.

c) Durante la fase de instrucción del procedimiento.

d) En cualquier momento del procedimiento anterior al trámite de audiencia.

90. Las alegaciones que supongan paralización, infracción de los plazos preceptivamente señalados o la omisión de trámites que pueden ser subsanados antes de la resolución definitiva del asunto:

a) Darán lugar a la exigencia de la correspondiente responsabilidad disciplinaria.

b) Podrán dar lugar a la exigencia de la correspondiente responsabilidad administrativa.

c) Podrán dar lugar, si hubiese razones para ello, a la exigencia de la correspondiente responsabilidad disciplinaria.

d) Darán lugar a la exigencia de la correspondiente responsabilidad sancionadora.

91. Indica cuál de los siguientes es una modalidad de acto de instrucción cuyo objeto es demostrar la veracidad o falsedad de los datos, hechos y documentos en virtud de los cuales se vaya a pronunciar la resolución que ponga fin al procedimiento:

a) La adopción de medidas provisionales.

b) La evacuación de informes.

c) La prueba.

d) La información pública.

92. ¿Qué norma regula los medios de prueba?

a) La Ley 39/2015, de 1 de octubre, del procedimiento administrativo común de las administraciones públicas.

b) El Real Decreto de 24 de julio de 1889 por el que se publica el Código Civil.

c) La Ley 1/2000, de 7 de enero de Enjuiciamiento Civil.

d) La Ley 20/2011, de 21 de julio, del Registro Civil.

93. Indica cuál de los siguientes NO es un medio de prueba válido en Derecho:

a) Dictamen de peritos.

b) Interrogatorio de testigos.

c) Reconocimiento administrativo.

d) Documentos privados.

94. La apertura de un período de prueba se acordará:

a) Cuando la Administración tenga por ciertos los hechos alegados por las personas interesadas.

b) Cuando así lo exija la naturaleza del procedimiento.

c) Cuando la Administración tenga por ciertos los hechos alegados por las personas interesadas o la naturaleza del procedimiento lo exija.

d) Cuando lo considere necesario el órgano competente para resolver, a petición de las personas interesadas.

95. ¿Cuál es la duración mínima del período de prueba?

a) 10 días.
b) 15 días.
c) 20 días.
d) 30 días.

96. ¿Cuál es la duración máxima del período extraordinario de prueba?

a) 10 días.
b) 15 días.
c) 20 días.
d) 30 días.

97. El instructor del procedimiento administrativo, ¿puede rechazar las pruebas propuestas por las personas interesadas?

a) Sí, mediante resolución motivada.
b) Únicamente cuando sean manifiestamente improcedentes.
c) Únicamente cuando sean manifiestamente innecesarias.
d) No, salvo que sean manifiestamente improcedentes o innecesarias, mediante resolución motivada.

98. La Ley 39/2015, de 1 de octubre, ¿se refiere a los informes como medio de prueba?

a) No, aunque los considera un acto de instrucción del procedimiento.
b) Sí, entendiendo que tienen carácter preceptivo.
c) Sí, entendiendo que tienen carácter facultativo.
d) No, porque su regulación está fuera de la sección 2ª, del Capítulo IV, del Título IV que es la que hace referencia a la prueba.

99. ¿En qué momento el órgano instructor abre el período de prueba?

a) En todo caso, antes del trámite de audiencia pública.
b) Por un plazo no superior a treinta días ni inferior a diez.
c) Inmediatamente antes de redactar la propuesta de resolución.
d) En todo caso, antes del trámite de información pública.

100. ¿La Administración tiene obligación de comunicar a las personas interesadas el inicio de las actuaciones para la realización de las pruebas?

a) No, es una potestad discrecional.
b) Sí, la Administración comunicará a las personas interesadas, con antelación suficiente, el inicio de las actuaciones necesarias para la realización de las pruebas que hayan sido admitidas.

c) Sí, la Administración comunicará a las personas interesadas, el inicio de las actuaciones necesarias para la realización de las pruebas que hayan sido admitidas.

d) La Administración podrá comunicar a las personas interesadas el inicio de las actuaciones necesarias para la realización de las pruebas que hayan sido admitidas.

101. ¿Qué efecto puede provocar la falta de comunicación a las personas interesadas de las actuaciones necesarias para la realización de las pruebas?

a) Ninguno porque la comunicación es facultativa.

b) Si ha producido indefensión, se puede declarar su anulabilidad.

c) La iniciación de un procedimiento de revisión de oficio una vez se obtenga la resolución.

d) Ninguno porque aunque la comunicación es preceptiva, se trata de una irregularidad no invalidante.

102. ¿Quién asume el coste de la práctica de las pruebas?

a) La persona interesada en todo caso.

b) La persona interesada cuando las pruebas hayan sido admitidas a petición del interesado y la Administración entienda que no debe soportar el coste de su práctica.

c) En determinados casos, la Administración podrá exigir a la persona interesada el anticipo de los gastos que origine su práctica, a reserva de la liquidación definitiva que irá siempre a cargo de la Administración.

d) La Administración en todo caso.

103. A efectos de la LPACAP, se solicitarán aquellos informes que sean...por las disposiciones legales:

a) Preceptivos.

b) Facultativos.

c) Vinculantes.

d) No vinculantes.

104. Los informes serán facultativos y no vinculantes:

a) En todo caso.

b) Excepcionalmente.

c) Salvo disposición expresa que así lo determine.

d) Por disposición del art. 80.1 de la Ley 39/2015, de 1 de octubre.

105. Un informe que obliga al órgano competente a resolver teniendo en cuenta el contenido del informe se denomina:

a) Preceptivo.

b) Facultativo.

c) Vinculante.
d) No vinculante.

106. Los informes tienen la consideración de:

a) Actos administrativos.
b) Documentos privados del sector público.
c) Actividad material de la Administración Pública.
d) Documentos públicos administrativos.

107. La evacuación de un informe, ¿se debe realizar en el plazo de diez días en cualquier procedimiento?

a) Sí, en todo caso.
b) No, si una disposición exige otro plazo mayor o menor.
c) Sí, especialmente cuando no se garantice el cumplimiento del resto de los plazos del procedimiento.
d) No, la concreción del plazo la decide discrecionalmente el órgano competente para la emisión del informe.

108. ¿Qué efecto tiene la no emisión de un informe en el plazo señalado?

a) Se podrán proseguir las actuaciones si se trata de un informe facultativo.
b) Se incoará el correspondiente procedimiento de responsabilidad sancionadora al responsable de la demora.
c) Se podrán proseguir las actuaciones siempre que no se trate de un informe vinculante.
d) Se podrá suspender el transcurso del plazo máximo legal para resolver el procedimiento si se trata de un informe preceptivo.

109. ¿Cuál es el plazo máximo de suspensión del plazo legal para resolver el procedimiento administrativo en el caso previsto en el art. 80.3 de la LPACAP?

a) Diez días.
b) Un mes.
c) Quince días.
d) Tres meses.

110. Si el informe debiera ser emitido por una Administración Pública distinta de la que tramita el procedimiento y transcurriera el plazo sin que aquél se hubiera emitido:

a) Se podrán proseguir las actuaciones.
b) Se incoará el correspondiente procedimiento de responsabilidad disciplinaria al responsable de la demora.

c) Se podrán proseguir las actuaciones siempre que no se trate de un informe vinculante.

d) Se podrá suspender el transcurso del plazo máximo legal para resolver el procedimiento si se trata de un informe preceptivo.

111. En el caso de los procedimientos de responsabilidad patrimonial, indica en cuál de los siguientes casos es preceptivo solicitar el informe:

a) Al servicio al cuál la persona interesada ha dirigido la solicitud de responsabilidad patrimonial.

b) Cuando las indemnizaciones reclamadas a la Administración General del Estado sean de cuantía inferior a 50.000 euros.

c) Al servicio cuyo funcionamiento haya ocasionado la presunta lesión jurídica.

d) Ninguna de las respuestas anteriores es correcta.

112. ¿Cuál es el órgano que interviene en la emisión de dictámenes en procedimientos de responsabilidad patrimonial de la Administración General del Estado?

a) El Consejo de Ministros.

b) El Consejo Económico y Social.

c) El Consejo de Estado.

d) El Consejo General del Poder Judicial.

113. ¿En qué plazo se debe emitir el dictamen cuando se reclame una indemnización por responsabilidad patrimonial de 80.000 €?

a) En diez días.

b) En dos meses.

c) En tres meses.

d) En seis meses.

114. ¿Qué limitaciones se tendrán en cuenta para hacer efectivo el trámite de audiencia?

a) Las previstas en la Ley orgánica 3/2018, de 5 de diciembre.

b) Las previstas en la Ley 15/2022, de 12 de julio.

c) Las previstas en la Ley 19/2013, de 9 de diciembre.

d) Las previstas en la Ley 40/2015, de 1 de octubre.

115. En el caso de que se requiera informe del órgano competente para el asesoramiento jurídico:

a) La audiencia a las personas interesadas será anterior a la solicitud del informe.

b) Se sustituirá el trámite de audiencia por el trámite de información pública.

c) Se sustituirá el trámite de audiencia por el asesoramiento jurídico en el caso de que el informe forme parte del procedimiento.

d) La audiencia a las personas interesadas será posterior a la solicitud del informe.

116. La presentación de alegaciones, documentos y justificaciones en el trámite de audiencia, ¿es obligatoria para las personas interesadas?

a) Sí, en un plazo no inferior a diez días ni superior a quince.

b) No, si antes del vencimiento del plazo las personas interesadas manifiestan su decisión de no efectuar alegaciones ni aportar nuevos documentos o justificaciones, se tendrá por realizado el trámite.

c) Únicamente en las reclamaciones de responsabilidad patrimonial y en los procedimientos de naturaleza sancionadora.

d) Sí, en un plazo no inferior a diez días ni superior a treinta.

117. ¿Se puede prescindir del trámite de audiencia?

a) Únicamente en los procedimientos de responsabilidad patrimonial a los que se refiere el art. 32.9 de la Ley 40/2015, de 1 de octubre.

b) No, en ningún caso.

c) Sí, en determinados casos.

d) Únicamente si el procedimiento es sometido a información pública.

118. Si la Administración omite el trámite de audiencia siendo éste preceptivo, ¿cómo se declaran las actuaciones?

a) Irregulares.

b) Discrecionales.

c) Nulas.

d) Nulas de pleno derecho.

119. ¿Cuál de los siguientes es un acto de audiencia indiscriminada?

a) Trámite de audiencia.

b) Alegaciones.

c) Prueba.

d) Información pública.

120. ¿Cuál es el plazo máximo para formular alegaciones en el trámite de información pública?

a) 10 días.

b) 20 días.

c) 30 días.

d) Ninguna de las respuestas anteriores es correcta.

121. ¿A quién corresponde acordar un período de información pública?

a) Al órgano instructor del procedimiento.

b) Al órgano que haya incoado el procedimiento.

c) Al órgano competente para la ordenación del procedimiento.

d) Al órgano al que corresponda la resolución del procedimiento.

122. La resolución definitiva del procedimiento sometido a información pública:

a) Podrá ser impugnada por todas las personas que participaron en el trámite.

b) Únicamente podrá ser objeto de revisión de oficio si se cumplen los requisitos establecidos.

c) Podrá ser impugnada por las personas interesadas.

d) Será inimpugnable.

123. Cuando una persona que comparezca en el trámite de información pública tenga un interés legítimo, individual o colectivo, que pueda resultar afectado por la resolución…:

a) Tendrá derecho a obtener de la Administración una respuesta razonada en relación al interés legítimo alegado, pero no se considerará persona interesada en el procedimiento.

b) Únicamente podrá examinar el expediente, o la parte del mismo que se haya acordado, y formular alegaciones al mismo.

c) Podrá ser considerada persona interesada en el procedimiento administrativo.

d) Podrá interponer los recursos procedentes contra la resolución definitiva del procedimiento.

124. Cuando la norma sectorial de un procedimiento defina como obligatoria su información pública, la omisión de este trámite:

a) Puede dar lugar a un supuesto de nulidad de pleno derecho.

b) Puede dar lugar a un supuesto de invalidez, si de la omisión se deriva algún tipo de Indefensión.

c) Constituye una irregularidad que no invalida el procedimiento.

d) El trámite de información pública siempre es facultativo.

125. En relación con las modalidades de finalización del procedimiento, indica la opción imposible des del punto de vista jurídico:

a) La declaración de caducidad.

b) La imposibilidad material de continuar el procedimiento por causas sobrevenidas.

c) El desistimiento por la Administración.

d) La renuncia a un derecho fundamental en que esté fundada una solicitud.

126. ¿Qué modalidad de terminación del procedimiento contiene la decisión sobre el fondo del asunto?

a) La resolución, el desistimiento y la declaración de caducidad.

b) Cualquier modalidad de terminación del procedimiento debe contener la decisión sobre el fondo del asunto.

c) La resolución.

d) La resolución, la renuncia al derecho en que se funde la solicitud y la imposibilidad material de continuar el procedimiento por causas sobrevenidas.

127. Los actos que celebren las Administraciones Públicas en la terminación convencional:

a) Siempre tendrán la consideración de finalizadores de los procedimientos administrativos.

b) Se podrán insertar en los procedimientos administrativos con carácter previo, vinculante o no, a la resolución que les ponga fin.

c) Se deberán insertar en los procedimientos administrativos con carácter previo y vinculante, a la resolución que les ponga fin.

d) En ningún caso tendrán la consideración de finalizadores de los procedimientos administrativos.

128. ¿Es obligatoria la publicación de los instrumentos de terminación convencional?

a) No, en ningún caso.

b) No, es suficiente el pacto del instrumento que contiene la terminación convencional.

c) Sí, en todo caso.

d) Se deberá publicar o no según su naturaleza y las personas destinatarias.

129. Los instrumentos de terminación convencional están sujetos al cumplimiento de determinados requisitos. Identifique cuál de los siguientes NO es correcto:

a) Deberán identificar el ámbito personal, funcional y territorial.

b) No supondrán alteración de las competencias atribuidas a los órganos administrativos.

c) Podrán versar, excepcionalmente, sobre materias no susceptibles de transacción.

d) No supondrán alteración de las responsabilidades que correspondan a las autoridades y funcionarios, relativas al funcionamiento de los servicios públicos.

130. Si se acuerda la realización de actuaciones complementarias indispensables para resolver el procedimiento, ¿cuál de las siguientes reglas es INCORRECTA?

a) El acuerdo de realización de actuaciones complementarias se notificará a las personas interesadas.

b) Durante la práctica de las actuaciones complementarias no se suspenderá el plazo para resolver el procedimiento.

c) Las actuaciones complementarias deberán practicarse en un plazo no superior a quince días.

d) Las personas interesadas disponen de un plazo de siete días para formular las alegaciones que tengan por pertinentes tras la finalización de las actuaciones complementarias.

131. Cuando se trate de cuestiones conexas que no hubieran sido planteadas por los interesados, ¿el órgano competente puede pronunciarse sobre las mismas en la resolución que ponga fin al procedimiento?

a) Sí, porque la resolución que ponga fin al procedimiento decidirá todas las cuestiones planteadas por los interesados y aquellas otras derivadas del mismo.
b) Sí, en ejercicio de las potestades administrativas que tiene atribuidas.
c) Sí, siempre que lo ponga antes de manifiesto a los interesados, para que formulen las alegaciones que estimen pertinentes y aporten, en su caso, los medios de prueba.
d) No, en ningún caso.

132. En los procedimientos tramitados a solicitud de persona interesada, ¿qué principio esencial debe respetar la resolución que ponga fin al procedimiento?

a) Oficialidad.
b) Contradicción.
c) Congruencia.
d) Economía procesal.

133. Las resoluciones que contienen la decisión, ¿serán motivadas?

a) Sí, en todo caso.
b) Sí, cuando se dicten en el ejercicio de potestades regladas.
c) Sí, cuando se separen del criterio seguido en actuaciones precedentes.
d) No, en ningún caso.

134. ¿Cuál de los siguientes extremos NO deberá contener la resolución?

a) La decisión.
b) Los recursos que procedan contra la decisión.
c) El plazo para interponer los recursos que procedan contra la decisión.
d) El órgano administrativo o judicial competente para resolver los recursos que se interpongan contra la decisión.

135. La Administración podrá:

a) Incorporar al texto de la resolución informes o dictámenes.
b) Abstenerse de resolver so pretexto de silencio, oscuridad o insuficiencia de los preceptos legales aplicables al caso.
c) Admitir solicitudes de reconocimiento de derechos no previstos en el ordenamiento jurídico.
d) Elevar al órgano competente una propuesta de resolución cuando la competencia para instruir y resolver un procedimiento recae en el mismo órgano.

136. El desistimiento corresponde a:

a) La Administración, en cualquier tipo de procedimiento.
b) La persona interesada, cuando ello no esté prohibido por el ordenamiento jurídico.
c) La persona interesada, en los procedimientos iniciados de oficio o previa solicitud.
d) La Administración, en los procedimientos iniciados de oficio.

137. Cuando una persona interesada renuncia a una devolución de IRPF el procedimiento termina por:

a) Desistimiento del interesado.
b) Declaración de caducidad.
c) Desistimiento de la Administración tributaria.
d) Renuncia al derecho de obtener la devolución en el ejercicio fiscal en el que se ha generado.

138. Si una funcionaria deja de estar interesada en solicitar una excedencia a la Administración, el procedimiento termina por:

a) Desistimiento del interesado.
b) Declaración de caducidad.
c) Desistimiento de la Administración Pública.
d) Renuncia al derecho de beneficiarse de una excedencia.

139. ¿Cómo NO puede terminar un procedimiento sancionador?

a) Desistimiento del interesado.
b) Declaración de caducidad.
c) Desistimiento de la Administración Pública.
d) Imposibilidad material de continuarlo por causas sobrevenidas.

140. Podrá declararse la caducidad del procedimiento:

a) En el caso de procedimientos iniciados de oficio de los que pudiera derivarse el reconocimiento de derechos y haya vencido el plazo máximo sin que se haya dictado y notificado resolución expresa.
b) Por la simple inactividad del interesado en la cumplimentación de trámites, no siendo estos indispensables para dictar resolución.
c) En los procedimientos iniciados a solicitud del interesado, cuando se produzca su paralización por causa imputable al mismo.
d) En los procedimientos iniciados a solicitud del interesado, cuando se produzca su paralización por causa imputable a la Administración.

141. Los interesados, ¿pueden solicitar la tramitación simplificada del procedimiento?

a) No, la tramitación simplificada del procedimiento únicamente se puede acordar de oficio.
b) Sí, cuando razones de interés público o la falta de complejidad del procedimiento así lo aconsejen.

c) Sí, excepto en el caso de procedimientos de naturaleza sancionadora.

d) Únicamente en el caso de procedimientos en materia de responsabilidad patrimonial.

142. Salvo que reste menos para su tramitación ordinaria, ¿en qué plazo deberán ser resueltos los procedimientos administrativos tramitados de manera simplificada?

a) Un mes.

b) Diez días.

c) Veinte días.

d) Treinta días.

143. Indica cuál de los siguientes trámites NO consta la tramitación simplificada del procedimiento:

a) Alegaciones formuladas al inicio del procedimiento durante el plazo de cinco días.

b) Trámite de información pública.

c) Informe del servicio jurídico, cuando éste sea preceptivo.

d) Subsanación de la solicitud presentada, en su caso.

144. ¿Qué título es necesario para que las Administraciones Públicas inicien actuaciones materiales de ejecución de resoluciones limitativas de derechos de los particulares?

a) Una resolución que autorice la actuación administrativa.

b) Un decreto que autorice la actuación administrativa.

c) Una ley que autorice la actuación administrativa.

d) El título está implícito en la potestad atribuida a las Administraciones Públicas de ejecutar forzosamente sus actos administrativos.

145. Los actos de las Administraciones Públicas sujetos al Derecho Administrativo serán inmediatamente ejecutivos, salvo que…(marque la alternativa de repuesta INCORRECTA):

a) Se produzca la suspensión de la ejecución del acto.

b) Se trate de una resolución de un procedimiento de naturaleza sancionadora contra la que quepa algún recurso en vía administrativa, excluido el potestativo de reposición.

c) Una disposición establezca lo contrario.

d) Se necesite aprobación o autorización superior.

146. ¿Cuál es el principio que rige a las Administraciones Públicas a la hora de utilizar un medio u otro de ejecución forzosa?

a) Congruencia.

b) Proporcionalidad.

c) Contradicción.

d) Economía procesal.

147. ¿Cuál es el medio de ejecución forzosa que puede utilizar la Administración para la ejecución de actos de naturaleza pecuniaria de dar?

a) Ejecución subsidiaria.

b) Multa coercitiva.

c) Compulsión sobre las personas.

d) Apremio sobre el patrimonio.

148. Habrá lugar a la ejecución subsidiaria cuando se trate de:

a) Obligaciones pecuniarias.

b) Actos personalísimos en que no proceda la compulsión directa sobre la persona del obligado.

c) Actos no personalísimos que puedan ser realizados por sujeto distinto del obligado.

d) Actos administrativos que impongan una obligación personalísima de no hacer o soportar.

149. La ejecución de una obligación personalísima de no hacer o soportar se realizará forzosamente a través de:

a) Ejecución subsidiaria.

b) Multa coercitiva.

c) Compulsión sobre las personas.

d) Apremio sobre el patrimonio.

150. ¿En cuál de los siguientes supuestos NO procede la multa coercitiva?

a) Actos en que, procediendo la compulsión, la Administración no la estimara conveniente.

b) Actos cuya ejecución pueda el obligado encargar a otra persona.

c) Actos personalísimos en que no proceda la compulsión directa sobre la persona del obligado.

d) Actos no personalísimos que puedan ser realizados por sujeto distinto del obligado.

Soluciones comentadas

1. a) Los artículos 53 a 105 de la LPACAP y se divide en siete capítulos.

Ver respuesta en: Título IV de la LPACAP. Arts. 53 a 105 de la LPACAP.

Las disposiciones sobre el procedimiento administrativo común se encuentran reguladas en el Título IV de la LPACAP (art. 53 a 105 de la LPACAP). El Título IV está formado por siete capítulos que son los siguientes:

– Capítulo I. Garantías del procedimiento. Art 53.

– Capítulo II. Iniciación del procedimiento. Arts. 54 a 69.

– Capítulo III. Ordenación del procedimiento. Arts. 70 a 74.

– Capítulo IV. Instrucción del procedimiento. Arts. 75 a 83.

– Capítulo V. Finalización del procedimiento. Arts. 84 a 95.

– Capítulo VI. De la tramitación simplificada del procedimiento administrativo común. Art. 96.

– Capítulo VII. Ejecución. Arts. 97 a 105.

2. b) A identificar a las autoridades y al personal al servicio de las Administraciones públicas bajo cuya responsabilidad se tramiten los procedimientos, además del resto de derechos previstos en la LPACAP y cualquier otro derecho que les reconozcan la Constitución y las leyes.

Ver respuesta en: Art. 53.1.b), c) y i) de la LPACAP.

El artículo 53 de la LPACAP regula los derechos del interesado en el procedimiento administrativo. Además del resto de derechos previstos en la LPACAP, los interesados en un procedimiento administrativo tienen, entre otros, los siguientes derechos:

– A identificar a las autoridades y al personal al servicio de las Administraciones públicas "bajo cuya responsabilidad se tramiten los procedimientos". Art. 53.1.b).

– A no presentar documentos originales salvo que, de manera excepcional, la normativa reguladora aplicable establezca lo contrario. En caso de que, "excepcionalmente", deban presentar un documento original, tendrán derecho a obtener una copia "autenticada" de éste. Art. 53.1.c).

– Cualesquiera otros que les reconozcan la Constitución y las leyes. Art. 53.1.i).

3.d) A cumplir las obligaciones de pago a través de los medios electrónicos.

Ver respuesta en: Art. 53.1.h) de la LPACAP, en relación con el art. 53.1.d), f) y g) de la LPACAP.

Los interesados en un procedimiento administrativo tienen, entre otros, los siguientes derechos:

- A no presentar datos y documentos no exigidos por las normas aplicables alprocedimiento de que se trate, que ya se encuentren en poder de las Administraciones públicas o que hayan sido elaborados "por las Administraciones públicas". Art. 53.1.d)

- A obtener información y orientación acerca de los requisitos jurídicos o técnicos que las disposiciones vigentes impongan a los proyectos, actuaciones o solicitudes "que se propongan realizar". Art. 53.1.f).

- A actuar asistidos de asesor "cuando lo consideren conveniente" en defensa de sus intereses. Art. 53.1.g).

- A cumplir las obligaciones de pago a través de los medios electrónicos previstos en el artículo 98.2 de la LPACAP. Art. 53.1.h)

4. b) A no presentar documentos originales salvo que, de manera excepcional, la normativa reguladora aplicable establezca lo contrario.

Ver respuesta en: Art. 53.1.c) de la LPACAP (y art. 28.3 de la LPACAP), en relación con el art. 53.1.d) de la LPACAP.

El art. 53.1.c) de la LPACAP al establecer el "derecho del interesado a no presentar documentos originales", reitera lo ya establecido en el artículo 28.3 de la LPACAP cuando indica que: "Las Administraciones no exigirán a los interesados la presentación de documentos originales, salvo que, con carácter excepcional, la normativa reguladora aplicable establezca lo contrario".

Se contempla la excepción de aquellos supuestos en los que pueda requerirse documento original por la norma reguladora de cada procedimiento, otorgándose en tal caso, el derecho de obtener una copia autenticada del documento original en los términos establecidos en el artículo 27 de la LPACAP (las copias auténticas tendrán la misma validez y eficacia que los documentos originales, siendo válidas ante las restantes Administraciones).

Asimismo, tienen derecho a no presentar datos y documentos no exigidos por las normas aplicables al procedimiento de que se trate, que ya se encuentren en poder de las Administraciones públicas o que hayan sido elaborados por estas. Art. 53.1.d).

5. c) Consultar la información del procedimiento en el Punto de Acceso General electrónico de la Administración.

Ver respuesta en: Apartado segundo del art. 53.1.a) de la LPACAP.

Quienes se relacionen con las Administraciones públicas a través de medios electrónicos, tendrán derecho a consultar la información a la que se refiere el párrafo anterior, en el Punto de Acceso General electrónico de la Administración que funcionará como un portal de acceso. Se entenderá cumplida la obligación de la Administración de facilitar copias de los documentos contenidos en los procedimientos mediante la puesta a disposición de las mismas en el Punto de Acceso General electrónico de la Administración competente o en las sedes electrónicas que correspondan.

6. a) Por acuerdo del órgano competente, bien por propia iniciativa o como consecuencia de orden superior, a petición razonada de otros órganos o por denuncia.

Ver respuesta en: Art. 58 de la LPACAP.

El art 58 de la LPACAP contiene los diferentes supuestos de iniciación de oficio del procedimiento y señala que el acuerdo de iniciación del órgano competente para tramitar el procedimiento administrativo, de oficio, puede deberse:

– A su propia iniciativa.
– A la orden de un superior.
– A una petición razonada de otro órgano.
– A una denuncia.

7. b) Formular alegaciones, utilizar los medios de defensa admitidos por el Ordenamiento Jurídico, y aportar documentos en cualquier fase del procedimiento anterior al trámite de audiencia, que deberán ser tenidos en cuenta por el órgano competente al redactar la propuesta de resolución.

Ver respuesta en: Art. 53.1.e) de la LPACAP.

El derecho a formular alegaciones y a utilizar los medios de defensa del art. 53.1.e) de la LPACAP viene a recordarnos que tenemos la posibilidad de formular alegaciones y a aportar documentos, en cualquier fase del procedimiento anterior al trámite de audiencia, así como aportar datos y documentos a la instrucción (art. 76.1 de la LPACAP) así como al término de la instrucción (art. 82 de la LPACAP), con la excepción de los procedimientos sancionadores (art. 89.2 de la LPACAP) en los que deberán realizarse las alegaciones tras la propuesta de la resolución.

8. d) Derecho a ser notificado de los hechos que se le imputen, de las infracciones que tales hechos puedan constituir y de las sanciones que, en su caso, se les pudieran imponer, así como de la identidad del instructor, de la autoridad competente para imponer la sanción y de la norma que atribuya tal competencia.

Ver respuesta en: Art. 53.2 de la LPACAP.

El artículo 53.2 de la LPACAP hace referencia a los derechos específicos que corresponden a los interesados en un procedimiento sancionador, que son los siguientes:

a) Derecho a ser notificado de los hechos que se le imputen, de las infracciones que tales hechos puedan constituir y de las sanciones que, en su caso, se les pudieran imponer, así como de la identidad del instructor, de la autoridad competente para imponer la sanción y de la norma que atribuya tal competencia.

b) Derecho a la presunción de no existencia de responsabilidad administrativa mientras no se demuestre lo contrario.

9. b) De oficio, por acuerdo del órgano competente, o a solicitud del interesado. Salvo los procedimientos de naturaleza sancionadora que se iniciarán siempre de oficio.

Ver respuesta en: Art. 54 de la LPACAP, en relación con los arts. 58 y 63.1 de la LPACAP.

Los procedimientos podrán iniciarse de oficio o a solicitud del interesado (art. 54 de la LPACAP).

Un procedimiento administrativo se inicia de oficio cuando es el propio órgano competente el que lo comienza, lo que puede ocurrir por su propia iniciativa o porque suceda algo que le haga poner en marcha ese procedimiento: como consecuencia de orden superior, a petición razonada de otros órganos o por denuncia (art. 58 de la LPACAP).

Sin embargo, los procedimientos de naturaleza sancionadora se iniciarán "siempre" de oficio por acuerdo del órgano competente, de acuerdo con el artículo 63.1 de la LPACAP.

10. b) El artículo 53 de la LPACAP.

Ver respuesta en: Art. 53 de la LPACAP.

El artículo 53 de la LPACAP regula los derechos del interesado en el procedimiento administrativo.

El artículo 13 de la LPACAP se encarga de regular los derechos que corresponden a todas las personas en sus relaciones con la Administración y el artículo 53 de la LPACAP regula los derechos del "interesado", que es aquel que forma parte de un procedimiento administrativo. Tanto la persona como el interesado cuenta con una serie de derechos en sus relaciones con la Administración, siendo más amplia la esfera de derechos en este segundo caso.

11. c) Que los interesados puedan conocer el estado del procedimiento en todos sus momentos, así como la forma y el modo en el que está siendo tramitado.

Ver respuesta en: Art. 53.1.a) de la LPACAP.

El derecho de información con respecto a la tramitación del procedimiento pretende que los interesados puedan conocer el estado del procedimiento en todos sus momentos, así como la forma y el modo en el que está siendo tramitado.

En concreto, el artículo 53.1.a) de la LPACAP dispone que los interesados en un procedimiento administrativo tienen derecho a conocer, "en cualquier momento", el estado de la tramitación de los procedimientos en los que tengan la citada condición de interesados.

12. d) Asegurar la efectividad de la resolución.

Ver respuesta en: Art. 56.3 de la LPACAP.

Antes de la iniciación del procedimiento administrativo, se "podrán" adoptar todas las medidas que la Administración estime oportunas para asegurar la efectividad de la resolución, en los términos previstos a la Ley de Enjuiciamiento Civil (LEC).

13. b) La finalidad es conocer las circunstancias del caso concreto y la conveniencia o no de iniciar el procedimiento.

Ver respuesta en: Art. 55.1 de la LPACAP.

"Con anterioridad al inicio del procedimiento", el órgano competente podrá abrir un "periodo de información o actuaciones previas" con el fin de conocer las circunstancias del caso concreto y la conveniencia o no de iniciar el procedimiento.

Este periodo de actuaciones no es preceptivo puesto que, si los indicios son claros, el acuerdo de incoación se puede decretar directamente.

14.c) Los órganos que tengan atribuidas funciones de investigación, averiguación e inspección en la materia y, en defecto de estos, por la persona u órgano administrativo que se determine por el órgano competente para la iniciación o resolución del procedimiento.

Ver respuesta en: Apartado segundo del art. 55.2 de la LPACAP.

Las actuaciones previas serán realizadas por los órganos que tengan atribuidas funciones de investigación, averiguación e inspección en la materia y, en defecto de éstos, por la persona u órgano administrativo que se determine por el órgano competente para la iniciación o resolución del procedimiento.

15. a) En los términos previstos en la Ley de Enjuiciamiento Civil.

Ver respuesta en: Art.56.3 de la LPACAP.

Antes de la iniciación del procedimiento administrativo, se "podrán" adoptar todas las medidas que la Administración "estime oportunas" para asegurar la efectividad de la resolución, en los términos previstos a la Ley de Enjuiciamiento Civil (LEC).

El artículo 56.3 de la LPACAP enumeran las medidas provisionales más habituales, pero esa lista de medidas es ejemplificativa y no de un *numerus clausus*.

16. c) Para asegurar la eficacia de la resolución que pudiera recaer, si existiesen elementos de juicio suficientes para ello, de acuerdo con los principios de proporcionalidad, efectividad y menor onerosidad.

Ver respuesta en: Art.56.1 de la LPACAP.

Iniciado el procedimiento, el órgano administrativo competente para resolver, podrá adoptar, de oficio o a instancia de parte y de forma motivada, las medidas provisionales que estime oportunas para asegurar la eficacia de la resolución que pudiera recaer, si existiesen elementos de juicio suficientes para ello, de acuerdo con los principios de proporcionalidad, efectividad y menor onerosidad.

17. d) Derecho a ser notificado de los hechos que se le imputen, de las infracciones que tales hechos puedan constituir y de las sanciones que, en su caso, se les pudieran imponer, así como de la identidad del instructor, de la autoridad competente para imponer la sanción y de la norma que atribuya tal competencia. También tendrán derecho a la presunción de no existencia de responsabilidad administrativa mientras no se demuestre lo contrario.

Ver respuesta en: Art.53.2 de la LPACAP.

En el caso de procedimientos administrativos de naturaleza sancionadora, los presuntos responsables tendrán los siguientes derechos:

1.º Los derechos del "interesado" en cualquier procedimiento, de conformidad con el artículo 53.1 de la LPACAP

2.º Los derechos específicos que corresponden a los "interesados" en un procedimiento sancionador, de conformidad con en el artículo 53.2 de la LPACAP, que son los siguientes:

    a) Derecho a ser notificado de los hechos que se le imputen, de las infracciones que tales hechos puedan constituir y de las sanciones que, en su caso, se les pudieran imponer, así como de la identidad del instructor, de la autoridad competente para imponer la sanción y de la norma que atribuya tal competencia.

    b) Derecho a la presunción de no existencia de responsabilidad administrativa mientras no se demuestre lo contrario.

3.º Los derechos previstos en la LPACAP, según el párrafo segundo del artículo 53 de la LPACAP, por remisión al párrafo primero, por tanto, gozarán de los derechos que corresponden a todas las personas en sus relaciones con la Administración, establecidos en el artículo 13 de la LPACAP.

18. c) Durante la tramitación del procedimiento, de oficio o a instancia de parte, en virtud de circunstancias sobrevenidas o que no pudieron ser tenidas en cuenta en el momento de su adopción.

Ver respuesta en: Art. 56.5 de la LPACAP.

Las medidas provisionales podrán ser alzadas o modificadas durante la tramitación del procedimiento, de oficio o a instancia de parte, en virtud de circunstancias sobrevenidas o que no pudieron ser tenidas en cuenta en el momento de su adopción. En todo caso, se extinguirán cuando surta efectos la resolución administrativa que ponga fin al procedimiento correspondiente.

19. b) Que guarden identidad sustancial o íntima conexión, siempre que sea el mismo órgano quien deba tramitarlos y resolverlos. La acumulación se podrá disponer de oficio o a instancia de parte, cualquiera que haya sido la forma de su iniciación.

Ver respuesta en: Art. 57 de la LPACAP.

El órgano administrativo que inicie o tramite un procedimiento, cualquiera que haya sido la forma de su iniciación, podrá disponer, de oficio o a instancia de parte, su acumulación a otros con los que guarde identidad sustancial o íntima conexión, siempre que sea el mismo órgano quien deba tramitar y resolver el procedimiento. Contra el acuerdo de acumulación no procederá recurso alguno.

20. b) Por acuerdo del órgano que tiene atribuida la competencia de iniciación, bien por propia iniciativa o como consecuencia de orden superior, a petición razonada de otros órganos o por denuncia.

Ver respuesta en: Arts. 58 y 59 de la LPACAP.

Los procedimientos se iniciarán de oficio por acuerdo del órgano competente, bien por propia iniciativa o como consecuencia de orden superior, a petición razonada de otros órganos o por denuncia.

Se entiende por propia iniciativa, la actuación derivada del conocimiento directo o indirecto de las circunstancias, conductas o hechos objeto del procedimiento por el órgano que tiene atribuida la competencia de iniciación.

21. a) Nombre y apellidos del interesado y, en su caso, de la persona que lo represente.

Ver respuesta en: Art. 66.1 de la LPACAP.

El procedimiento administrativo puede ser iniciado por solicitud de persona "interesada" (de acuerdo con la consideración de interesado establecida en el artículo 4 de la LPACAP).

La solicitud debe incorporar el contenido obligatorio establecido en el artículo 66 de la LPACAP, que dispone que las solicitudes que se formulen deberán contener:

a) Nombre y apellidos del interesado y, en su caso, de la persona que lo represente.

b) Identificación del medio electrónico, o en su defecto, lugar físico en que desea que se practique la notificación. Adicionalmente, los interesados podrán aportar su dirección de correo electrónico y/o dispositivo electrónico con el fin de que las Administraciones públicas les avisen del envío o puesta a disposición de la notificación.

c) Hechos, razones y petición en que se concrete, con toda claridad, la solicitud.

d) Lugar y fecha.

e) Firma del solicitante o acreditación de la autenticidad de su voluntad expresada por cualquier medio.

f) Órgano, centro o unidad administrativa a la que se dirige y su correspondiente código de identificación.

También, en caso de que así lo creyera conveniente el interesado, podrá pedir las medidas provisionales o proponer las pruebas.

22. c) Las oficinas de asistencia en materia de registros.

Ver respuesta en: Art. 66.1 in fine de la LPACAP.

El artículo 66.1 *in fine* de la LPACAP establece que las solicitudes que se formulen deberán contener el órgano, centro o unidad administrativa a la que se dirige y su correspondiente código de identificación.

Las oficinas de asistencia en materia de registros estarán obligadas a facilitar a los interesados el código de identificación si el interesado lo desconoce. Asimismo, las Administraciones públicas deberán mantener y actualizar en la sede electrónica correspondiente un listado con los códigos de identificación vigentes.

El Directorio Común de Unidades Orgánicas y Oficinas (DIR3) es el inventario unificado y común de las unidades orgánicas, los organismos públicos, sus oficinas asociadas y las unidades de gestión económica y presupuestaria de todas las Administraciones Públicas. Todo documento que se presente ante la Administración debe llevar el código de identificación del órgano al que va dirigido.

Por ejemplo, el Código DIR3 de la Autoridad Portuaria de Sevilla es el siguiente:

Código DIR3: EA0001319

Asimismo, cualquier factura electrónica emitida a las Administraciones Públicas deberá contener 3 códigos DIR3 correspondiente a:

– La Oficina Contable (órgano que tienen atribuida la función de contabilidad en el organismo).

– El Órgano Gestor (órgano al que corresponda la competencia sobre la aprobación del expediente de gasto).

– La Unidad Tramitadora (Órgano administrativo al que corresponda la tramitación de los expedientes).

23. b) Las circunstancias, conductas o hechos objeto del procedimiento de los que ha tenido conocimiento el órgano que formula la petición y, en la medida de lo posible, deberán especificar la persona o personas presuntamente responsables; las conductas o hechos que pudieran constituir infracción administrativa y su tipificación; así como el lugar, la fecha, fechas o periodo de tiempo continuado en que los hechos se produjeron.

Ver respuesta en: Art. 61.1 y 3 de la LPACAP.

Se entiende por "petición razonada", la propuesta de iniciación del procedimiento formulada por cualquier órgano administrativo que "no tiene competencia para iniciar" el mismo y que ha tenido conocimiento de "las circunstancias, conductas o hechos objeto del procedimiento", bien ocasionalmente o bien por tener atribuidas funciones de inspección, averiguación o investigación.

En los procedimientos de naturaleza sancionadora, las peticiones deberán especificar, en la medida de lo posible, la persona o personas presuntamente responsables; las conductas o hechos que pudieran constituir infracción administrativa y su tipificación; así como el lugar, la fecha, fechas o período de tiempo continuado en que los hechos se produjeron.

24. c) El acto por el que cualquier persona, en cumplimiento o no de una obligación legal, pone en conocimiento de un órgano administrativo la existencia de un determinado hecho que pudiera justificar la iniciación de oficio de un procedimiento administrativo.

Ver respuesta en: Art. 62.1 de la LPACAP.

Se entiende por denuncia el acto por el que cualquier persona, en cumplimiento o no de una obligación legal, pone en conocimiento de un órgano administrativo la existencia de un determinado hecho que pudiera justificar la iniciación de oficio de un procedimiento administrativo.

El denunciante es, pues, un extraño al procedimiento, y no adquiere por el solo hecho de la denuncia ni la condición de parte, ni la legitimación para ser notificado de las actuaciones del procedimiento, ni para recurrir, tanto en vía administrativa como jurisdiccional, contra la resolución que se dicte.

25. a) No confiere, por sí sola, la condición de interesado en el procedimiento.

Ver respuesta en: Art. 62.5 de la LPACAP.

La presentación de una denuncia no confiere, por sí sola, la condición de interesado en el procedimiento. Las figuras de "interesado" y "denunciante" no son iguales ni, consecuentemente, gozan de los mismos derechos en el seno del procedimiento administrativo.

En este sentido y como dice el artículo 62.5 de la LPACAP, la presentación de una denuncia no confiere, por sí sola, la condición de interesado en el procedimiento, pero al denunciante habrá de reconocérsele el estatus de interesado siempre que en él concurra alguna de las situaciones legitimadoras expresadas en el art. 4 de la LPACAP (que define al "interesado"):

a) Quienes lo promuevan como titulares de derechos o intereses legítimos individuales o colectivos.

b) Los que, sin haber iniciado el procedimiento, tengan derechos que puedan resultar afectados por la decisión que en el mismo se adopte.

c) Aquellos cuyos intereses legítimos, individuales o colectivos, puedan resultar afectados por la resolución y se personen en el procedimiento en tanto no haya recaído resolución definitiva.

26. c) El artículo 66 de la LPACAP.

Ver respuesta en: Art. 66 de la LPACAP.

El inicio del procedimiento a solicitud del interesado queda regulado en el artículo 66 de la LPACAP (frente al inicio por denuncia que se encuentra regulado en el artículo 62 de la LPACAP).

Lo que principalmente caracteriza a la denuncia, y a su vez la diferencia de la iniciación a solicitud del interesado, es que el denunciante, en cuanto tal, no se constituye como parte en el procedimiento a que pueda dar lugar su denuncia esto es, no constituye un interesado, ni adquiere tal condición a no ser que se persone en el procedimiento, una vez que este se ha iniciado, o es llamado al mismo por la Administración, por advertirse en él la titularidad de un derecho susceptible de ser afectado por la resolución que se dicte.

27. b) La no iniciación del procedimiento deberá ser motivada y se notificará a los denunciantes la decisión de si se ha iniciado o no el procedimiento.

Ver respuesta en: Art. 62.3 de la LPACAP.

Cuando la denuncia invocará un perjuicio en el patrimonio de las Administraciones Públicas la no iniciación del procedimiento deberá ser motivada y se notificará a los denunciantes la decisión de si se ha iniciado o no el procedimiento.

28. a) La denuncia invoque un perjuicio en el patrimonio de la Administración pública y el denunciante sea el primero en aportar elementos de prueba que permitan iniciar el procedimiento o comprobar la infracción, siempre y cuando en el momento de aportarse aquellos no se disponga de elementos suficientes para ordenar la misma y se repare el perjuicio causado. En todo caso, será necesario que el denunciante cese en la participación de la infracción y no haya destruido elementos de prueba relacionados con el objeto de la denuncia.

Ver respuesta en: Art. 62.4 de la LPACAP.

El artículo 62.4 de la LPACAP incorpora al procedimiento administrativo un "sistema de clemencia para los denunciantes", que consiste, en términos generales, en la exención o reducción de la sanción al denunciante. La cláusula se circunscribe a las infracciones que causen un "perjuicio patrimonial a la Administración".

A este respecto, el órgano competente para resolver el procedimiento "deberá" eximirse de la sanción (ya sea pecuniaria o no) al denunciante que, siendo responsable de la infracción, por haber participado en su comisión junto a otros infractores, sea el primero en aportar elementos de prueba que permitan iniciar el procedimiento o comprobar la infracción, siempre y cuando en el momento de aportarse aquellos no se disponga de elementos suficientes para ordenar la misma y se repare el perjuicio causado.

El segundo párrafo del artículo 62.4 de la LPACAP establece un segundo nivel de clemencia que consiste no en la exención, sino en la reducción de la sanción cuando –no cumpliéndose alguna de las condiciones exigidas para la exención– el denunciante facilite elementos de prueba que aporten un valor añadido significativo respecto de aquellos de los que se disponga. Al igual que en el supuesto anterior, la cláusula de clemencia se configura con carácter reglado. Siempre que se den los requisitos que señala el artículo 62.4 de la LPACAP, el órgano administrativo estará obligado a aplicarla.

Como contrapartida, en ambos casos, será necesario que el denunciante cese en la participación de la infracción y no haya destruido elementos de prueba relacionados con el objeto de la denuncia.

Este sistema de clemencia fomenta la delación (acusación), sobre todo si se pone en relación con el artículo 28.3 de la LRJSP, que determina la responsabilidad solidaria por las infracciones cometidas por varias personas conjuntamente (por lo que resulta probable que uno o varios de tales sujetos infractores tengan interés en ser el primero en denunciar a fin de obtener el correspondiente trato de favor).

29. b) En ningún caso se podrá imponer una sanción sin que se haya tramitado el oportuno procedimiento.

Ver respuesta en: Art. 63.2 de la LPACAP.

El artículo 63.2 de la LPACAP establece que "en ningún caso se podrá imponer una sanción sin que se haya tramitado el oportuno procedimiento" (que cuente con todas las garantías establecidas en la ley).

La justificación que adquiere el procedimiento alcanza una doble vertiente: la aplicación de la ley al caso concreto y la tutela del ciudadano con respecto a la Administración, de conformidad con los artículos 24, 103, 105 de la CE.

Mientras que, en el procedimiento administrativo común, la omisión de ciertos actos de trámite no tiene una importancia lo suficientemente relevante como para anular el procedimiento, en el procedimiento sancionador adquiere un valor extraordinario porque está en juego los preceptos constitucionales y en especial el artículo 24 de la CE, relativo al derecho de defensa y a la tutela judicial efectiva.

30. d) Los artículos 66 a 69 de la LPACAP.

Ver respuesta en: Título IV de la LPACAP. Arts. 66 a 69 LPACAP.

El inicio del procedimiento a solicitud del interesado se encuentra regulado en los artículos 66 a 69 de la LPACAP.

31.c) Mediante una solicitud de iniciación o mediante una declaración responsable o comunicación.

Ver respuesta en: Arts. 66 a 69 LPACAP.

La iniciación del procedimiento administrativo a solicitud del interesado podrá llevarse a cabo, bien mediante una solicitud de iniciación o bien mediante una declaración responsable y/o comunicación.

32.d) A determinar, con la mayor precisión posible, los hechos susceptibles de motivar la incoación del procedimiento, la identificación de la persona o personas que pudieran resultar responsables y las circunstancias relevantes que concurran en unos y otros.

Ver respuesta en: Apartado primero del art. 55.2 de la LPACAP.

Las actuaciones previas serán realizadas por los órganos que tengan atribuidas funciones de investigación, averiguación e inspección en la materia y, en defecto de éstos, por la persona u órgano administrativo que se determine por el órgano competente para la iniciación o resolución del procedimiento.

En el caso de procedimientos de naturaleza sancionadora las actuaciones previas se orientarán a determinar, con la mayor precisión posible, los hechos susceptibles de motivar la incoación del procedimiento, la identificación de la persona o personas que pudieran resultar responsables y las circunstancias relevantes que concurran en unos y otros.

33. b) Que puedan causar perjuicio de difícil o imposible reparación a los interesados o que impliquen violación de derechos amparados por las leyes.

Ver respuesta en: Art. 56.4 de la LPACAP.

En la adopción de medidas provisionales, la LPACAP impone límites negativos.

En concreto, el art. 56.4 de la LPACAP indica que "no se podrán adoptar medidas provisionales que puedan causar perjuicio de difícil o imposible reparación a los interesados o que impliquen violación de derechos amparados por las leyes".

Por la naturaleza cautelar que tienen las citadas medidas, no pueden rebasar los estrechos límites que resultan de su finalidad específica, por tanto, no serían lícitas aquellas medidas provisionales que prejuzguen el fondo de la cuestión, produzcan perjuicios irreparables a los interesados o impliquen violación de derechos amparados por las leyes.

34. b) La prestación de fianzas.

Ver respuesta en: Art.56.3 de la LPACAP.

El art. 56.3 de la LPACAP enumera las posibles medidas cautelares que se pueden adoptar al iniciar un procedimiento administrativo, entre las que se encuentran las siguientes:

* Suspensión "temporal" de actividades.

* Prestación de fianzas.

* Retirada o intervención de bienes productivos o suspensión "temporal" de servicios por razones de sanidad, higiene o seguridad, el cierre "temporal" del establecimiento por estas u otras causas previstas en la normativa reguladora aplicable.

* Embargo preventivo de bienes, rentas y cosas fungibles computables en metálico por aplicación de precios ciertos.

* El depósito, retención o inmovilización de cosa "mueble".

* La intervención y depósito de ingresos obtenidos mediante una actividad que se considere ilícita y cuya prohibición o cesación se pretenda.

* Consignación o constitución de depósito de las cantidades que se reclamen.

* La retención de ingresos a cuenta que deban abonar las Administraciones públicas.

* Aquellas otras medidas que, para la protección de los derechos de los interesados, prevean expresamente las leyes, o que se estimen necesarias para asegurar la efectividad de la resolución.

Por tanto, se trata de una lista ejemplificativa y no de un *numerus clausus*.

35. a) De oficio o a instancia de parte y de forma motivada, de acuerdo con los principios de proporcionalidad, efectividad y menor onerosidad.

Ver respuesta en: Art.56.1 de la LPACAP.

El órgano administrativo competente para resolver el procedimiento podrá adoptar, iniciado el procedimiento, de oficio o a instancia de parte y de forma motivada, las medidas provisionales que estime oportunas para asegurar la eficacia de la resolución que pudiera recaer, si existiesen elementos de juicio suficientes para ello, de acuerdo con los principios de proporcionalidad, efectividad y menor onerosidad.

36. a) Cuando surta efectos la resolución administrativa que ponga fin al procedimiento correspondiente.

Ver respuesta en: Art.56.5 de la LPACAP.

Las medidas provisionales se extinguirán cuando surta efectos la resolución administrativa que ponga fin al procedimiento correspondiente.

En todo caso, las medidas provisionales podrán ser alzadas o modificadas durante la tramitación del procedimiento, de oficio o a instancia de parte, en virtud de circunstancias sobrevenidas o que no pudieron ser tenidas en cuenta en el momento de su adopción.

37. d) No procederá recurso alguno.

Ver respuesta en: Art.57 de la LPACAP.

Contra el acuerdo de acumulación no procederá recurso alguno. El órgano administrativo que inicie o tramite un procedimiento, cualquiera que haya sido la forma de su iniciación, podrá disponer, de oficio o a instancia de parte, su acumulación a otros con los que guarde identidad sustancial o íntima conexión, siempre que sea el mismo órgano quien deba tramitar y resolver el procedimiento.

38. d) Las respuestas a) y b) son correctas.

Ver respuesta en: Art.58 de la LPACAP.

La iniciación de oficio del procedimiento administrativo tiene lugar cuando la Administración pública decide por sí misma su incoación, sin que sea necesaria la solicitud por parte de un interesado.

Los procedimientos se iniciarán de oficio por acuerdo del órgano competente, bien por propia iniciativa o como consecuencia de orden superior, a petición razonada de otros órganos o por denuncia.

En el caso de la denuncia, la persona que la haya presentado no obtiene la condición de interesado automáticamente (en principio, quedaría fuera del procedimiento. Esto no excluye que, posteriormente, pueda personarse y participar en el mismo, si reúne los requisitos establecidos para que se le pueda reconocer tal condición).

39. b) Se trata de una propuesta de iniciación del procedimiento formulada por cualquier órgano administrativo que no tiene competencia para iniciar el mismo y que ha tenido conocimiento de las circunstancias, conductas o hechos objeto del procedimiento, bien ocasionalmente o bien por tener atribuidas funciones de inspección, averiguación o investigación.

Ver respuesta en: Art.61.1 de la LPACAP.

Se entiende por petición razonada, la propuesta de iniciación del procedimiento formulada por cualquier órgano administrativo que no tiene competencia para iniciar el mismo y que ha tenido conocimiento de las circunstancias, conductas o hechos objeto del procedimiento, bien ocasionalmente o bien por tener atribuidas funciones de inspección, averiguación o investigación.

40. a) Los artículos 58 a 65 de la LPACAP.

Ver respuesta en: Arts. 58 a 65 LPACAP.

La iniciación del procedimiento de oficio por la administración se encuentra regulada en los artículos 58 a 65 del Título IV de la LPACAP.

41. a) A obtener información y orientación acerca de los requisitos jurídicos o técnicos que las disposiciones vigentes impongan a los proyectos, actuaciones o solicitudes que se propongan realizar.

Ver respuesta en: Art. 53.1.f) de la LPACAP, en relación con el art. 53.1.d), e) y g) de la LPACAP.

Los interesados en un procedimiento administrativo tienen, entre otros, los siguientes derechos:

- A no presentar datos y documentos no exigidos por las normas aplicables al procedimiento de que se trate, que ya se encuentren en poder de las Administraciones públicas o que hayan sido elaborados por "estas". Art. 53.1.d).

- A formular alegaciones, utilizar los medios de defensa admitidos por el Ordenamiento Jurídico, y a aportar documentos en cualquier fase del procedimiento anterior al "trámite de audiencia", que "deberán" ser tenidos en cuenta por el órgano competente al redactar la "propuesta" de resolución. Art. 53.1.e).

- A obtener información y orientación acerca de los requisitos jurídicos o técnicos que las disposiciones vigentes impongan a los proyectos, actuaciones o solicitudes que se propongan realizar. Art. 53.1.f).

- A actuar asistidos de "asesor" cuando lo consideren "conveniente en defensa de sus intereses". Art. 53.1.g).

42. b) El artículo 53.2 de la LPACAP.

Ver respuesta en: Art. 53.2 de la LPACAP.

Con carácter general, el artículo 13 de la LPACAP se encarga de regular los derechos que corresponden a todas las personas en sus relaciones con la Administración y el artículo 53.1 de la LPACAP regula los derechos del "interesado" en cualquier procedimiento.

En particular, el artículo 53.2 de la LPACAP hace referencia a los derechos específicos que corresponden a los "interesados" en un procedimiento sancionador.

43. b) El contenido establecido en el artículo 66 de la LPACAP, así como las lesiones producidas, la presunta relación de causalidad entre estas y el funcionamiento del servicio público, la evaluación económica de la responsabilidad patrimonial, si fuera posible, y el momento en que la lesión efectivamente se produjo, e irá acompañada de cuantas alegaciones, documentos e informaciones se estimen oportunos y de la proposición de prueba, concretando los medios de que pretenda valerse el reclamante.

Ver respuesta en: Art. 67.2 de la LPACAP, en relación con el art. 66 de la LPACAP.

De acuerdo con el artículo 67.2 de la LPACAP, las solicitudes de iniciación en los procedimientos de responsabilidad patrimonial deben incorporar, además de los aspectos previstos en el artículo 66 de la LPACAP (que regula el contenido de las solicitudes de iniciación): las lesiones producidas, la presunta relación de causalidad entre éstas y el funcionamiento del servicio público, la evaluación económica de la responsabilidad patrimonial, si fuera posible, y el momento en que la lesión efectivamente se produjo, e irá acompañada de cuantas alegaciones, documentos e informaciones se estimen oportunos y de la proposición de prueba, concretando los medios de que pretenda valerse el reclamante.

44. b) No vincula al órgano competente para iniciar el procedimiento, si bien el órgano competente para el inicio del procedimiento deberá comunicar, al órgano que hubiera formulado la petición, los motivos por los que, en su caso, no procede la iniciación.

Ver respuesta en: Art. 61.2 de la LPACAP.

Se entiende por petición razonada, la propuesta de iniciación del procedimiento

formulada por cualquier órgano administrativo que no tiene competencia para iniciar el mismo y que ha tenido conocimiento de las circunstancias, conductas o hechos objeto del procedimiento, bien ocasionalmente o bien por tener atribuidas funciones de inspección, averiguación o investigación.

La petición no vincula al órgano competente para iniciar el procedimiento, si bien deberá comunicar al órgano que la hubiera formulado los motivos por los que, en su caso, no procede la iniciación.

45. c) Las circunstancias, conductas o hechos objeto del procedimiento de los que ha tenido conocimiento el órgano que formula la petición y se deberá individualizar la lesión producida en una persona o grupo de personas, su relación de causalidad con el funcionamiento del servicio público, su evaluación económica si fuera posible, y el momento en que la lesión efectivamente se produjo.

Ver respuesta en: Art. 61.4 de la LPACAP.

Se entiende por petición razonada, la propuesta de iniciación del procedimiento formulada por cualquier órgano administrativo que no tiene competencia para iniciar el mismo y que ha tenido conocimiento de las circunstancias, conductas o hechos objeto del procedimiento, bien ocasionalmente o bien por tener atribuidas funciones de inspección, averiguación o investigación.

En los procedimientos de responsabilidad patrimonial, la petición deberá individualizar la lesión producida en una persona o grupo de personas, su relación de causalidad con el funcionamiento del servicio público, su evaluación económica si fuera posible, y el momento en que la lesión efectivamente se produjo.

46. b) Se comunicará al denunciante cuando las normas reguladoras del procedimiento así lo prevean.

Ver respuesta en: El artículo 64.1 de la LPACAP.

Las figuras de "interesado" y "denunciante" no son iguales ni, consecuentemente, gozan de los mismos derechos en el seno del procedimiento administrativo. En este sentido, el art. 62.5 de la LPACAP indica que: "La presentación de una denuncia no confiere, por sí sola, la condición de interesado en el procedimiento".

En los procedimientos de naturaleza sancionadora, el art. 64.1 de la LPACAP establece que: El acuerdo de iniciación se comunicará al instructor del procedimiento, con traslado de cuantas actuaciones existan al respecto, y se "notificará a los interesados", entendiendo en todo caso por tal al inculpado. Asimismo, la incoación se comunicará al denunciante "cuando las normas reguladoras del procedimiento así lo prevean".

Por tanto, los "denunciantes" no gozan del ámbito extenso de derechos del que disfrutan los "interesados", recogidos expresamente en el art. 53 LPACAP. Además, respecto de los interesados existe la obligación de notificar todas las resoluciones y actos administrativos que afecten a sus derechos e intereses, dado que el artículo 40.1 de la LPACAP indica que: "El órgano que dicte las resoluciones y actos administrativos los notificará a los interesados cuyos derechos e intereses sean afectados por aquellos…".

En definitiva, la comunicación de la incoación del procedimiento sancionador al denunciante no siempre será preceptiva, solo procederá "cuando las normas reguladoras del procedimiento sancionador así lo prevean", es decir, cuando las leyes sectoriales lo prevean.

47. d) Siempre de oficio por acuerdo del órgano competente para iniciar el procedimiento y establecerán la debida separación entre la fase instructora y la sancionadora, que se encomendará a órganos distintos.

Ver respuesta en: Art. 63.1 de la LPACAP.

El artículo 54 de la LPACAP dispone que los procedimientos "podrán" iniciarse de oficio o a solicitud del interesado.

Sin embargo, de acuerdo con el artículo 63.1 de la LPACAP, los procedimientos de naturaleza sancionadora se iniciarán "siempre" de oficio por acuerdo del órgano competente y establecerán la debida separación entre la fase instructora y la sancionadora, que se encomendará a órganos distintos. Se considerará que un órgano es competente para iniciar el procedimiento cuando así lo determinen las normas reguladoras del mismo.

48. c) El artículo 63.3 de la LPAC establece que no se podrán iniciar nuevos proce-dimientos de carácter sancionador por hechos o conductas tipificadas como infrac-ciones en cuya comisión el infractor persista de forma continuada, en tanto no haya recaído una primera resolución sancionadora, con carácter ejecutivo.

Ver respuesta en: Art. 63.3 de la LPAC.

El art. 29.6 de la LPACAP define la infracción continuada como "la realización de una pluralidad de acciones u omisiones que infrinjan el mismo o semejantes preceptos administrativos, en ejecución de un plan preconcebido o aprovechando idéntica ocasión".

Respecto a este tipo de infracciones, el artículo 63.3 de la LPACAP dispone que no se podrán iniciar nuevos procedimientos de carácter sancionador por hechos o conduc-tas tipificadas como infracciones en cuya comisión el infractor persista de forma con-tinuada, en tanto no haya recaído una primera resolución sancionadora, con carácter ejecutivo.

Del citado artículo parece deducirse la limitación para la apertura de un nuevo ex-pediente sancionador, hasta que exista una resolución sancionadora en vía adminis-trativa, de "carácter ejecutivo", lo que sitúa el límite, al menos, en la resolución de los recursos administrativos (potestativo de reposición o alzada). Sin descartar la exten-sión hasta un pronunciamiento judicial firme sobre el fondo, por la conjunción con el artículo 90.3 de la LPACAP.

49. d) Mediante un acto de incoación.

Ver respuesta en: Arts. 63 y 64 de la LPACAP.

El procedimiento sancionador se inicia a través del acto de incoación, de conformidad con los artículos 63 y 64 de la LPACAP.

El acto de incoación es el instrumento que materializa el derecho fundamental a ser informado del contenido de la acusación consagrado en el artículo 24.2 de la Constitución Española, asegurando que todo sujeto imputado tenga pleno conoci-miento de las razones que han conducido al órgano competente a decidir el inicio de un procedimiento destinado a la determinación de su responsabilidad por la presun-ta comisión de una infracción administrativa.

Se trata de una garantía fundamental que deriva del derecho de defensa, en la medi-da en que no es posible defenderse de lo que no se conoce.

50. a) Fase instructora y fase sancionadora, que se encomendará a órganos distin-tos.

Ver respuesta en: Art. 63.1 de la LPACAP.

El art. 63.1 de la LPACAP establece que los procedimientos de naturaleza sancionado-ra se iniciarán siempre de oficio por acuerdo del órgano competente y establecerán la debida separación entre la fase instructora y la sancionadora, que se encomendará a órganos distintos.

Con ello, se consagra el derecho del inculpado a la separación de las funciones administrativas de instrucción y de decisión; y desde la perspectiva de la Administración actuante, se rechaza la realización de actos de instrucción por parte del órgano decisor, con el fin de evitar que puedan los mismos comprometer su imparcialidad a la hora de dictar la resolución definitiva del procedimiento.

Durante la fase de instrucción tienen lugar las actuaciones de comprobación de los hechos y alegaciones. Los interesados podrán aportar cuantas alegaciones, documentos o informaciones estimen convenientes y, en su caso, proponer prueba concretando los medios de que pretendan valerse. En la notificación de la iniciación del procedimiento se indicará a los interesados la posibilidad de presentar alegaciones y los medios de defensa que estimen pertinentes.

51. c) No. La elaboración del pliego de cargos por el instructor se contempla como algo excepcional y solo para el supuesto de que en el acuerdo de inicio del expediente no se hayan podido calificar inicialmente los hechos.

Ver respuesta en: Art. 64.3 de la LPACAP.

De acuerdo con el art. 64.3 de la LPACAP, excepcionalmente, cuando en el momento de dictar el acuerdo de iniciación del procedimiento no existan elementos suficientes para la calificación inicial de los hechos que motivan su incoación, la citada calificación podrá realizarse en una fase posterior mediante la elaboración de un Pliego de Cargos por el órgano instructor, que deberá ser notificado a los interesados, comprendiendo en todo caso por tal al inculpado.

Por tanto, la elaboración del pliego de cargos por el instructor se contempla como algo excepcional y solo para el supuesto de que en el acuerdo de inicio del expediente no se hayan podido calificar inicialmente los hechos.

Caso de tener que elaborarse el pliego de cargos, éste deberá contener la calificación inicial de los hechos y sanciones que pudieran corresponder. Debe ser notificada por el instructor a los interesados, comprendiendo en todo caso por tal al inculpado. Debe darse un plazo mínimo de diez días a estos efectos (art. 73.1 de la LPACAP), para que el interesado pueda contestarlo y aducir las alegaciones que estime oportunas y aportar los datos, documentos u otros elementos de juicio que considere pertinentes.

Después del pliego de cargos deberá proseguir la instrucción, con la práctica de la prueba en su caso (art. 77 de la LPACAP).

52. c) Resulta necesario que el derecho no haya prescrito.

Ver respuesta en: Art. 67.1 de la LPACAP.

Cuando una solicitud pretenda iniciar un procedimiento de responsabilidad patrimonial, será necesario que el derecho a reclamar de los interesados no haya prescrito.

53. a) Cuando surta efectos la resolución administrativa que ponga fin al procedimiento correspondiente.

Ver respuesta en: Art. 56.5 de la LPACAP.

Las medidas provisionales podrán ser alzadas o modificadas durante la tramitación del procedimiento, de oficio o a instancia de parte, en virtud de circunstancias sobrevenidas o que no pudieron ser tenidas en cuenta en el momento de su adopción. En todo caso, se extinguirán cuando surta efectos la resolución administrativa que ponga fin al procedimiento correspondiente.

54. a) Que no haya prescrito el derecho a la reclamación del interesado.

Ver respuesta en: Art. 65.1 de la LPACAP.

Cuando las Administraciones públicas decidan iniciar de oficio un procedimiento de responsabilidad patrimonial será necesario que no haya prescrito el derecho a la reclamación del interesado al que se refiere el artículo 67.

55. d) El derecho a reclamar prescribirá al año de la publicación en el Diario Oficial de la Unión Europea de la sentencia que declare su carácter contrario al Derecho de la Unión Europea.

Ver respuesta en: Art. 67.1 de la LPACAP.

El artículo 67.1 de la LPACAP establece que "Los interesados solo podrán solicitar el inicio de un procedimiento de responsabilidad patrimonial, cuando no haya prescrito su derecho a reclamar.

En los casos de responsabilidad patrimonial a que se refiere el artículo 32, apartados 4 y 5, de la Ley de Régimen Jurídico del Sector Público, el derecho a reclamar prescribirá al año de la publicación en el «Boletín Oficial del Estado» o en el «Diario Oficial de la Unión Europea», según el caso, de la sentencia que declare la inconstitucionalidad de la norma o su carácter contrario al Derecho de la Unión Europea."

56. d) A los particulares presuntamente lesionados, concediéndoles un plazo de diez días para que aporten cuantas alegaciones, documentos o información estimen conveniente a su derecho y propongan cuantas pruebas sean pertinentes para el reconocimiento del mismo.

Ver respuesta en: Art. 65.2 de la LPACAP.

El acuerdo de iniciación del procedimiento se notificará a los particulares presuntamente lesionados, concediéndoles un plazo de diez días para que aporten cuantas alegaciones, documentos o información estimen conveniente a su derecho y propongan cuantas pruebas sean pertinentes para el reconocimiento del mismo.

El procedimiento iniciado se instruirá, aunque los particulares presuntamente lesionados no se personen en el plazo establecido.

57. b) Las circunstancias, conductas o hechos objeto del procedimiento de los que ha tenido conocimiento el órgano que formula la petición. Por otra parte, deberá individualizar la lesión producida en una persona o grupo de personas, su relación de causalidad con el funcionamiento del servicio público, su evaluación económica si fuera posible, y el momento en que la lesión efectivamente se produjo.

Ver respuesta en: Art. 61.1 y 4 de la LPACAP.

Se entiende por "petición razonada", la propuesta de iniciación del procedimiento formulada por cualquier órgano administrativo que "no tiene competencia para iniciar" el mismo y que ha tenido conocimiento de "las circunstancias, conductas o hechos objeto del procedimiento", bien ocasionalmente o bien por tener atribuidas funciones de inspección, averiguación o investigación.

En los procedimientos de responsabilidad patrimonial, la petición deberá individualizar la lesión producida en una persona o grupo de personas, su relación de causalidad con el funcionamiento del servicio público, su evaluación económica si fuera posible, y el momento en que la lesión efectivamente se produjo.

58. d) El documento suscrito por un interesado en el que éste manifiesta, bajo su responsabilidad, que cumple con los requisitos establecidos en la normativa vigente para obtener el reconocimiento de un derecho o facultad o para su ejercicio, que dispone de la documentación que así lo acredita, que la pondrá a disposición de la Administración cuando le sea requerida, y que se compromete a mantener el cumplimiento de las anteriores obligaciones durante el período de tiempo inherente a dicho reconocimiento o ejercicio.

Ver respuesta en: Art. 69.1 de la LPACAP.

A los efectos de la LPACAP, se entenderá por declaración responsable el documento suscrito por un interesado en el que éste manifiesta, bajo su responsabilidad, que cumple con los requisitos establecidos en la normativa vigente para obtener el reconocimiento de un derecho o facultad o para su ejercicio, que dispone de la documentación que así lo acredita, que la pondrá a disposición de la Administración cuando le sea requerida, y que se compromete a mantener el cumplimiento de las anteriores obligaciones durante el período de tiempo inherente a dicho reconocimiento o ejercicio.

Los requisitos citados deberán estar recogidos de manera expresa, clara y precisa en la correspondiente declaración responsable.

Las Administraciones podrán requerir en cualquier momento que se aporte la documentación que acredite el cumplimiento de los mencionados requisitos y el interesado deberá aportarla.

59. d) La información de apoyo contenida en bases de datos informáticas.

Ver respuesta en: Art. 70.2 y 4 de la LPACAP.

Se entiende por expediente administrativo el conjunto ordenado de documentos y actuaciones que sirven de antecedente y fundamento a la resolución administrativa, así como las diligencias encaminadas a ejecutarla.

Los expedientes tendrán formato electrónico y se formarán mediante la agregación ordenada de cuantos documentos, pruebas, dictámenes, informes, acuerdos, notificaciones y demás diligencias deban integrarlos, así como un índice numerado de todos los documentos que contenga cuando se remita. Asimismo, deberá constar en el expediente copia electrónica certificada de la resolución adoptada.

No formará parte del expediente administrativo la información que tenga carácter auxiliar o de apoyo, como la contenida en aplicaciones, ficheros y bases de datos informáticas, notas, borradores, opiniones, resúmenes, comunicaciones e informes internos o entre órganos o entidades administrativas, así como los juicios de valor emitidos por las Administraciones Públicas, salvo que se trate de informes, preceptivos y facultativos, solicitados antes de la resolución administrativa que ponga fin al procedimiento.

60. d) El derecho a reclamar prescribirá al año de producido el acto que manifieste su efecto lesivo.

Ver respuesta en: Art. 67.1 de la LPACAP.

Los interesados solo podrán solicitar el inicio de un procedimiento de responsabilidad patrimonial, cuando no haya prescrito su derecho a reclamar. El derecho a reclamar prescribirá al año de producido el hecho o el acto que motive la indemnización o se manifieste su efecto lesivo. En caso de daños de carácter físico o psíquico a las personas, el plazo empezará a computarse desde la curación o la determinación del alcance de las secuelas.

61. b) A conocer el sentido del silencio administrativo que corresponda, en caso de que la Administración no dicte ni notifique resolución expresa en plazo.

Ver respuesta en: Art. 53.1.a) de la LPACAP.

Los interesados en un procedimiento administrativo tienen, entre otros, los siguientes derechos a conocer: en cualquier momento, el estado de la tramitación de los procedimientos en los que tengan la condición de interesados; el sentido del silencio administrativo que corresponda, en caso de que la Administración no dicte ni notifique resolución expresa en plazo; el órgano competente para su instrucción, en su caso, y resolución; y los actos de trámite dictados.

62. b) El Esquema Nacional de Interoperabilidad y en las correspondientes Normas Técnicas de Interoperabilidad, y se enviará completo, foliado, autentificado y acompañado de un índice, asimismo autentificado, de los documentos que contenga.

Ver respuesta en: Art. 70.3 de la LPACAP.

Cuando en virtud de una norma sea preciso remitir el expediente electrónico, se hará de acuerdo con lo previsto en el Esquema Nacional de Interoperabilidad y en las correspondientes Normas Técnicas de Interoperabilidad, y se enviará completo, foliado, autentificado y acompañado de un índice, asimismo autentificado, de los documentos que contenga. La autenticación del citado índice garantizará la integridad e inmutabilidad del expediente electrónico generado desde el momento de su firma y permitirá su recuperación siempre que sea preciso, siendo admisible que un mismo documento forme parte de distintos expedientes electrónicos.

63. c) De oficio en todos sus trámites y a través de medios electrónicos, respetando los principios de transparencia y publicidad.

Ver respuesta en: Art. 70.1 de la LPACAP.

El procedimiento, sometido al principio de celeridad, se impulsará de oficio en todos sus trámites y a través de medios electrónicos, respetando los principios de transparencia y publicidad.

En el despacho de los expedientes se guardará el orden riguroso de incoación en asuntos de homogénea naturaleza, salvo que por el titular de la unidad administrativa se dé orden motivada en contrario, de la que quede constancia.

64. c) Simplificación administrativa.

Ver respuesta en: Art. 72.1 de la LPACAP.

De acuerdo con el principio de simplificación administrativa se acordarán en un solo acto todos los trámites que, por su naturaleza, admitan un impulso simultáneo y no sea obligado su cumplimiento sucesivo.

65. b) En el plazo de diez días a partir del siguiente al de la notificación del correspondiente acto, salvo en el caso de que en la norma correspondiente se fije plazo distinto.

Ver respuesta en: Art. 73.1 de la LPACAP.

Los trámites que deban ser cumplimentados por los interesados deberán realizarse en el plazo de diez días a partir del siguiente al de la notificación del correspondiente acto, salvo en el caso de que en la norma correspondiente se fije plazo distinto.

66. d) Lo pondrá en conocimiento de su autor, concediéndole un plazo de diez días para cumplimentarlo.

Ver respuesta en: Art. 73.2 de la LPACAP.

En cualquier momento del procedimiento, cuando la Administración considere que alguno de los actos de los interesados no reúne los requisitos necesarios, lo pondrá en conocimiento de su autor, concediéndole un plazo de diez días para cumplimentarlo.

A los interesados que no cumplan con lo dispuesto, se les podrá declarar decaídos en su derecho al trámite correspondiente. No obstante, se admitirá la actuación del interesado y producirá sus efectos legales, si se produjera antes o dentro del día que se notifique la resolución en la que se tenga por transcurrido el plazo.

67. c) No suspenderán la tramitación del mismo, incluso las que se refieran a la nulidad de actuaciones, salvo la recusación.

Ver respuesta en: Art. 74 de la LPACAP.

Las cuestiones incidentales que se susciten en el procedimiento, incluso las que se refieran a la nulidad de actuaciones, no suspenderán la tramitación del mismo, salvo la recusación.

68. a) La integridad e inmutabilidad del expediente electrónico generado desde el momento de su firma y permitirá su recuperación siempre que sea preciso.

Ver respuesta en: Art. 70.3 de la LPACAP.

Cuando en virtud de una norma sea preciso remitir el expediente electrónico, se hará de acuerdo con lo previsto en el Esquema Nacional de Interoperabilidad y en las correspondientes Normas Técnicas de Interoperabilidad, y se enviará completo, foliado, autentificado y acompañado de un índice, asimismo autentificado, de los documentos que contenga. La autenticación del índice del expediente garantizará la integridad e inmutabilidad del expediente electrónico generado desde el momento de su firma y permitirá su recuperación siempre que sea preciso, siendo admisible que un mismo documento forme parte de distintos expedientes electrónicos.

69.c) Todas las respuestas son correctas.

Ver respuesta en: Art. 73.3 de la LPACAP.

Los trámites que deban ser cumplimentados por los interesados deberán realizarse en el plazo de diez días a partir del siguiente al de la notificación del correspondiente acto, salvo en el caso de que en la norma correspondiente se fije plazo distinto.

En cualquier momento del procedimiento, cuando la Administración considere que alguno de los actos de los interesados no reúne los requisitos necesarios, lo pondrá en conocimiento de su autor, concediéndole un plazo de diez días para cumplimentarlo.

A los interesados que no cumplan lo dispuesto en los apartados anteriores, se les podrá declarar decaídos en su derecho al trámite correspondiente. No obstante, se admitirá la actuación del interesado y producirá sus efectos legales, si se produjera antes o dentro del día que se notifique la resolución en la que se tenga por transcurrido el plazo.

70. b) En el plazo de diez días a partir del siguiente al de la notificación del correspondiente acto, salvo en el caso de que en la norma correspondiente se fije plazo distinto.

Ver respuesta en: Art. 73.1 de la LPACAP.

El articulo 73.1 de la LPACAP determina que los trámites que deban ser cumplimentados por los interesados deberán realizarse en el plazo de diez días a partir del siguiente al de la notificación del correspondiente acto, salvo en el caso de que en la norma correspondiente se fije plazo distinto.

71. b) El derecho a reclamar prescribirá al año de producido el hecho o el acto que motive la indemnización.

Ver respuesta en: Art. 67.1 de la LPACAP.

Los interesados sólo podrán solicitar el inicio de un procedimiento de responsabilidad patrimonial, cuando no haya prescrito su derecho a reclamar. El derecho a reclamar prescribirá al año de producido el hecho o el acto que motive la indemnización o se manifieste su efecto lesivo. En caso de daños de carácter físico o psíquico a las personas, el plazo empezará a computarse desde la curación o la determinación del alcance de las secuelas.

72. a) El documento por el que los interesados ponen en conocimiento de la Administración Pública competente sus datos identificativos o cualquier otro dato relevante para el inicio de una actividad o el ejercicio de un derecho.

Ver respuesta en: Art. 69.2 de la LPACAP.

A los efectos de esta Ley, se entenderá por comunicación aquel documento mediante el que los interesados ponen en conocimiento de la Administración Pública competente sus datos identificativos o cualquier otro dato relevante para el inicio de una actividad o el ejercicio de un derecho.

73. a) Al año de haberse notificado la sentencia definitiva.

Ver respuesta en: Art. 67.1 de la LPACAP.

Cuando una solicitud pretenda iniciar un procedimiento de responsabilidad patrimonial, será necesario que el derecho a reclamar de los interesados no haya prescrito.

En cuanto al cómputo de este plazo cabe señalar las siguientes reglas:

- Regla general: prescripción al año de producido el hecho o el acto que motive la indemnización o se manifieste su efecto lesivo.

- Daños de carácter físico o psíquico a las personas: comienza el plazo desde la curación o la determinación de las secuelas.

- Derecho a indemnización por anulación en vía administrativa o contencioso-administrativa de un acto o disposición de carácter general: prescripción al año de la notificación de la resolución administrativa o la sentencia definitiva.

- Cuando la lesión sea consecuencia de la aplicación de una norma con rango de ley declarada inconstitucional (art. 32.4 de La LRJSP) o de una norma declarada contraria al derecho de la Unión Europea (art. 32.5 de la LRJSP): prescripción al año de la publicación en el BOE o en el DOUE, respectivamente, de la sentencia que declare la inconstitucionalidad de la norma o su carácter contrario al derecho de la UE.

74. a) Modelos de declaración responsable y de comunicación.

Ver respuesta en: Art. 69.5 de la LPACAP.

Las Administraciones Públicas tendrán permanentemente publicados y actualizados modelos de declaración responsable y de comunicación, fácilmente accesibles a los interesados.

75.b) Sí, siempre.

Ver respuesta en: Art. 73.1 de la LPACAP.

El artículo 73.1 de la LPACAP determina que los trámites que deban ser cumplimentados por los interesados deberán realizarse en el plazo de diez días a partir del siguiente al de la notificación del correspondiente acto, salvo en el caso de que en la norma correspondiente se fije plazo distinto.

En este sentido, cuando, excepcionalmente, el órgano instructor elabore un Pliego de Cargos, por no existir, en el momento de dictar el acuerdo de iniciación del procedimiento, elementos suficientes para la calificación inicial de los hechos que motivan su incoación, el pliego de cargos incluirá la calificación de los hechos, que deberá ser notificado a los interesados, comprendiendo en todo caso al inculpado (artículo 64.1 de la LPACAP).

Por tanto, en caso de tener que elaborar un el pliego de cargos deberá ser notificado a los interesados (que incluye al inculpado) y por aplicación del artículo 73.1 de la LPACAP y debe concederse n plazo mínimo de diez días para que el interesado pueda contestar y aducir las alegaciones que estime oportunas y aportar los datos, documentos u otros elementos de juicio que considere pertinentes.

76. d) Procedimiento especial de responsabilidad patrimonial.

El título IV de la Ley 39/2015, de 1 de octubre, de disposiciones sobre el procedimiento administrativo común, se estructura en siete capítulos y entre sus principales novedades destaca que los anteriores procedimientos especiales sobre potestad sancionadora y responsabilidad patrimonial que la Ley 30/1992, de 26 de noviembre, regulaba en títulos separados, ahora se han integrado como especialidades del procedimiento administrativo común. Este planteamiento responde a uno de los objetivos que persigue esta Ley, la simplificación de los procedimientos administrativos y su integración como especialidades en el procedimiento administrativo común, contribuyendo así a aumentar la seguridad jurídica. De acuerdo con la sistemática seguida, los principios generales de la potestad sancionadora y de la responsabilidad patrimonial de las Administraciones Públicas, en cuanto que atañen a aspectos más orgánicos que procedimentales, se regulan en la Ley de Régimen Jurídico del Sector Público.

77. c) A las fases de iniciación, ordenación, instrucción y finalización del procedimiento.

El título IV de la Ley 39/2015, de 1 de octubre, de disposiciones sobre el procedimiento administrativo común, se estructura en siete capítulos y entre sus principales novedades destaca la incorporación a las fases de iniciación, ordenación, instrucción y finalización del procedimiento el uso generalizado y obligatorio de medios electrónicos. Igualmente, se incorpora la regulación del expediente administrativo estableciendo su formato electrónico y los documentos que deben integrarlo.

78. d) La tramitación simplificada del procedimiento administrativo común.

El título IV de la Ley 39/2015, de 1 de octubre, de disposiciones sobre el procedimiento administrativo común, se estructura en siete capítulos y como novedad dentro de este título, se incorpora un nuevo Capítulo relativo a la tramitación simplificada del procedimiento administrativo común, donde se establece su ámbito objetivo de aplicación, el plazo máximo de resolución que será de treinta días y los trámites de que constará. Si en un procedimiento fuera necesario realizar cualquier otro trámite adicional, deberá seguirse entonces la tramitación ordinaria.

79. b) La tramitación de urgencia del procedimiento administrativo común.

El título IV de la Ley 39/2015, de 1 de octubre, de disposiciones sobre el procedimiento administrativo común, se estructura en siete capítulos y como novedad dentro de este título, se incorpora un nuevo Capítulo relativo a la tramitación simplificada del procedimiento administrativo común, donde se establece su ámbito objetivo de aplicación, el plazo máximo de resolución que será de treinta días y los trámites de que constará. Si en un procedimiento fuera necesario realizar cualquier otro trámite adicional, deberá seguirse entonces la tramitación ordinaria. Asimismo, cuando en un procedimiento tramitado de manera simplificada fuera preceptiva la emisión del Dictamen del Consejo de Estado, u órgano consultivo equivalente, y éste manifestara un criterio contrario al fondo de la propuesta de resolución, para mayor garantía de los interesados se deberá continuar el procedimiento pero siguiendo la tramitación ordinaria, no ya la abreviada, pudiéndose en este caso realizar otros trámites no previstos en el caso de la tramitación simplificada, como la realización de pruebas a solicitud de los interesados. Todo ello, sin perjuicio de la posibilidad de acordar la tramitación de urgencia del procedimiento en los mismos términos que ya contemplaba la Ley 30/1992, de 26 de noviembre.

80. d) La incorporación de la tramitación de urgencia del procedimiento administrativo común.

El título IV, de disposiciones sobre el procedimiento administrativo común, se estructura en siete capítulos y entre sus principales novedades destaca que los anteriores procedimientos especiales sobre potestad sancionadora y responsabilidad patrimonial que la Ley 30/1992, de 26 de noviembre, regulaba en títulos separados, ahora se han integrado como especialidades del procedimiento administrativo común. Este planteamiento responde a uno de los objetivos que persigue esta Ley, la simplificación de los procedimientos administrativos y su integración como especialidades en el procedimiento administrativo común, contribuyendo así a aumentar la seguridad jurídica. De acuerdo con la sistemática seguida, los principios generales de la potestad sancionadora y de la responsabilidad patrimonial de las Administraciones Públicas, en cuanto que atañen a aspectos más orgánicos que procedimentales, se regulan en la Ley de Régimen Jurídico del Sector Público.

Como novedad dentro de este título, se incorpora un nuevo Capítulo relativo a la tramitación simplificada del procedimiento administrativo común, donde se establece su ámbito objetivo de aplicación, el plazo máximo de resolución que será de treinta días y los trámites de que constará. Si en un procedimiento fuera necesario realizar cualquier otro trámite adicional, deberá seguirse entonces la tramitación ordinaria. Asimismo, cuando en un procedimiento tramitado de manera simplificada fuera preceptiva la emisión del Dictamen del Consejo de Estado, u órgano consultivo equivalente, y éste manifestara un criterio contrario al fondo de la propuesta de resolución, para mayor garantía de los interesados se deberá continuar el procedimiento pero siguiendo la tramitación ordinaria, no ya la abreviada, pudiéndose en este caso realizar otros trámites no previstos en el caso de la tramitación simplificada, como la realización de pruebas a solicitud de los interesados. Todo ello, sin perjuicio de la posibilidad de acordar la tramitación de urgencia del procedimiento en los mismos términos que ya contemplaba la Ley 30/1992, de 26 de noviembre.

81. d) Se realizarán de oficio y a través de medios electrónicos.

En lo relativo a los actos de instrucción, que son aquellos cuya finalidad es conocer y comprobar los datos mediante los cuales se debe pronunciar la resolución, el art. 75.1 de la Ley 39/2015, de 1 de octubre, del procedimiento administrativo común de las administraciones públicas, dispone que los actos de instrucción que sean necesarios para la determinación, conocimiento y comprobación de los hechos en virtud de los cuales deba pronunciarse la resolución, se realizarán de oficio y a través de medios electrónicos.

Por tanto, a través de los actos de instrucción se obtiene la información necesaria para resolver el procedimiento administrativo y siempre se efectuarán de oficio y a través de medios electrónicos.

82. b) Al órgano que tramite el procedimiento administrativo.

En lo relativo a los actos de instrucción, que son aquellos cuya finalidad es conocer y comprobar los datos mediante los cuales se debe pronunciar la resolución, el art. 75.1 de la Ley 39/2015, de 1 de octubre, del procedimiento administrativo común de las administraciones públicas, dispone que los actos de instrucción que sean necesarios para la determinación, conocimiento y comprobación de los hechos en virtud de los cuales deba pronunciarse la resolución, se realizarán de oficio y a través de medios electrónicos por el órgano que tramite el procedimiento, sin perjuicio del derecho de los interesados a proponer aquellas actuaciones que requieran su intervención o constituyan trámites legal o reglamentariamente establecidos.

Efectivamente, los actos de instrucción son aquellos que, una vez se ha iniciado el procedimiento, tiene que llevar a cabo el órgano administrativo que lo tramita para determinar, conocer y comprobar los datos en virtud de los cuales se tenga que pronunciar la resolución.

83. b) Facilitar la publicación de los procedimientos.

En lo relativo a los actos de instrucción, el art. 75.2 de la Ley 39/2015, de 1 de octubre, del procedimiento administrativo común de las administraciones públicas, establece que las aplicaciones y sistemas de información utilizados para la instrucción de los procedimientos deberán garantizar el control de los tiempos y plazos, la identifica-ción de los órganos responsables y la tramitación ordenada de los expedientes, así como facilitar la simplificación y la publicidad de los procedimientos.

Según el Real decreto 311/2022, de 3 de mayo, por el que se regula el Esquema Nacional de Seguridad, un sistema de información es cualquiera de los elementos siguientes:

1º. Las redes de comunicaciones electrónicas[1] que utilice la entidad del ámbito de aplicación de este real decreto sobre las que posea capacidad de gestión.

2º. Todo dispositivo o grupo de dispositivos interconectados o relacionados entre sí, en el que uno o varios de ellos realicen, mediante un programa, el tratamiento automático de datos digitales.

3º. Los datos digitales almacenados, tratados, recuperados o transmitidos median-te los elementos contemplados en los números 1.º y 2.º anteriores, incluidos los necesarios para el funcionamiento, utilización, protección y mantenimiento de dichos elementos.

84. c) En la forma que resulte más conveniente para los interesados.

En lo relativo a los actos de instrucción que requieran la intervención de los interesa-dos, el art. 75.3 de la Ley 39/2015, de 1 de octubre, del procedimiento administrativo común de las administraciones públicas, establece que habrán de practicarse en la forma que resulte más conveniente para ellos. Efectivamente, las personas interesa-das tienen derecho, con carácter general, a intervenir en aquellos actos de instrucción en los que su naturaleza lo permita.

Cabe apuntar aquí el derecho reconocido por el art. 53.1.g) de la referida norma cuando reconoce el derecho de los interesados en un procedimiento administrati-vo a actuar asistidos de asesor cuando lo consideren conveniente en defensa de sus intereses.

85. a) Sí, en la medida de lo posible.

Las personas interesadas tienen derecho a proponer los actos de instrucción o las actuaciones que requieran su intervención o constituyan trámites establecidos legal o reglamentariamente.

---

1   Los sistemas de transmisión y, cuando proceda, los equipos de conmutación o encaminamien-to y demás recursos, incluidos los elementos que no son activos que permitan el transporte de señales mediante cables, ondas hertzianas, medios ópticos u otros medios electromagnéticos con inclusión de las redes de satélites, redes terrestres fijas (de conmutación de circuitos y de paquetes, incluida Internet) y móviles, sistemas de tendido eléctrico, en la medida en que se utilicen para la transmisión de señales, redes utilizadas para la radiodifusión sonora y televisiva y redes de televisión por cable, con independencia del tipo de información transportada (Ley 9/2014, de 9 de mayo, de telecomunicaciones).

La Ley 39/2015, de 1 de octubre, del procedimiento administrativo común de las administraciones públicas, fija unas normas comunes sobre cómo las administraciones públicas tienen que permitir la actuación o la participación de las personas interesadas en los actos de instrucción que requieran su intervención.

En este sentido, respecto los actos de instrucción que requieran la intervención de los interesados, el art. 75.3 de la referida norma, establece que habrán de practicarse en la forma que resulte más conveniente para ellos y sea compatible, en la medida de lo posible, con sus obligaciones laborales o profesionales.

86. d) Contradicción e igualdad.

Efectivamente, el art. 75.4 de la Ley 39/2015, de 1 de octubre, del procedimiento administrativo común de las administraciones públicas, determina que el órgano instructor adoptará las medidas necesarias para lograr el pleno respeto a los principios de contradicción y de igualdad de los interesados en el procedimiento.

Siguiendo a García de Enterría, el principio de contradicción es un principio procedimental que significa que el órgano competente dicta la resolución que pone fin al procedimiento administrativo, no únicamente sobre la base de sus informes, sino también analizando el resultado de la audiencia, de las alegaciones y de las pruebas propuestas por los interesados.

87. d) En cualquier momento del procedimiento anterior al trámite de audiencia.

En lo que respecta al derecho de los interesados a aducir alegaciones y aportar documentos u otros elementos de juicio al procedimiento administrativo, el art. 76.1 de la Ley 39/2015, de 1 de octubre, del procedimiento administrativo común de las administraciones públicas, prevé que lo podrán hacer en cualquier momento del procedimiento anterior al trámite de audiencia. Este trámite, desarrollado en el art. 82 de la referida norma, es la fase de instrucción del procedimiento inmediatamente anterior a la redacción de la propuesta de resolución, en el que se pone a disposición de todas las personas interesadas el expediente completo o el procedimiento ya instruido, con la finalidad de que éstas o quienes ejerzan su representación, lo puedan consultar y alegar y presentar todos aquellos documentos y justificaciones que consideren oportunos.

Las alegaciones, los documentos y los otros elementos de juicio que presenten las personas interesadas en cualquier momento del procedimiento anterior al trámite de audiencia serán tenidos en cuenta por el órgano competente al redactar la correspondiente propuesta de resolución (art. 76.1.2º LPACAP).

88. b) Posibilitan la participación de los interesados en el procedimiento administrativo.

Según establece el art. 75.1 de la Ley 39/2015, de 1 de octubre, del procedimiento administrativo común de las administraciones públicas, los actos de instrucción necesarios para la determinación, conocimiento y comprobación de los hechos en virtud de los cuales deba pronunciarse la resolución, se realizarán de oficio y a través de medios electrónicos, por el órgano que tramite el procedimiento, sin perjuicio del derecho de los interesados a proponer aquellas actuaciones que requieran su intervención o constituyan trámites legal o reglamentariamente establecidos.

Los actos de instrucción pueden tener dos finalidades, pueden ser actos o actividades cuyo objetivo es aportar datos (alegaciones, audiencia pública, información pública), o bien pueden ser actos o actividades cuya finalidad es acreditar la exactitud o la inexactitud de estos datos (prueba e informes).

89. a) En todo momento.

En lo que respecta al derecho de los interesados a alegar los defectos de tramitación y, en especial, los que supongan paralización, infracción de los plazos preceptivamente señalados o la omisión de trámites que pueden ser subsanados antes de la resolución definitiva del asunto, el art. 76.2 de la Ley 39/2015, de 1 de octubre, del procedimiento administrativo común de las administraciones públicas, prevé que lo podrán hacer en todo momento.

Las alegaciones referidas en el párrafo anterior podrán dar lugar, si hubiese razones para ello, a la exigencia de la correspondiente responsabilidad disciplinaria.

Los funcionarios públicos y el personal laboral quedan sujetos al régimen disciplinario establecido en el Título VII del Real decreto legislativo 5/2015, de 30 de octubre, por el que se aprueba el texto refundido de la Ley del Estatuto Básico del Empleado Público, y en las normas que las leyes de Función Pública dicten en desarrollo del mismo.

90. c) Podrán dar lugar, si hubiese razones para ello, a la exigencia de la correspondiente responsabilidad disciplinaria.

En lo que respecta al derecho de los interesados a alegar los defectos de tramitación y, en especial, los que supongan paralización, infracción de los plazos preceptivamente señalados o la omisión de trámites que pueden ser subsanados antes de la resolución definitiva del asunto, el art. 76.2 de la Ley 39/2015, de 1 de octubre, del procedimiento administrativo común de las administraciones públicas, prevé que dichas alegaciones podrán dar lugar, si hubiere razones para ello, a la exigencia de la correspondiente responsabilidad disciplinaria.

El art. 94.1 del Real decreto legislativo 5/2015, de 30 de octubre, por el que se aprueba el texto refundido de la Ley del Estatuto Básico del Empleado Público, atribuye la potestad a las Administraciones Públicas para corregir disciplinariamente las infracciones del personal a su servicio, cometidas en el ejercicio de sus funciones y cargos.

91. c) La prueba.

Los actos de instrucción son aquellos cuya finalidad es conocer y comprobar los datos mediante los cuales se debe pronunciar la resolución. Es a través de los mismos cómo se obtiene la información necesaria para resolver el procedimiento administrativo.

La prueba es una modalidad de acto de instrucción cuya finalidad es demostrar la veracidad o falsedad de los datos, hechos y documentos en virtud de los cuales se vaya a pronunciar la resolución que ponga fin al procedimiento. Los medios, período y práctica de prueba se desarrollan en los artículos 77 y 78 de la Ley 39/2015, de 1 de octubre, del procedimiento administrativo común de las administraciones públicas.

92. c) La Ley 1/2000, de 7 de enero de Enjuiciamiento Civil.

Los hechos relevantes para la decisión de un procedimiento podrán acreditarse por cualquier medio de prueba admisible en Derecho, cuya valoración se realizará de acuerdo con los criterios establecidos en la Ley 1/2000, de 7 de enero, de Enjuiciamiento Civil (LEC).

La Ley 39/2015, de 1 de octubre, del procedimiento administrativo común de las administraciones públicas no regula, por tanto, los medios de prueba sino que establece que en la fase de prueba del procedimiento administrativo se puede utilizar cualquier medio de prueba admisible en derecho, cuya determinación viene establecida en el art. 299 de la Ley de Enjuiciamiento Civil.

93. c) Reconocimiento administrativo.

Los hechos relevantes para la decisión de un procedimiento podrán acreditarse por cualquier medio de prueba admisible en Derecho, cuya valoración se realizará de acuerdo con los criterios establecidos en la Ley 1/2000, de 7 de enero, de Enjuiciamiento Civil (LEC).

El art. 299.1 de la LEC enumera como medios de prueba los siguientes:

- Interrogatorio de las partes.
- Documentos públicos.
- Documentos privados.
- Dictamen de peritos.
- Reconocimiento judicial.
- Interrogatorio de testigos.

También se admitirán, conforme a lo dispuesto en la LEC, los medios de reproducción de la palabra, el sonido y la imagen, así como los instrumentos que permiten archivar y conocer o reproducir palabras, datos, cifras y operaciones matemáticas llevadas a cabo con fines contables o de otra clase, relevantes para el proceso.

Cuando por cualquier otro medio no expresamente previsto en los apartados anteriores pudiera obtenerse certeza sobre hechos relevantes, la Administración, a instancia de parte, lo admitirá como prueba, adoptando las medidas que en cada caso resulten necesarias.

94. b) Cuando así lo exija la naturaleza del procedimiento.

Cuando la Administración no tenga por ciertos los hechos alegados por los interesados o la naturaleza del procedimiento lo exija, el instructor del mismo acordará la apertura de un período de prueba a fin de que puedan practicarse cuantas juzgue pertinentes. Asimismo, cuando lo considere necesario, el instructor, a petición de los interesados, podrá decidir la apertura de un período extraordinario de prueba.

Según establece el art. 77.2 de la Ley 39/2015, de 1 de octubre, del procedimiento administrativo común de las administraciones públicas, el órgano instructor acordará la apertura de un período de prueba, en relación con los hechos en los que concurran las siguientes circunstancias:

1. Que se trate de hechos que sean relevantes para la decisión.

2. Que la Administración no dé por ciertos los hechos alegados por las personas interesadas.

3. Que la naturaleza del procedimiento administrativo así lo exija.

95. a) 10 días.

Según lo dispuesto en el art. 77.2 de la Ley 39/2015, de 1 de octubre, del procedimiento administrativo común de las administraciones públicas, cuando la Administración no tenga por ciertos los hechos alegados por los interesados o la naturaleza del procedimiento lo exija, el instructor del mismo acordará la apertura de un período de prueba por un plazo no superior a treinta días ni inferior a diez, a fin de que puedan practicarse cuantas juzgue pertinentes.

Asimismo, cuando lo considere necesario, el instructor, a petición de los interesados, podrá decidir la apertura de un período extraordinario de prueba por un plazo no superior a diez días.

96. a) 10 días.

Según lo dispuesto en el art. 77.2 de la Ley 39/2015, de 1 de octubre, del procedimiento administrativo común de las administraciones públicas, cuando la Administración no tenga por ciertos los hechos alegados por los interesados o la naturaleza del procedimiento lo exija, el instructor del mismo acordará la apertura de un período de prueba por un plazo no superior a treinta días ni inferior a diez, a fin de que puedan practicarse cuantas juzgue pertinentes.

Asimismo, cuando lo considere necesario, el instructor, a petición de los interesados, podrá decidir la apertura de un período extraordinario de prueba por un plazo no superior a diez días.

97. d) No, salvo que sean manifiestamente improcedentes o innecesarias, mediante resolución motivada.

Según lo dispuesto en el art. 77.3 de la Ley 39/2015, de 1 de octubre, del procedimiento administrativo común de las administraciones públicas, el instructor del procedimiento sólo podrá rechazar las pruebas propuestas por los interesados cuando sean manifiestamente improcedentes o innecesarias, mediante resolución motivada.

Cuando el interesado alegue discriminación y aporte indicios fundados sobre su existencia, corresponderá a la persona a quien se impute la situación discriminatoria la aportación de una justificación objetiva y razonable, suficientemente probada, de las medidas adoptadas y de su proporcionalidad. Esta regulación fue incorporada con la aprobación de la Ley 15/2022, de 12 de julio, integral para la igualdad de trato y la no discriminación.

98. b) Sí, entendiendo que tienen carácter preceptivo.

Efectivamente, la Ley 39/2015, de 1 de octubre, del procedimiento administrativo común de las administraciones públicas, se refiere a los informes como un medio de prueba y en su artículo 77.6 establece que cuando la prueba consista en la emisión de un informe de un órgano administrativo, organismo público o Entidad de derecho público, se entenderá que éste tiene carácter preceptivo.

La finalidad de los informes es proporcionar a los órganos administrativos asesoramiento, datos, valoraciones y opiniones necesarios para la toma de decisiones. Los informes se califican como preceptivos cuando es obligatorio solicitarlos porque así lo exige una norma.

99. a) En todo caso, antes del trámite de audiencia pública.

La Ley 39/2015, de 1 de octubre, del procedimiento administrativo común de las administraciones públicas, no fija un momento concreto para la apertura del período de prueba. No obstante, en todo caso, se deberá acordar la apertura del período y practicar las correspondientes pruebas, antes del trámite de audiencia.

El art. 77.2 de la LPACAP establece que el período de prueba lo fijará el órgano instructor por un plazo no superior a treinta días ni inferior a diez. Además, cuando lo considere necesario, a petición de las personas interesadas, el órgano instructor puede acordar la apertura de un período extraordinario de prueba por un plazo no superior a diez días.

Las personas interesadas, dentro del plazo que les conceda el órgano instructor, pueden proponer aquellas pruebas que consideren idóneas para demostrar la veracidad o no de los hechos relevantes para la resolución del procedimiento administrativo.

100. b) Sí, la Administración comunicará a las personas interesadas, con antelación suficiente, el inicio de las actuaciones necesarias para la realización de las pruebas que hayan sido admitidas.

Tanto si la prueba se ha acordado a instancia de parte como si se ha acordado de oficio, las personas interesadas tienen derecho a intervenir en la práctica de las pruebas que por su naturaleza requieran alguna actuación.

Para garantizar este derecho de intervención, el art. 78.1 de la Ley 39/2015, de 1 de octubre, del procedimiento administrativo común de las administraciones públicas, obliga al órgano instructor a comunicar a las personas interesadas, con antelación suficiente, el inicio de las actuaciones necesarias para la realización de las pruebas que hayan sido admitidas.

En la notificación se consignará el lugar, fecha y hora en que se practicará la prueba, con la advertencia, en su caso, de que el interesado puede nombrar técnicos para que le asistan, en ejercicio de su derecho consignado en el art. 53.1 g) de la LPACAP.

101. b) Si ha producido indefensión, se puede declarar su anulabilidad.

En relación con la práctica de prueba, la Ley 39/2015, de 1 de octubre, del procedimiento administrativo común de las administraciones públicas, dispone que la Administración comunicará a los interesados, con antelación suficiente, el inicio de las actuaciones necesarias para la realización de las pruebas que hayan sido admitidas. En la notificación se consignará el lugar, fecha y hora en que se practicará la prueba, con la advertencia, en su caso, de que el interesado puede nombrar técnicos para que le asistan (art. 78.1 y 78.2).

La falta de la referida comunicación a la persona interesada puede invalidar el trámite de prueba si se ha producido indefensión, siguiendo las reglas de anulabilidad establecidas en el art. 48 de la LPACAP.

102. b) La persona interesada cuando las pruebas hayan sido admitidas a petición del interesado y la Administración entienda que no debe soportar el coste de su práctica.

En relación con la práctica de prueba, la Ley 39/2015, de 1 de octubre, del procedimiento administrativo común de las administraciones públicas, establece que en los casos en que, a petición del interesado, deban efectuarse pruebas cuya realización implique gastos que no deba soportar la Administración, ésta podrá exigir el anticipo de los mismos, a reserva de la liquidación definitiva, una vez practicada la prueba.

La liquidación de los gastos se practicará uniendo los comprobantes que acrediten la realidad y cuantía de los mismos (art. 78.3 LPACAP).

103. a) Preceptivos.

En lo relativo a la petición de informes y a efectos de la resolución del procedimiento, siguiendo los principios de economía, celeridad y eficacia, el artículo 79.1 de la Ley 39/2015, de 1 de octubre, del procedimiento administrativo común de las administraciones públicas, dispone que se solicitarán aquellos informes que sean preceptivos por las disposiciones legales, citándose el precepto que los exija.

La norma referida también prevé la solicitud de aquellos informes que se juzguen necesarios para resolver, fundamentando, en este caso, la conveniencia de reclamarlos.

En la petición de informe se concretará el extremo o extremos acerca de los que se solicita (art. 79.2 LPACAP).

104. d) Por disposición del art. 80.1 de la Ley 39/2015, de 1 de octubre.

En lo relativo a la emisión de informes y salvo disposición expresa en contrario, el art. 80.1 de la Ley 39/2015, de 1 de octubre, del procedimiento administrativo común de las administraciones públicas, establece que los informes serán facultativos y no vinculantes.

Los informes son documentos que recogen las opiniones que emiten organismos, autoridades o funcionarios especializados en determinados ámbitos, en relación con aspectos de la cuestión contenciosa que les ha consultado el órgano instructor del procedimiento administrativo. En consecuencia, los informes los emiten órganos o cargos diferentes de los que aprobarán la propuesta de resolución o resolución definitiva del procedimiento que se está instruyendo.

La finalidad de los informes es proporcionar al órgano competente los elementos de juicio necesarios para garantizar una resolución óptima.

105. c) Vinculante.

Los informes proporcionan al órgano competente los elementos de juicio necesarios para la resolución del procedimiento. Su finalidad es proporcionar a los órganos administrativos asesoramiento, datos, valoraciones y opiniones necesarios para la toma de decisiones.

Por la obligación de solicitarlos, se distinguen los informes preceptivos de los informes facultativos. En los primeros es obligatoria su solicitud porque así está establecido en un precepto jurídico.

Por la vinculación con su contenido, se distinguen los informes vinculantes de los no vinculantes. Cuando el informe obliga al órgano administrativo a resolver teniendo en cuenta su contenido, se trata de un informe vinculante.

Salvo disposición expresa en contrario, el art. 80.1 de la Ley 39/2015, de 1 de octubre, del procedimiento administrativo común de las administraciones públicas, establece que los informes serán facultativos y no vinculantes.

106. d) Documentos públicos administrativos.

Los informes serán emitidos a través de medios electrónicos y de acuerdo con los requisitos que señala el artículo 26 de la Ley 39/2015, de 1 de octubre, del procedimiento administrativo común de las administraciones públicas (art. 80.2).

Un informe es un documento público administrativo válidamente emitido por un órgano de la Administración Pública. El art. 26.2 de la citada norma recoge los requisitos de validez de los documentos electrónicos administrativos, enumerando los siguientes:

a) Contener información de cualquier naturaleza archivada en un soporte electrónico según un formato determinado susceptible de identificación y tratamiento diferenciado.

b) Disponer de los datos de identificación que permitan su individualización, sin perjuicio de su posible incorporación a un expediente electrónico.

c) Incorporar una referencia temporal del momento en que han sido emitidos.

d) Incorporar los metadatos mínimos exigidos.

e) Incorporar las firmas electrónicas que correspondan de acuerdo con lo previsto en la normativa aplicable.

107. b) No, si una disposición exige otro plazo mayor o menor.

Según establece el art. 80.2 de la Ley 39/2015, de 1 de octubre, del procedimiento administrativo común de las administraciones públicas, los informes serán emitidos en el plazo de diez días, salvo que una disposición o el cumplimiento del resto de los plazos del procedimiento permita o exija otro plazo mayor o menor.

Para el cómputo de dicho plazo, se aplica la regla contenida en el art. 30.2 de la referida norma, estableciendo que, cuando los plazos se señalen por días, se entiende que éstos son hábiles, excluyéndose del cómputo los sábados, los domingos y los declarados festivos.

108. d) Se podrá suspender el transcurso del plazo máximo legal para resolver el procedimiento si se trata de un informe preceptivo.

Según establece el art. 80.2 de la Ley 39/2015, de 1 de octubre, del procedimiento administrativo común de las administraciones públicas, los informes serán emitidos en el plazo de diez días, salvo que una disposición o el cumplimiento del resto de los plazos del procedimiento permita o exija otro plazo mayor o menor.

Si una vez transcurrido el plazo aplicable no se ha emitido el informe y sin perjuicio de la responsabilidad disciplinaria en qué pueda incurrir la persona responsable de la demora, se podrán proseguir las actuaciones excepto si se trata de un informe preceptivo, es decir, cuando es obligatoria su solicitud porque así está establecido en un precepto jurídico. En este caso, se podrá suspender el transcurso del plazo máximo legal para resolver el procedimiento por el tiempo que transcurra entre la petición del informe, que se comunicará a las personas interesadas, y la recepción del mismo, que también se les deberá comunicar (art. 22.1.d) LPACAP).

109. d) Tres meses.

En aplicación del art. 22.1 d) de la Ley 39/2015, de 1 de octubre, del procedimiento administrativo común de las administraciones públicas, el transcurso del plazo máximo legal para resolver un procedimiento y notificar la resolución se podrá suspender cuando se soliciten informes preceptivos a un órgano de la misma o distinta Administración, por el tiempo que medie entre la petición, que deberá comunicarse a los interesados, y la recepción del informe, que igualmente deberá ser comunicada a los mismos. Este plazo de suspensión no podrá exceder en ningún caso de tres meses. En caso de no recibirse el informe en el plazo indicado, proseguirá el procedimiento.

Efectivamente, el art. 80.3 LPACAP dispone que de no emitirse el informe en el plazo señalado, tratándose de un informe preceptivo, se podrá suspender el transcurso del plazo máximo legal para resolver el procedimiento en los términos establecidos en la letra d) del apartado 1 del art. 22 de la referida norma.

110. a) Se podrán proseguir las actuaciones.

Según dispone el art. 80.4 de la Ley 39/2015, de 1 de octubre, del procedimiento administrativo común de las administraciones públicas, si el informe debiera ser emitido por una Administración Pública distinta de la que tramita el procedimiento en orden a expresar el punto de vista correspondiente a sus competencias respectivas, y transcurriera el plazo sin que aquél se hubiera emitido, se podrán proseguir las actuaciones.

El informe emitido fuera de plazo podrá no ser tenido en cuenta al adoptar la correspondiente resolución.

111. d) Ninguna de las respuestas anteriores es correcta.

Los particulares tendrán derecho a ser indemnizados por las Administraciones Públicas correspondientes, de toda lesión que sufran en cualquiera de sus bienes y derechos, siempre que la lesión sea consecuencia del funcionamiento normal o anormal de los servicios públicos salvo en los casos de fuerza mayor o de daños que el particular tenga el deber jurídico de soportar de acuerdo con la Ley (art. 32.1.1º Ley 40/2015, de 1 octubre, de régimen jurídico del sector público).

En estos casos de responsabilidad patrimonial será preceptivo solicitar informe al servicio cuyo funcionamiento haya ocasionado la presunta lesión indemnizable. Además, en aplicación del art. 81.2 de la Ley 39/2015, de 1 de octubre, del procedimiento administrativo común de las administraciones públicas, cuando las indemnizaciones reclamadas sean de cuantía igual o superior a 50.000 euros o a la que se establezca en la correspondiente legislación autonómica será preceptivo solicitar dictamen del Consejo de Estado o, en su caso, del órgano consultivo de la Comunidad Autónoma.

112. c) El Consejo de Estado.

Según dispone el art. 81.2 de la Ley 39/2015, de 1 de octubre, del procedimiento administrativo común de las administraciones públicas, cuando las indemnizaciones reclamadas sean de cuantía igual o superior a 50.000 euros o a la que se establezca en la correspondiente legislación autonómica será preceptivo solicitar dictamen del Consejo de Estado o, en su caso, del órgano consultivo de la Comunidad Autónoma.

La Ley orgánica 3/1980, de 22 de abril, configura al Consejo de Estado como el órgano consultivo del Gobierno. El art. 22.Trece de esta norma atribuye a su Comisión Permanente la función de ser consultada en el caso de reclamaciones que, en concepto de indemnización por daños y perjuicios, se formulen a la Administración General del Estado en los supuestos establecidos por las leyes.

113. b) En dos meses.

En aplicación del art. 81.2 de la Ley 39/2015, de 1 de octubre, del procedimiento administrativo común de las administraciones públicas, cuando las indemnizaciones reclamadas sean de cuantía igual o superior a 50.000 euros o a la que se establezca en la correspondiente legislación autonómica será preceptivo solicitar dictamen del Consejo de Estado o, en su caso, del órgano consultivo de la Comunidad Autónoma.

A estos efectos, el órgano instructor, en el plazo de diez días a contar desde la finalización del trámite de audiencia, remitirá al órgano competente para solicitar el dictamen una propuesta de resolución, o, en su caso, la propuesta de acuerdo por el que se podría terminar convencionalmente el procedimiento.

El dictamen se emitirá en el plazo de dos meses y deberá pronunciarse sobre la existencia o no de relación de causalidad entre el funcionamiento del servicio público y la lesión producida y, en su caso, sobre la valoración del daño causado y la cuantía y modo de la indemnización de acuerdo con los criterios establecidos en la LPACAP.

114. c) Las previstas en la Ley 19/2013, de 9 de diciembre.

El trámite de audiencia es la fase de instrucción del procedimiento inmediatamente anterior a la redacción de la propuesta de resolución.

En este trámite la Administración pone a disposición de todas las personas interesadas la totalidad del expediente o del procedimiento ya instruido, con la finalidad de que éstas o quienes les representen, tengan derecho a consultarlo y a alegar y presentar los documentos y justificaciones que consideren oportunos. Únicamente se puede negar el derecho de acceso y consulta de la documentación que obra en el expediente en el caso que concurra alguno de los supuestos que recoge y regula la legislación sobre transparencia y acceso a la información pública.

En este sentido, el art. 82.1.1º de la Ley 39/2015, de 1 de octubre, del procedimiento administrativo común de las administraciones públicas, establece que, instruidos los procedimientos, e inmediatamente antes de redactar la propuesta de resolución, se pondrán de manifiesto a los interesados o, en su caso, a sus representantes, para lo que se tendrán en cuenta las limitaciones previstas en su caso en la Ley 19/2013, de 9 de diciembre, de transparencia, acceso a la información pública y buen gobierno.

115. a) La audiencia a las personas interesadas será anterior a la solicitud del informe.

El art. 105.c) de la Constitución Española de 1978 atribuye a la ley que regula el procedimiento administrativo la obligación de garantizar, cuando sea procedente, la audiencia de la persona interesada. Así lo recoge el art. 82.1 de la Ley 39/2015, de 1 de octubre, del procedimiento administrativo común de las administraciones públicas, reconociendo a los interesados su derecho a alegar y presentar los documentos y justificaciones que estimen pertinentes.

También establece el referido precepto de la Ley que la audiencia a los interesados será anterior a la solicitud del informe del órgano competente para el asesoramiento jurídico o a la solicitud del Dictamen del Consejo de Estado u órgano consultivo equivalente de la Comunidad Autónoma, en el caso que éstos formaran parte del procedimiento.

116. b) No, si antes del vencimiento del plazo las personas interesadas manifiestan su decisión de no efectuar alegaciones ni aportar nuevos documentos o justificaciones, se tendrá por realizado el trámite.

Instruidos los procedimientos, e inmediatamente antes de redactar la propuesta de resolución, las personas interesadas, en un plazo no inferior a diez días ni superior a quince, podrán alegar y presentar los documentos y justificaciones que estimen pertinentes.

El art. 82.3 de la Ley 39/2015, de 1 de octubre, del procedimiento administrativo común de las administraciones públicas, se establece que, en el caso que, antes del vencimiento del plazo indicado las personas interesadas manifiesten su decisión de no efectuar alegaciones ni aportar nuevos documentos o justificaciones, se tendrá por realizado el trámite.

117. c) Sí, en determinados casos.

El trámite de audiencia es acordado por el órgano instructor de cualquier procedimiento administrativo. Excepcionalmente, y según lo establecido en el art. 82.4 de la Ley 39/2015, de 1 de octubre, del procedimiento administrativo común de las administraciones públicas, se podrá prescindir del mismo cuando no figuren en el procedimiento ni sean tenidos en cuenta en la resolución otros hechos ni otras alegaciones y pruebas que las aducidas por el interesado.

En cualquier caso la audiencia se concederá una vez se haya instruido el procedimiento e inmediatamente antes de redactar la propuesta de resolución (art. 84.1 LPACAP).

118. c) Nulas.

Cuando el órgano instructor del procedimiento omita el trámite de audiencia siendo éste preceptivo, según lo establecido en el art. 84 de la Ley 39/2015, de 1 de octubre, del procedimiento administrativo común de las administraciones públicas, el efecto es la nulidad de actuaciones.

No obstante, la doctrina del Tribunal Supremo y del Tribunal Constitucional matiza el efecto descrito, declarando que la nulidad de actuaciones por el incumplimiento del trámite de audiencia únicamente se producirá cuando se haya ocasionado una indefensión efectiva a la persona interesada.

119. d) Información pública.

El trámite de información pública recogido en el art. 85 de la Ley 39/2015, de 1 de octubre, del procedimiento administrativo común de las administraciones públicas, es un acto de audiencia indiscriminada porque los sujetos destinatarios no son exclusivamente las personas interesadas, sino que se dirige a cualquier persona física o jurídica.

Efectivamente, el trámite de información pública se dirige a un grupo indeterminado de personas e intereses y constituye un medio de participación de la ciudadanía en los procedimientos administrativos.

120. d) Ninguna de las respuestas anteriores es correcta.

Para implementar el trámite de información pública recogido en el art. 85 de la Ley 39/2015, de 1 de octubre, del procedimiento administrativo común de las administraciones públicas, se publicará un anuncio en el Diario oficial correspondiente a fin de que cualquier persona física o jurídica pueda examinar el expediente, o la parte del mismo que se acuerde.

El anuncio referido señalará el lugar de exhibición, debiendo estar en todo caso a disposición de las personas que lo soliciten a través de medios electrónicos en la sede electrónica correspondiente, y determinará el plazo para formular alegaciones, que en ningún caso podrá ser inferior a veinte días.

Según lo anterior, la LPACAP únicamente fija un plazo mínimo para realizar el trámite, dejando a la discrecionalidad del órgano competente la determinación de su duración máxima.

121. d) Al órgano al que corresponda la resolución del procedimiento.

Según indica el art. 83.1 de la Ley 39/2015, de 1 de octubre, del procedimiento administrativo común de las administraciones públicas, el órgano al que corresponda la resolución del procedimiento, cuando la naturaleza de éste lo requiera, podrá acordar un período de información pública.

Durante el trámite de información pública, cualquier persona física o jurídica puede examinar el expediente, o la parte del mismo que se acuerde, excepto los datos excluidos del derecho de acceso, según establece la Ley 19/2013, de 9 de diciembre, de transparencia, acceso a la información pública y buen gobierno.

Las alegaciones formuladas se integrarán en el expediente administrativo y serán valoradas por el órgano competente, pudiendo incorporarse a la resolución del procedimiento.

122. c) Podrá ser impugnada por las personas interesadas.

La comparecencia en el trámite de información pública no otorga, por sí misma, la condición de interesado, por lo tanto, únicamente éstos podrán interponer los recursos procedentes contra la resolución definitiva del procedimiento.

Así lo establece el art. 83.3 de la Ley 39/2015, de 1 de octubre, del procedimiento administrativo común de las administraciones públicas, determinando que la incomparecencia en este trámite no impedirá a los interesados interponer los recursos procedentes contra la resolución definitiva del procedimiento.

Las personas que formulen alegaciones durante este trámite tienen derecho a obtener de la Administración una respuesta razonada, que puede ser común para todas aquellas alegaciones que planteen cuestiones sustancialmente iguales (art. 83.3.2º LPACAP).

123. d) Podrá interponer los recursos procedentes contra la resolución definitiva del procedimiento.

En relación con el concepto de interesado en el procedimiento administrativo, el art. 4.1.c) de la Ley 39/2015, de 1 de octubre, del procedimiento administrativo común de las administraciones públicas, establece que se consideran interesados en el mismo aquellos cuyos intereses legítimos, individuales o colectivos, puedan resultar afectados por la resolución y se personen en el procedimiento en tanto no haya recaído resolución definitiva.

Según lo anterior, aunque la simple comparecencia en el trámite de información pública no otorga la condición de persona interesada, cuando la persona acredite un interés legítimo, individual o colectivo, aunque comparezca por primera vez en el procedimiento en este trámite, tendrá la condición de persona interesada a todos los efectos, con la consecuente obligación por parte de la Administración de notificarle la resolución que se dicte y pudiendo interponer los recursos que sean procedentes contra la resolución definitiva del procedimiento (art. 83.3 LPACAP).

124. b) Puede dar lugar a un supuesto de invalidez, si de la omisión se deriva algún tipo de indefensión.

El trámite de información pública se lleva a cabo cuando el órgano competente para la resolución del procedimiento administrativo lo acuerda porque así lo aconseja la naturaleza del mismo, o bien porque su norma sectorial reguladora lo exige preceptivamente (art. 83.1 LPACAP).

En el caso de procedimientos en los que una norma sectorial define el trámite de información pública como preceptivo, la omisión del mismo puede dar lugar a un supuesto de invalidez, según lo establecido en el art. 48.2 de la Ley 39/2015, de 1 de octubre, del procedimiento administrativo común de las administraciones públicas, siempre que de esta omisión se derive algún tipo de indefensión.

125. d) La renuncia a un derecho fundamental en que esté fundada una solicitud.

En relación con la terminación del procedimiento, el art. 84 de la Ley 39/2015, de 1 de octubre, del procedimiento administrativo común de las administraciones públicas, dispone que pondrán fin al mismo la resolución, el desistimiento, la renuncia al derecho en que se funde la solicitud, cuando tal renuncia no esté prohibida por el ordenamiento jurídico (como es el caso de los derechos fundamentales y las libertades públicas recogidos en la sección 1ª del capítulo II del título I de la Norma Fundamental), y la declaración de caducidad.

También producirá la terminación del procedimiento la imposibilidad material de continuarlo por causas sobrevenidas.

126. c) La resolución.

El artículo 84 de la Ley 39/2015, de 1 de octubre, del procedimiento administrativo común de las administraciones públicas, establece que pondrán fin al procedimiento la resolución, el desistimiento, la renuncia al derecho en que se funde la solicitud, cuando tal renuncia no esté prohibida por el ordenamiento jurídico, y la declaración de caducidad. También producirá la terminación del procedimiento la imposibilidad material de continuarlo por causas sobrevenidas. La resolución que se dicte deberá ser motivada en todo caso.

El precepto referido contiene una doble acepción del término resolución. Por un lado, la que se refiere al acto administrativo que contiene la decisión sobre el fondo del asunto, es decir, la que se pronuncia sobre todas las cuestiones planteadas (la resolución) y, por el otro, la que hace referencia al acto administrativo que pone fin al procedimiento, pero que no contiene el pronunciamiento sobre el fondo (el desistimiento, la renuncia, la caducidad y la imposibilidad material de continuar la tramitación).

127. b) Se podrán insertar en los procedimientos administrativos con carácter previo, vinculante o no, a la resolución que les ponga fin.

El procedimiento administrativo puede finalizar mediante acuerdo, pacto, convenio o contrato con personas de derecho público o privado.

En este sentido se pronuncia el art. 86.1 de la Ley 39/2015, de 1 de octubre, del procedimiento administrativo común de las administraciones públicas, cuando establece que las Administraciones Públicas podrán celebrar acuerdos, pactos, convenios o contratos con personas tanto de Derecho público como privado, siempre que no sean contrarios al ordenamiento jurídico ni versen sobre materias no susceptibles de transacción y tengan por objeto satisfacer el interés público que tienen encomendado, con el alcance, efectos y régimen jurídico específico que, en su caso, prevea la disposición que lo regule, pudiendo tales actos tener la consideración de finalizadores de los procedimientos administrativos o insertarse en los mismos con carácter previo, vinculante o no, a la resolución que les ponga fin.

128. d) Se deberá publicar o no según su naturaleza y las personas destinatarias.

Aunque es habitual que el órgano competente para dictar resolución decida unilateralmente el contenido de este acto, en determinadas condiciones lo puede pactar. Es el caso de la terminación convencional, que exime al órgano competente de dictar una resolución expresa.

Los instrumentos de terminación convencional, que se materializarán en acuerdos, pactos, convenios o contratos, deberán establecer como contenido mínimo la identificación de las partes intervinientes, el ámbito personal, funcional y territorial, y el plazo de vigencia. Estos instrumentos se deberán publicar o no según su naturaleza y las personas a las que estuvieran destinados, así lo establece el art. 86.2 de la Ley 39/2015, de 1 de octubre, del procedimiento administrativo común de las administraciones públicas.

129. c) Podrán versar, excepcionalmente, sobre materias no susceptibles de transacción.

Los instrumentos en que se materializa la terminación convencional, están sujetos al cumplimiento de los siguientes requisitos, establecidos en el art. 86 de la Ley 39/2015, de 1 de octubre, del procedimiento administrativo común de las administraciones públicas:

1. No pueden ser contrarios al ordenamiento jurídico.

2. No pueden versar sobre materias no susceptibles de transacción.

3. Deben tener por objeto la satisfacción del interés público que tiene encomendado la Administración Pública que lo suscriba.

4. Deben establecer como contenido mínimo la identificación de las partes intervinientes, el ámbito personal, funcional y territorial y el plazo de vigencia.

5. No supondrán alteración de las competencias atribuidas a los órganos administrativos.

6. No supondrán alteración de las responsabilidades que correspondan a las autoridades y funcionarios, relativas al funcionamiento de los servicios públicos.

130. b) Durante la práctica de las actuaciones complementarias no se suspenderá el plazo para resolver el procedimiento.

Antes de dictar resolución, el órgano competente para resolver podrá decidir, mediante acuerdo motivado, la realización de las actuaciones complementarias indispensables para resolver el procedimiento.

Según dispone el art. 87 de la Ley 39/2015, de 1 de octubre, del procedimiento administrativo común de las administraciones públicas, el acuerdo de realización de actuaciones complementarias se notificará a los interesados, concediéndoseles un plazo de siete días para formular las alegaciones que tengan por pertinentes tras la finalización de las mismas. Las actuaciones complementarias deberán practicarse en un plazo no superior a quince días. El plazo para resolver el procedimiento quedará suspendido hasta la terminación de las actuaciones complementarias.

131. c) Sí, siempre que lo ponga antes de manifiesto a los interesados, para que formulen las alegaciones que estimen pertinentes y aporten, en su caso, los medios de prueba.

La resolución que ponga fin al procedimiento decidirá todas las cuestiones planteadas por los interesados y aquellas otras derivadas del mismo.

No obstante, y en aplicación del art. 88.1 de la Ley 39/2015, de 1 de octubre, del procedimiento administrativo común de las administraciones públicas, cuando se trate de cuestiones conexas que no hubieran sido planteadas por los interesados, el órgano competente podrá pronunciarse sobre las mismas, poniéndolo antes de manifiesto a aquéllos por un plazo no superior a quince días, para que formulen las alegaciones que estimen pertinentes y aporten, en su caso, los medios de prueba.

132. c) Congruencia.

Según establece el art. 88.2 de la Ley 39/2015, de 1 de octubre, del procedimiento administrativo común de las administraciones públicas, en los procedimientos tramitados a solicitud del interesado, la resolución será congruente con las peticiones formuladas por éste, sin que en ningún caso pueda agravar su situación inicial y sin perjuicio de la potestad de la Administración de incoar de oficio un nuevo procedimiento, si procede.

Efectivamente, la resolución de los procedimientos iniciados a solicitud de la persona interesada será congruente con las peticiones incluidas en esta solicitud, teniendo en cuenta, además, que la Administración no puede agravar la situación inicial de la persona solicitante, debiendo iniciar, en este caso, un nuevo procedimiento de oficio.

133. c) Sí, cuando se separen del criterio seguido en actuaciones precedentes.

Las resoluciones que contienen la decisión serán motivadas en los supuestos establecidos en el art. 35.1 de la Ley 39/2015, de 1 de octubre, del procedimiento administrativo común de las administraciones públicas (art. 88.3). La motivación incluirá una sucinta referencia a los hechos y a los fundamentos jurídicos cuando se trate de:

a) Actos que limiten derechos subjetivos o intereses legítimos.

b) Actos que resuelvan procedimientos de revisión de oficio de disposiciones o actos administrativos, recursos administrativos y procedimientos de arbitraje y los que declaren su inadmisión.

c) Actos que se separen del criterio seguido en actuaciones precedentes o del dictamen de órganos consultivos.

d) Acuerdos de suspensión de actos, cualquiera que sea el motivo de ésta, así como la adopción de medidas provisionales.

e) Acuerdos de aplicación de la tramitación de urgencia, de ampliación de plazos y de realización de actuaciones complementarias.

f) Actos que rechacen pruebas propuestas por los interesados.

g) Actos que acuerden la terminación del procedimiento por la imposibilidad material de continuarlo por causas sobrevenidas, así como los que acuerden el desistimiento por la Administración en procedimientos iniciados de oficio.

h) Propuestas de resolución en los procedimientos de carácter sancionador, así como los actos que resuelvan procedimientos de carácter sancionador o de responsabilidad patrimonial.

i) Actos que se dicten en el ejercicio de potestades discrecionales, así como los que deban serlo en virtud de disposición legal o reglamentaria expresa.

134. d) El órgano administrativo o judicial competente para resolver los recursos que se interpongan contra la decisión.

Las resoluciones que contienen la decisión serán motivadas en los supuestos establecidos en el art. 35.1 de la Ley 39/2015, de 1 de octubre, del procedimiento administrativo común de las administraciones públicas.

Además de la resolución, expresarán los recursos que contra la misma procedan, órgano administrativo o judicial ante el que hubieran de presentarse y plazo para interponerlos, sin perjuicio de que los interesados puedan ejercitar cualquier otro que estimen oportuno.

135. a) Incorporar al texto de la resolución informes o dictámenes.

En relación con el contenido de la resolución que ponga fin al procedimiento, el art. 88.6 de la Ley 39/2015, de 1 de octubre, del procedimiento administrativo común de las administraciones públicas, prevé que la aceptación de informes o dictámenes servirá de motivación a la resolución cuando se incorporen al texto de la misma.

En ningún caso podrá la Administración abstenerse de resolver so pretexto de silencio, oscuridad o insuficiencia de los preceptos legales aplicables al caso, aunque podrá acordarse la inadmisión de las solicitudes de reconocimiento de derechos no previstos en el ordenamiento jurídico o manifiestamente carentes de fundamento, sin perjuicio del derecho de petición previsto por el artículo 29 de la Constitución (art. 88.5 LPACAP).

Finalmente, en aplicación del art. 88.7 LPACAP se establece que cuando la competencia para instruir y resolver un procedimiento no recaiga en un mismo órgano, será necesario que el instructor eleve al órgano competente para resolver una propuesta de resolución.

136. d) La Administración, en los procedimientos iniciados de oficio.

El desistimiento ha consistido en un acto de la persona interesada por el que retira su solicitud en trámite. Es decir, cuando el interesado quiere poner fin a la solicitud formulada, puede desistir de su instancia.

Los efectos del desistimiento únicamente son procedimentales y no afectan a los derechos o intereses que se quieren hacer valer en el mismo, ya que los interesados los podrán volver a solicitar en otro procedimiento.

Además del desistimiento de la persona interesada, la Ley 39/2015, de 1 de octubre, del procedimiento administrativo común de las administraciones públicas, también reconoce el desistimiento de la Administración en los procedimientos iniciados de oficio. El art. 93 le reconoce la posibilidad de desistir, motivadamente en los supuestos y con los requisitos previstos en las Leyes.

137. d) Renuncia al derecho de obtener la devolución en el ejercicio fiscal en el que se ha generado.

El artículo 84 de la Ley 39/2015, de 1 de octubre, del procedimiento administrativo común de las administraciones públicas, establece que pondrán fin al procedimiento la resolución, el desistimiento, la renuncia al derecho en que se funde la solicitud, cuando tal renuncia no esté prohibida por el ordenamiento jurídico, y la declaración de caducidad.

El art. 94.1 de la referida norma reconoce a las personas interesadas el derecho de desistir de su solicitud o, cuando ello no esté prohibido por el ordenamiento jurídico, renunciar a sus derechos. La renuncia afecta a los derechos subjetivos de la persona interesada, que quedan abandonados, en este caso, el derecho a obtener una devolución tributaria.

138. a) Desistimiento del interesado.

El artículo 84 de la Ley 39/2015, de 1 de octubre, del procedimiento administrativo común de las administraciones públicas, establece que pondrán fin al procedimiento la resolución, el desistimiento, la renuncia al derecho en que se funde la solicitud, cuando tal renuncia no esté prohibida por el ordenamiento jurídico, y la declaración de caducidad.

A través del desistimiento, la persona interesada deja sin efecto la solicitud que se encuentra en trámite, pudiéndola volver a pedir en otro procedimiento distinto. Así lo reconoce el art. 94.1 cuando establece que todo interesado podrá desistir de su solicitud y que se podrá hacer valer por cualquier medio que permita su constancia.

139. a) Desistimiento del interesado.

Los procedimientos de naturaleza sancionadora se iniciarán siempre de oficio por acuerdo del órgano competente, por tanto, los interesados no podrán desistir de los mismos.

El art. 25.1.b) de la Ley 39/2015, de 1 de octubre, del procedimiento administrativo común de las administraciones públicas, establece que en los procedimientos en que la Administración ejercite potestades sancionadoras o, en general, de intervención, susceptibles de producir efectos desfavorables o de gravamen, se producirá la caducidad, cuando venza el plazo máximo establecido sin que se haya dictado y notificado resolución expresa. En estos casos, la resolución que declare la caducidad ordenará el archivo de las actuaciones, con los efectos previstos en el artículo 95.

La resolución que se dicte en el caso de terminación del procedimiento por imposibilidad material de continuarlo por causas sobrevenidas deberá ser motivada en todo caso (art. 84.2 LPACAP).

140. c) En los procedimientos iniciados a solicitud del interesado, cuando se produzca su paralización por causa imputable al mismo.

Por lo que respecta a los requisitos, el art. 95.1 de la Ley 39/2015, de 1 de octubre, del procedimiento administrativo común de las administraciones públicas, determina que en los procedimientos iniciados a solicitud del interesado, cuando se produzca su paralización por causa imputable al mismo, la Administración le advertirá que, transcurridos tres meses, se producirá la caducidad del procedimiento. Consumido este plazo sin que el particular requerido realice las actividades necesarias para reanudar la tramitación, la Administración acordará el archivo de las actuaciones, notificándoselo al interesado. Contra la resolución que declare la caducidad procederán los recursos pertinentes.

No podrá acordarse la caducidad por la simple inactividad del interesado en la cumplimentación de trámites, siempre que no sean indispensables para dictar resolución. Dicha inactividad no tendrá otro efecto que la pérdida de su derecho al referido trámite (art. 95.2 LPACAP).

141. b) Sí, cuando razones de interés público o la falta de complejidad del procedimiento así lo aconsejen.

Cuando razones de interés público o la falta de complejidad del procedimiento así lo aconsejen, las Administraciones Públicas podrán acordar, de oficio o a solicitud del interesado, la tramitación simplificada del procedimiento.

Efectivamente, el art. 96.3 de la Ley 39/2015, de 1 de octubre, del procedimiento administrativo común de las administraciones públicas, reconoce a los interesados el derecho a solicitar la tramitación simplificada del procedimiento. No obstante, también establece que si el órgano competente para la tramitación aprecia que no concurren las razones anteriores, podrá desestimar dicha solicitud, en el plazo de cinco días desde su presentación, sin que exista posibilidad de recurso por parte del interesado. Transcurrido el mencionado plazo de cinco días se entenderá desestimada la solicitud.

En el caso de procedimientos en materia de responsabilidad patrimonial de las Administraciones Públicas, si una vez iniciado el procedimiento administrativo el órgano competente para su tramitación considera inequívoca la relación de causalidad entre el funcionamiento del servicio público y la lesión, así como la valoración del daño y el cálculo de la cuantía de la indemnización, podrá acordar de oficio la suspensión del procedimiento general y la iniciación de un procedimiento simplificado (art. 96.4 LPACAP).

En el caso de procedimientos de naturaleza sancionadora, se podrá adoptar la tramitación simplificada del procedimiento cuando el órgano competente para iniciar el procedimiento considere que, de acuerdo con lo previsto en su normativa reguladora, existen elementos de juicio suficientes para calificar la infracción como leve, sin que quepa la oposición expresa por parte del interesado (art. 96.5 LPACAP).

142. d) Treinta días.

El procedimiento tramitado de manera simplificada es un procedimiento sumario que comporta una reducción significativa de los trámites a efectuar, especialmente el plazo para dictar la resolución.

Efectivamente, salvo que reste menos para su tramitación ordinaria, el art. 96.6 de la Ley 39/2015, de 1 de octubre, del procedimiento administrativo común de las administraciones públicas, establece que los procedimientos administrativos tramitados de manera simplificada deberán ser resueltos en treinta días, a contar desde el siguiente al que se notifique al interesado el acuerdo de tramitación simplificada del procedimiento.

Para el cómputo del referido plazo se deberá tener en cuenta la regla del art. 30.2 LPACAP que establece que, cuando los plazos se señalen por días, se entiende que éstos son hábiles, excluyéndose del cómputo los sábados, los domingos y los declarados festivos.

143. b) Trámite de información pública.

Los procedimientos administrativos tramitados de manera simplificada constarán únicamente de los trámites relacionados en el art. 96.6 de la Ley 39/2015, de 1 de octubre, del procedimiento administrativo común de las administraciones públicas, que son los siguientes:

a) Inicio del procedimiento de oficio o a solicitud del interesado.

b) Subsanación de la solicitud presentada, en su caso.

c) Alegaciones formuladas al inicio del procedimiento durante el plazo de cinco días.

d) Trámite de audiencia, únicamente cuando la resolución vaya a ser desfavorable para el interesado.

e) Informe del servicio jurídico, cuando éste sea preceptivo.

f) Informe del Consejo General del Poder Judicial, cuando éste sea preceptivo.

g) Dictamen del Consejo de Estado u órgano consultivo equivalente de la Comunidad Autónoma en los casos en que sea preceptivo. La solicitud de dictamen se hará en un plazo que permita cumplir el plazo de resolución del procedimiento, y producirá la suspensión automática del plazo para resolver hasta que aquel sea emitido. El dictamen puede ser emitido en el plazo de quince días si así lo solicita el órgano competente. Si el dictamen es desfavorable, el procedimiento continuará de acuerdo con la tramitación ordinaria. En este caso, se entienden convalidadas todas las actuaciones que se hayan efectuado durante la tramitación simplificada del procedimiento, a excepción del dictamen del Consejo de Estado u órgano consultivo equivalente.

h) Resolución.

144. a) Una resolución que autorice la actuación administrativa.

La prerrogativa de autotutela permite a las Administraciones Públicas ejecutar por sí mismas y sin autorización judicial, sus propios actos administrativos, ejecutando las obligaciones que han declarado previamente. En el caso de que las personas obligadas se resistan a cumplir el contenido de los referidos actos, las Administraciones Públicas podrán utilizar medios coactivos. Es lo que se denomina el privilegio de ejecutoriedad de los actos administrativos.

Las Administraciones Públicas no iniciarán ninguna actuación material de ejecución de resoluciones que limite derechos de los particulares sin que previamente haya sido adoptada la resolución que le sirva de fundamento jurídico.

Siguiendo el mandato contenido en el art. 97.2 de la Ley 39/2015, de 1 de octubre, del procedimiento administrativo común de las administraciones públicas, el órgano que ordene un acto de ejecución material de resoluciones estará obligado a notificar al particular interesado la resolución que autorice la actuación administrativa.

145. b) Se trate de una resolución de un procedimiento de naturaleza sancionadora contra la que quepa algún recurso en vía administrativa, excluido el potestativo de reposición.

Efectivamente, para que un acto administrativo pueda ejecutarse de manera forzosa es necesario que concurran los presupuestos establecidos en los artículos 97, 98 y 99 de la Ley 39/2015, de 1 de octubre, del procedimiento administrativo común de las administraciones públicas:

1. Que se dicte y notifique convenientemente un acto administrativo previo.

2. Que el acto administrativo a ejecutar no se encuentre suspendido (en el caso de los procedimientos sancionadores, que ya no se pueda interponer ningún recurso en vía administrativa).

3. Que ninguna disposición establezca lo contrario.

4. Que no se necesite una aprobación o autorización superior.

5. Que la normativa jurídica aplicable no exija la intervención de ningún órgano judicial.

6. La advertencia previa a la persona obligada, concediéndole un plazo para que pueda cumplir de forma voluntaria su obligación.

7. La elección por parte de la Administración del medio de ejecución forzosa más apropiado.

146. b) Proporcionalidad.

La ejecución forzosa por las Administraciones Públicas se efectuará, respetando siempre el principio de proporcionalidad, por los medios establecidos en el art. 100.1 de la Ley 39/2015, de 1 de octubre, del procedimiento administrativo común de las administraciones públicas. La Ley fija como idóneo un medio de ejecución para cada tipo de obligación concreta.

La Administración a la hora de elegir entre los diversos medios de ejecución forzosa admisibles por el ordenamiento jurídico, deberá optar por aquel que resulte más adecuado y menos restrictivo de la libertad individual (art. 100.2 LPACAP). En el caso de que hubiera varios medios de ejecución que se pudieran utilizar en un caso determinado, la Administración deberá elegir de entre ellos, el más adecuado, siguiendo el criterio de la proporcionalidad.

El principio de proporcionalidad es un principio que pondera la actuación de las Administraciones Públicas para que alcancen los fines que el Derecho les atribuye: velar por la consecución del interés general y adecuar la actuación administrativa a los fines que la justifican. Los fundamentos constitucionales del principio de proporcionalidad se encuentran en los artículos 103.1 y 106.1 de la Norma Fundamental.

147. d) Apremio sobre el patrimonio.

Según establece el art. 100.1 de la Ley 39/2015, de 1 de octubre, del procedimiento administrativo común de las administraciones públicas, la ejecución forzosa por las Administraciones Públicas se efectuará, respetando siempre el principio de proporcionalidad, por los siguientes medios:

a) Apremio sobre el patrimonio.

b) Ejecución subsidiaria.

c) Multa coercitiva.

d) Compulsión sobre las personas.

En ningún caso podrá imponerse a los administrados una obligación pecuniaria que no estuviese establecida con arreglo a una norma de rango legal (art. 101.2 LPACAP).

Si en virtud de acto administrativo hubiera de satisfacerse cantidad líquida se seguirá el procedimiento previsto en las normas reguladoras del procedimiento de apremio, que consisten en añadir recargos que van incrementando el importe de la deuda, hasta llegar al embargo de bienes si la persona obligada no satisface la obligación de pago.

La normativa esencial que regula el procedimiento de apremio la integran la Ley 58/2003, de 17 de diciembre, general tributaria y el Real decreto 939/2005, de 29 de julio, por el que se aprueba el Reglamento General de Recaudación.

148. c) Actos no personalísimos que puedan ser realizados por sujeto distinto del obligado.

Dispone el art. 102.1 de la Ley 39/2015, de 1 de octubre, del procedimiento administrativo común de las administraciones públicas, que habrá lugar a la ejecución subsidiaria cuando se trate de actos que por no ser personalísimos puedan ser realizados por sujeto distinto del obligado. En este caso se trata de una obligación de hacer que no tiene carácter personalísimo, por ello las Administraciones Públicas realizarán el acto, por sí o a través de las personas que determinen, a costa del obligado. El importe de los gastos, daños y perjuicios se exigirá conforme a lo dispuesto para el apremio sobre el patrimonio (art. 101 LPACAP). Dicho importe podrá liquidarse de forma provisional y realizarse antes de la ejecución, a reserva de la liquidación definitiva.

149. c) Compulsión sobre las personas.

Dispone el art. 102.1 de la Ley 39/2015, de 1 de octubre, del procedimiento administrativo común de las administraciones públicas, que los actos administrativos que impongan una obligación personalísima de no hacer o soportar podrán ser ejecutados por compulsión directa sobre las personas en los casos en que la ley expresamente lo autorice, y dentro siempre del respeto debido a su dignidad y a los derechos reconocidos en la Constitución.

En el caso que se trate de obligaciones personalísimas de hacer y la persona obligada no realice la prestación, deberá resarcir los daños y perjuicios, a cuya liquidación y cobro se procederá en vía administrativa (art. 104.2 LPACAP).

La compulsión sobre las personas únicamente se debe utilizar como última instancia y siempre que se trate de actos cuya naturaleza no permita utilizar el resto de medios de ejecución forzosa.

150. d) Actos no personalísimos que puedan ser realizados por sujeto distinto del obligado.

La multa coercitiva consiste en la imposición a la persona que se resista a cumplir una obligación, de una nueva obligación, de carácter pecuniario, con la advertencia que si en un período suficiente de tiempo para atender aquella obligación no la cumple, la verá incrementada con nuevas multas reiteradas por lapsos de tiempo. En el caso que la persona obligada no pague las multas de forma voluntaria, la Administración forzará el cobro por la vía de apremio.

Cuando así lo autoricen las Leyes, y en la forma y cuantía que éstas determinen, las Administraciones Públicas pueden, para la ejecución de determinados actos, imponer multas coercitivas, reiteradas por lapsos de tiempo que sean suficientes para cumplir lo ordenado, en los siguientes supuestos, establecidos en el art. 103.1 de la Ley 39/2015, de 1 de octubre, del procedimiento administrativo común de las administraciones públicas:

a) Actos personalísimos en que no proceda la compulsión directa sobre la persona del obligado.

b) Actos en que, procediendo la compulsión, la Administración no la estimara conveniente.

c) Actos cuya ejecución pueda el obligado encargar a otra persona.

Cabe considerar que las multas coercitivas no constituyen una sanción, sino que es compatible con ella, y así lo establece el art. 103.2 LPACAP: «La multa coercitiva es independiente de las sanciones que puedan imponerse con tal carácter y compatible con ellas». La multa coercitiva es un medio para forzar a la persona interesada a cumplir una determinada obligación.

TÍTULO V

De la revisión de los actos en vía administrativa

1. Conforme a lo dispuesto en la Ley 39/2015, de 1 de octubre, de Procedimiento Administrativo Común de las Administraciones Públicas, en cualquier momento, declararán de oficio la nulidad de los actos administrativos que hayan puesto fin a la vía administrativa o que no hayan sido recurridos en plazo, en los supuestos previstos en el artículo 47.1 de la Ley 39/2015:

a) Por iniciativa propia o a solicitud de interesado, y previo dictamen favorable del Tribunal de Cuentas o de la Cámara de Cuentas de la Comunidad Autónoma, si lo hubiere.

b) Por iniciativa propia o a solicitud de interesado, y previo dictamen favorable del Consejo de Estado u órgano consultivo equivalente de la Comunidad Autónoma, si lo hubiere.

c) Por iniciativa propia o a solicitud de interesado, y posterior dictamen favorable del Tribunal de Cuentas o de la Cámara de Cuentas de la Comunidad Autónoma, si lo hubiere.

d) Por iniciativa propia o a solicitud de interesado, y posterior dictamen favorable del Consejo de Estado u órgano consultivo equivalente de la Comunidad Autónoma, si lo hubiere.

2. De acuerdo con lo dispuesto en la Ley 39/2015, de 1 de octubre, de Procedimiento Administrativo Común de las Administraciones Públicas, en cualquier momento, las Administraciones públicas, de oficio, podrán declarar la nulidad de las disposiciones administrativas en los supuestos previstos en el artículo 47.2 de la Ley 39/2015:

a) Y previo dictamen favorable del Consejo de Estado u órgano consultivo equivalente de la Comunidad Autónoma si lo hubiere.

b) Y previo dictamen favorable del Tribunal de Cuentas o de la Cámara de Cuentas de la Comunidad Autónoma, si lo hubiere.

c) Y posterior dictamen favorable del Consejo de Estado u órgano consultivo equivalente de la Comunidad Autónoma si lo hubiere.

d) Y posterior dictamen favorable del Tribunal de Cuentas o de la Cámara de Cuentas de la Comunidad Autónoma, si lo hubiere.

3. El órgano competente para la revisión de oficio podrá acordar motivadamente la inadmisión a trámite de las solicitudes formuladas por los interesados, sin necesidad de recabar dictamen del Consejo de Estado u órgano consultivo de la Comunidad Autónoma, cuando:

a) Las mismas no se basen en alguna de las causas de nulidad del artículo 47.1 de la Ley 39/2015.
b) Carezcan manifiestamente de fundamento.
c) En el supuesto de que se hubieran desestimado en cuanto al fondo otras solicitudes sustancialmente iguales.
d) Todas las respuestas son correctas.

4. Las Administraciones públicas, al declarar la nulidad de una disposición o acto, podrán establecer, en la misma resolución, las indemnizaciones que proceda reconocer a los interesados, si se dan las circunstancias previstas en:

a) Los artículos 32.2 y 34.1 de la Ley de Régimen Jurídico de las Administraciones Públicas y Procedimiento Administrativo Común.
b) Los artículos 32.2 y 34.1 de la Ley de Procedimiento Administrativo Común
c) Los artículos 32.2 y 34.1 de la Ley de Régimen Jurídico del Sector Público.
d) Los artículos 32.2 y 34.1 de la Ley de la Jurisdicción Contencioso Administrativa.

5. Las Administraciones públicas, al declarar la nulidad de una disposición:

a) Anularán los actos firmes dictados en aplicación de la misma.
b) Viciarán los actos firmes dictados en aplicación de la misma.
c) Convalidarán los actos firmes dictados en aplicación de la misma.
d) Subsistirán los actos firmes dictados en aplicación de la misma.

6. Cuando el procedimiento de declaración de nulidad se hubiera iniciado de oficio, el transcurso del plazo de seis meses desde su inicio sin dictarse resolución producirá:

a) La estimación por silencio administrativo.
b) La caducidad del mismo.
c) La desestimación por silencio administrativo.
d) La prescripción del mismo.

7. Si el procedimiento de declaración de nulidad se hubiera iniciado a solicitud de interesado, el transcurso del plazo de seis meses desde su inicio sin dictarse resolución se podrá entender la misma:

a) Estimada por silencio administrativo.
b) Caducada.
c) Desestimada por silencio administrativo.
d) Prescripta.

8. Las Administraciones públicas podrán impugnar ante el orden jurisdiccional contencioso-administrativo los actos favorables para los interesados que sean anulables:

a) Conforme a lo dispuesto en el artículo 47.1 de la Ley 39/2015, de 1 de octubre, de Procedimiento Administrativo Común de previa su declaración de lesividad para el interés público.

b) Conforme a lo dispuesto en el artículo 47.2 de la Ley 39/2015, de 1 de octubre, de Procedimiento Administrativo Común de previa su declaración de lesividad para el interés público.

c) Conforme a lo dispuesto en el artículo 48 de la Ley 39/2015, de 1 de octubre, de Procedimiento Administrativo Común de previa su declaración de lesividad para el interés público.

d) Conforme a lo dispuesto en el artículo 49 de la Ley 39/2015, de 1 de octubre, de Procedimiento Administrativo Común de previa su declaración de lesividad para el interés público.

9. Conforme a lo dispuesto en la Ley 39/2015, de 1 de octubre, de Procedimiento Administrativo Común de la declaración de lesividad no podrá adoptarse una vez transcurridos:

a) Un año desde que se dictó el acto administrativo y exigirá la previa audiencia de cuantos aparezcan como interesados en el mismo.

b) Dos años desde que se dictó el acto administrativo y exigirá la previa audiencia de cuantos aparezcan como interesados en el mismo.

c) Tres años desde que se dictó el acto administrativo y exigirá la previa audiencia de cuantos aparezcan como interesados en el mismo.

d) Cuatro años desde que se dictó el acto administrativo y exigirá la previa audiencia de cuantos aparezcan como interesados en el mismo.

10. De acuerdo con lo dispuesto en la Ley 39/2015, de 1 de octubre, de Procedimiento Administrativo Común de la declaración de lesividad:

a) No será susceptible de recurso.
b) Será recurrible en alzada.
c) Será recurrible en reposición.
d) Será recurrible en revisión.

11. Podrán interponerse por los interesados los recursos de alzada y potestativo de reposición contra:

a) Las resoluciones.
b) Los actos de trámite, si estos últimos deciden directa o indirectamente el fondo del asunto, determinan la imposibilidad de continuar el procedimiento, producen indefensión o perjuicio irreparable a derechos e intereses legítimos.
c) Las disposiciones administrativas de carácter general.
d) Las respuestas a) y b) son correctas.

12. Podrán interponerse por los interesados los recursos de alzada y potestativo de reposición:

a) Cuando concurra alguna de las circunstancias previstas en el artículo 125 de la Ley 39/2015, de 1 de octubre, del Procedimiento Administrativo Común de las Administraciones públicas.

b) Que cabrá fundar en cualquiera de los motivos de nulidad previstos en el artículo 47 de la Ley 39/2015, de 1 de octubre, del Procedimiento Administrativo Común de las Administraciones Públicas.

c) Que cabrá fundar en cualquiera de los motivos de anulabilidad previstos en el artículo 48 de la Ley 39/2015, de 1 de octubre, del Procedimiento Administrativo Común de las Administraciones Públicas.

d) Las respuestas b) y c) son correctas.

13. Contra los actos firmes en vía administrativa, solo procederá el recurso extraordinario de revisión:

a) Cuando concurra alguna de las circunstancias previstas en el artículo 125 de la Ley 39/2015, de 1 de octubre, del Procedimiento Administrativo Común de las Administraciones Públicas.

b) Que cabrá fundar en cualquiera de los motivos de nulidad previstos en el artículo 47 de la Ley 39/2015, de 1 de octubre, del Procedimiento Administrativo Común de las Administraciones Públicas.

c) Que cabrá fundar en cualquiera de los motivos de anulabilidad previstos en el artículo 48 de la Ley 39/2015, de 1 de octubre, del Procedimiento Administrativo Común de las Administraciones Públicas.

d) Las respuestas b) y c) son correctas.

14. Ponen fin a la vía administrativa:

a) Las resoluciones de los recursos de alzada.

b) Las resoluciones de los órganos administrativos que carezcan de superior jerárquico, salvo que una ley establezca lo contrario.

c) Las demás resoluciones de órganos administrativos cuando una disposición legal o reglamentaria así lo establezca.

d) Todas las respuestas son correctas.

15. La interposición de cualquier recurso, excepto en los casos en que una disposición establezca lo contrario:

a) Suspenderá la ejecución del acto impugnado

b) No suspenderá la ejecución del acto impugnado.

c) Suspenderá la ejecución del acto impugnado si se ha calificado erróneamente.

d) No suspenderá la ejecución del acto impugnado, salvo que se califique el recurso erróneamente.

16. No obstante lo dispuesto en la pregunta anterior, el órgano a quien competa resolver el recurso, previa ponderación, suficientemente razonada, entre el perjuicio que causaría al interés público o a terceros la suspensión y el perjuicio que se causa al recurrente como consecuencia de la eficacia inmediata del acto recurrido, podrá suspender, de oficio o a solicitud del recurrente, la ejecución del acto impugnado cuando concurran algunas de las siguientes circunstancias:

a) Que la ejecución pudiera causar perjuicios de imposible o difícil reparación.

b) Que la impugnación se fundamente en alguna de las causas de nulidad de pleno derecho previstas en el artículo 47.1 de la Ley 39/2015, de 1 de octubre, del Procedimiento Administrativo Común de las Administraciones Públicas.

c) Que la impugnación se fundamente en alguna de las causas de nulidad de pleno derecho previstas en el artículo 48.1 de la Ley 39/2015, de 1 de octubre, del Procedimiento Administrativo Común de las Administraciones Públicas.

d) Las respuestas a) y b) son correctas.

17. La ejecución del acto impugnado se entenderá suspendida si desde que la solicitud de suspensión ha tenido entrada en el registro del órgano competente (registro electrónico de la Administración u Órgano competente, según la Ley 39/2015, de 1 de octubre) para decidir sobre la misma, no ha dictado resolución expresa al respecto en el plazo de:

a) Un mes.

b) Dos meses.

c) 30 días.

d) 15 días.

18. Cuando hayan de tenerse en cuenta, en la resolución del recurso de alzada, nuevos hechos o documentos no recogidos en el expediente originario, se pondrán de manifiesto a los interesados para que formulen las alegaciones y presenten los documentos y justificantes que estimen procedentes, en un plazo no inferior a diez días ni superior a:

a) Un mes.

b) Dos meses.

c) 30 días.

d) 15 días.

19. Las resoluciones y actos a que se refiere el artículo 125 de la Ley 39/2015, de 1 de octubre, del Procedimiento Administrativo Común de las Administraciones Públicas, cuando no pongan fin a la vía administrativa, podrán ser recurridos en:

a) Alzada ante el órgano superior jerárquico del que los dictó.

b) Reposición ante el mismo órgano que dictó el acto.

c) Reposición ante el órgano superior jerárquico del que los dictó.

d) Alzada ante el mismo órgano que dictó el acto.

20. El recurso de alzada podrá interponerse ante el órgano que dictó el acto que se impugna o ante el competente para resolverlo. Si el recurso se hubiera interpuesto ante el órgano que dictó el acto impugnado, este deberá:

a) Resolver en el plazo de un mes.

b) Dictar y notificar la resolución en el plazo de tres meses.

c) Remitirlo al competente en el plazo de diez días, con su informe y con una copia completa y ordenada del expediente.

d) Impugnarlo directamente ante el orden jurisdiccional contencioso-administrativo.

21. ¿Cuál es el plazo para interponer un recurso de alzada, conforme el artículo 122.1 de la Ley 39/2015, de 1 de octubre, del Procedimiento Administrativo Común de las Administraciones Públicas?

a) El plazo para la interposición del recurso de alzada será de un mes, si el acto fuera expreso.

b) Si no fuera expreso, en cualquier momento, según la Ley 39/2015, y se contará, para el solicitante y otros posibles interesados, a partir del día siguiente a aquel en que, de acuerdo con su normativa específica, se produzcan los efectos del silencio administrativo.

c) Si no fuera expreso, el plazo será de dos meses y se contará, para el solicitante y otros posibles interesados, a partir del día siguiente a aquel en que, de acuerdo con su normativa específica, se produzcan los efectos del silencio administrativo.

d) Las respuestas a) y b) son correctas.

22. El plazo máximo para dictar y notificar la resolución del recurso de alzada será de:

a) Un mes. Transcurrido este plazo sin que recaiga resolución, se podrá entender desestimado el recurso, salvo en el supuesto previsto en el artículo 24.1.3 de la Ley 39/2015, de 1 de octubre, del Procedimiento Administrativo Común de las Administraciones Públicas.

b) Dos meses. Transcurrido este plazo sin que recaiga resolución, se podrá entender desestimado el recurso, salvo en el supuesto previsto en el artículo 24.1.3 de la Ley 39/2015, de 1 de octubre, del Procedimiento Administrativo Común de las Administraciones Públicas.

c) Tres meses. Transcurrido este plazo sin que recaiga resolución, se podrá entender desestimado el recurso, salvo en el supuesto previsto en el artículo 24.1.3 de la Ley 39/2015, de 1 de octubre, del Procedimiento Administrativo Común de las Administraciones Públicas.

d) Tres meses. Transcurrido este plazo sin que recaiga resolución, se podrá entender estimado el recurso, salvo en el supuesto previsto en el artículo 24.1.3 de la Ley 39/2015, de 1 de octubre, del Procedimiento Administrativo Común de las Administraciones Públicas.

23. Contra los actos administrativos que pongan fin a la vía administrativa podrán:

a) Ser recurridos potestativamente en reposición ante el mismo órgano que los hubiera dictado.

b) Ser impugnados directamente ante el orden jurisdiccional contencioso-administrativo.

c) Ser recurridos en alzada.

d) Las respuestas a) y b) son correctas.

24. ¿Cuál es el plazo para interponer el recurso de reposición?

a) El plazo para la interposición del recurso de reposición será de un mes, si el acto fuera expreso.

b) Si no fuera expreso, en cualquier momento, según la Ley 39/2015, y se contará, para el solicitante y otros posibles interesados, a partir del día siguiente a aquel en que, de acuerdo con su normativa específica, se produzca el acto presunto.

c) Si no fuera expreso, el plazo será de dos meses, según la Ley 39/2015, y se contará, para el solicitante y otros posibles interesados, a partir del día siguiente a aquel en que, de acuerdo con su normativa específica, se produzca el acto presunto.

d) Las respuestas a) y b) son correctas.

25. El plazo máximo para dictar y notificar la resolución del recurso de reposición será de:

a) Un mes. Transcurrido este plazo sin que recaiga resolución, se podrá entender desestimado el recurso, salvo en el supuesto previsto en el artículo 24.1.3 de la Ley 39/2015, de 1 de octubre, del Procedimiento Administrativo Común de las Administraciones Públicas.

b) Dos meses. Transcurrido este plazo sin que recaiga resolución, se podrá entender desestimado el recurso, salvo en el supuesto previsto en el artículo 24.1.3 de la Ley 39/2015, de 1 de octubre, del Procedimiento Administrativo Común de las Administraciones Públicas.

c) Tres meses. Transcurrido este plazo sin que recaiga resolución, se podrá entender desestimado el recurso, salvo en el supuesto previsto en el artículo 24.1.3 de la Ley 39/2015, de 1 de octubre, del Procedimiento Administrativo Común de las Administraciones Públicas.

d) El plazo máximo para dictar y notificar la resolución del recurso será de un mes.

26. Transcurridos los plazos para interponer el recurso de reposición:

a) Únicamente podrá interponerse recurso contencioso-administrativo.

b) Podrá, en su caso, interponer recurso extraordinario de revisión.

c) Podrá interponer un recurso de alzada.

d) Las respuestas a) y b) son correctas.

27. Contra los actos firmes en vía administrativa podrá interponerse:

a) Únicamente podrá interponerse recurso contencioso-administrativo.

b) Podrá, en su caso, interponer recurso extraordinario de revisión.

c) Podrá interponer un recurso de alzada.

d) Las respuestas a) y b) son correctas.

28. El recurso extraordinario de revisión se interpondrá ante:

a) El órgano administrativo superior que los dictó, que también será el competente para su resolución.

b) El órgano administrativo que los dictó, que también será el competente para su resolución.

c) El órgano administrativo que los dictó, siendo competente para su resolución el superior jerárquico.

d) El órgano administrativo que los dictó, siendo competente para su resolución la jurisdicción contencioso-administrativa.

29. El recurso extraordinario de revisión se interpondrá cuando concurra alguna de las circunstancias siguientes:

a) Que al dictarlos se hubiera incurrido en error de hecho, que resulte de los propios documentos incorporados al expediente.

b) Que aparezcan documentos de valor esencial para la resolución del asunto que, aunque sean posteriores, evidencien el error de la resolución recurrida.

c) Que en la resolución hayan influido esencialmente documentos o testimonios declarados falsos por sentencia judicial firme, anterior o posterior a aquella resolución.

d) Todas las respuestas son correctas.

30. El recurso extraordinario de revisión se interpondrá cuando la resolución del acto firme se hubiese dictado como consecuencia de prevaricación, cohecho, violencia, maquinación fraudulenta u otra conducta punible y se haya declarado así en virtud de:

a) Resolución administrativa.

b) Resolución administrativa firme.

c) Sentencia judicial.

d) Sentencia judicial firme.

31. El recurso extraordinario de revisión se interpondrá cuando la resolución del acto firme se hubiese dictado como consecuencia de que al dictarlos se hubiera incurrido en error de hecho, que resulte de los propios documentos incorporados al expediente:

a) Dentro del plazo de cuatro años siguientes a la fecha de la notificación de la resolución impugnada.

b) El plazo será de tres meses a contar desde el conocimiento de los documentos.

c) El plazo será de tres meses a contar desde que la sentencia judicial quedó firme.

d) Dentro del plazo de tres meses siguientes a la fecha de la notificación de la resolución impugnada.

32. El recurso extraordinario de revisión se interpondrá cuando la resolución del acto firme se hubiese dictado como consecuencia, de que aparezcan documentos de valor esencial para la resolución del asunto que, aunque sean posteriores, evidencien el error de la resolución recurrida:

a) Dentro del plazo de cuatro años siguientes a la fecha de la notificación de la resolución impugnada.

b) El plazo será de tres meses a contar desde el conocimiento de los documentos.

c) El plazo será de tres meses a contar desde que la sentencia judicial quedó firme.

d) Dentro del plazo de tres meses siguientes a la fecha de la notificación de la resolución impugnada.

33. El recurso extraordinario de revisión se interpondrá cuando la resolución del acto firme se hubiese dictado como consecuencia de que en la resolución hayan influido esencialmente documentos o testimonios declarados falsos por sentencia judicial firme, anterior o posterior a aquella resolución:

a) Dentro del plazo de cuatro años siguientes a la fecha de la notificación de la resolución impugnada.

b) El plazo será de tres meses a contar desde el conocimiento de los documentos.

c) El plazo será de tres meses a contar desde que la sentencia judicial quedó firme.

d) Dentro del plazo de tres meses siguientes a la fecha de la notificación de la resolución impugnada.

34. El recurso extraordinario de revisión se interpondrá cuando la resolución del acto firme se hubiese dictado como consecuencia de prevaricación, cohecho, violencia, maquinación fraudulenta u otra conducta punible y se haya declarado así en virtud de sentencia judicial firme:

a) Dentro del plazo de cuatro años siguientes a la fecha de la notificación de la resolución impugnada.

b) El plazo será de tres meses a contar desde el conocimiento de los documentos.

c) El plazo será de tres meses a contar desde que la sentencia judicial quedó firme.

d) Dentro del plazo de tres meses siguientes a la fecha de la notificación de la resolución impugnada.

35. El órgano competente para la resolución del recurso extraordinario de revisión podrá:

a) Acordar motivadamente la inadmisión a trámite, sin necesidad de recabar dictamen del Consejo de Estado u órgano consultivo de la Comunidad Autónoma, cuando el mismo no se funde en alguna de las causas previstas en el apartado 1 del artículo 125 de la Ley 39/2015, de 1 de octubre, del Procedimiento Administrativo Común de las Administraciones Públicas o en el supuesto de que se hubiesen desestimado en cuanto al fondo otros recursos sustancialmente iguales.

b) Acordar motivadamente la admisión a trámite, con el dictamen del Consejo de Estado u órgano consultivo de la Comunidad Autónoma, cuando el mismo se funde en alguna de las causas previstas en el apartado 1 del artículo 125 de la Ley 39/2015, de 1 de octubre, del Procedimiento Administrativo Común de las Administraciones Públicas o en el supuesto de que se hubiesen estimado en cuanto al fondo otros recursos sustancialmente iguales.

c) Acordar motivadamente la inadmisión a trámite, con el dictamen del Consejo de Estado u órgano consultivo de la Comunidad Autónoma, cuando el mismo no se funde en alguna de las causas previstas en el apartado 1 del artículo 125 de la Ley 39/2015, de 1 de octubre, del Procedimiento Administrativo Común de las Administraciones Públicas o en el supuesto de que se hubiesen desestimado en cuanto al fondo otros recursos sustancialmente iguales.

d) Acordar motivadamente la inadmisión a trámite, sin necesidad de recabar dictamen del Consejo de Estado u órgano consultivo de la Comunidad Autónoma, cuando el mismo se funde en alguna de las causas previstas en el apartado 1 del artículo 125 de la Ley 39/2015, de 1 de octubre, del Procedimiento Administrativo Común de las Administraciones Públicas o en el supuesto de que se hubiesen estimado en cuanto al fondo otros recursos sustancialmente iguales.

36. Transcurrido el plazo de tres meses desde la interposición del recurso extraordinario de revisión sin haberse dictado y notificado la resolución, se entenderá:

a) Se podrá entender desestimado el recurso, salvo en el supuesto previsto en el 24.1.3 de la Ley 39/2015, de 1 de octubre, del Procedimiento Administrativo Común de las Administraciones Públicas.

b) Se podrá entender estimado el recurso, salvo en el supuesto previsto en el 24.1.3 de la Ley 39/2015, de 1 de octubre, del Procedimiento Administrativo Común de las Administraciones Públicas.

c) Se podrá entender desestimado, quedando expedita la vía administrativa.

d) Se podrá entender desestimado, quedando expedita la vía jurisdiccional contencioso-administrativa.

37. Para que pueda entablarse un recurso de revisión por error de hecho, este:

a) Ha de ser declarado por sentencia judicial firme.

b) Ha de haberse adoptado por cohecho.

c) Ha de derivar de documentos que obren en el expediente.

d) Nada de lo anterior es cierto.

38. Las Administraciones públicas podrán impugnar ante el orden jurisdiccional contencioso-administrativo los actos favorables para los interesados que sean anulables conforme a lo dispuesto en el artículo 48, previa su declaración de lesividad para el interés público. De acuerdo con el artículo 107.3 de la Ley 39/2015, de 1 de octubre, de Procedimiento Administrativo Común de las Administraciones Públicas, transcurrido el plazo de seis meses desde la iniciación del procedimiento sin que se hubiera declarado la lesividad, se producirá:

a) La estimación por silencio administrativo.

b) La caducidad del mismo.

c) La desestimación por silencio administrativo.

d) La prescripción del mismo.

39. Las Administraciones públicas podrán impugnar ante el orden jurisdiccional contencioso-administrativo los actos favorables para los interesados que sean anulables conforme a lo dispuesto en el artículo 48, previa su declaración de lesividad para el interés público. Según el artículo 107.4 de la Ley 39/2015, de 1 de octubre, de Procedimiento Administrativo Común de las Administraciones Públicas, si el acto proviniera de la Administración General del Estado, la declaración de lesividad se adoptará por:

a) El Pleno del Senado.
b) El órgano competente en la materia.
c) El Pleno del Congreso de los Diputados.
d) El Consejo de Estado.

40. Las Administraciones públicas podrán impugnar ante el orden jurisdiccional contencioso-administrativo los actos favorables para los interesados que sean anulables conforme a lo dispuesto en el artículo 48, previa su declaración de lesividad para el interés público. Conforme al artículo 107.4 de la Ley 39/2015, de 1 de octubre, de Procedimiento Administrativo Común de las Administraciones Públicas, si el acto proviniera de la Administración General de las Comunidades Autónomas, la declaración de lesividad se adoptará por:

a) El Pleno de la Cámara de Cuentas.
b) El Pleno del Parlamento.
c) El órgano competente en la materia.
d) El Consejo Consultivo.

41. Las Administraciones públicas podrán impugnar ante el orden jurisdiccional contencioso-administrativo los actos favorables para los interesados que sean anulables conforme a lo dispuesto en el artículo 48, previa su declaración de lesividad para el interés público. De acuerdo con lo dispuesto en el artículo 107.5 de la Ley 39/2015, de 1 de octubre, de Procedimiento Administrativo Común de las Administraciones Públicas, si el acto proviniera de las entidades que integran la Administración Local, la declaración de lesividad se adoptará por:

a) La Comisión Especial de Cuentas.
b) El Pleno de la Corporación.
c) La Junta de Gobierno Local.
d) El Alcalde.

42. Según lo dispuesto en el artículo 108 de la Ley 39/2015, de 1 de octubre, de Procedimiento Administrativo Común de las Administraciones Públicas, iniciado el procedimiento de revisión de oficio al que se refieren los artículos 106 y 107, el órgano competente para declarar la nulidad o lesividad, podrá suspender la ejecución del acto, cuando:

a) La ejecución pudiera causar perjuicios de imposible o difícil reparación.
b) La nulidad sea de pleno derecho por tener un contenido imposible.

c) La nulidad sea de pleno derecho por un hecho delictivo de difícil reparación.

d) La nulidad sea de pleno derecho por tener un contenido imposible o por un hecho delictivo de difícil reparación.

43. De acuerdo con el artículo 109.1 de la Ley 39/2015, de 1 de octubre, de Procedimiento Administrativo Común de las Administraciones Públicas, las Administraciones públicas podrán, mientras no haya transcurrido el plazo de prescripción:

a) Anular sus actos de gravamen o desfavorables, siempre que tal anulación no constituya dispensa o exención no permitida por las leyes, ni sea contraria al principio de igualdad, al interés público o al ordenamiento jurídico.

b) Revocar sus actos de gravamen o desfavorables, siempre que tal revocación no constituya dispensa o exención no permitida por las leyes, ni sea contraria al principio de igualdad, al interés público o al ordenamiento jurídico.

c) Convalidar sus actos de gravamen o desfavorables, siempre que tal convalidación no constituya dispensa o exención no permitida por las leyes, ni sea contraria al principio de igualdad, al interés público o al ordenamiento jurídico.

d) Subsanar sus actos de gravamen o desfavorables, siempre que tal subsanación no constituya dispensa o exención no permitida por las leyes, ni sea contraria al principio de igualdad, al interés público o al ordenamiento jurídico.

44. Según el artículo 109.2 de la Ley 39/2015, de 1 de octubre, de Procedimiento Administrativo Común de las Administraciones Públicas, las Administraciones públicas podrán rectificar los errores materiales, de hecho o aritméticos existentes en sus actos:

a) Mientras no haya transcurrido el plazo de caducidad.

b) Mientras no haya transcurrido el plazo de prescripción.

c) En cualquier momento, de oficio o a instancia de los interesados.

d) En cualquier momento a instancia de los interesados.

45. Conforme al artículo 110 de la Ley 39/2015, de 1 de octubre, de Procedimiento Administrativo Común de las Administraciones Públicas, las facultades de revisión establecidas en el Capítulo I del Título V (Revisión de oficio), no podrán ser ejercidas:

a) Cuando tal revocación no constituya dispensa o exención no permitida por las leyes, ni sea contraria al principio de igualdad, al interés público o al ordenamiento jurídico.

b) Mientras no haya transcurrido el plazo de prescripción.

c) Cuando por prescripción de acciones, por el tiempo transcurrido o por otras circunstancias, su ejercicio resulte contrario a la equidad, a la buena fe, al derecho de los particulares o a las leyes.

d) Mientras no haya transcurrido el plazo de caducidad.

46. Señala la respuesta incorrecta. De acuerdo con lo dispuesto en el artículo 112.2 de la Ley 39/2015, de 1 de octubre, de Procedimiento Administrativo Común de las Administraciones Públicas, en supuestos o ámbitos sectoriales determinados, y cuando la especificidad de la materia así lo justifique, las leyes podrán sustituir el recurso de alzada por otros procedimientos de:

a) Imputación, ante órganos colegiados o Comisiones específicas no sometidas a instrucciones jerárquicas, con respeto a los principios, garantías y plazos que la presente ley reconoce a las personas y a los interesados en todo procedimiento administrativo.

b) Reclamación, ante órganos colegiados o Comisiones específicas no sometidas a instrucciones jerárquicas, con respeto a los principios, garantías y plazos que la presente ley reconoce a las personas y a los interesados en todo procedimiento administrativo.

c) Conciliación, ante órganos colegiados o Comisiones específicas no sometidas a instrucciones jerárquicas, con respeto a los principios, garantías y plazos que la presente ley reconoce a las personas y a los interesados en todo procedimiento administrativo.

d) Mediación y arbitraje, ante órganos colegiados o Comisiones específicas no sometidas a instrucciones jerárquicas, con respeto a los principios, garantías y plazos que la presente ley reconoce a las personas y a los interesados en todo procedimiento administrativo.

47. Según lo dispuesto en el artículo 112.3 de la Ley 39/2015, de 1 de octubre, de Procedimiento Administrativo Común de las Administraciones Públicas, contra las disposiciones administrativas de carácter general:

a) Cabrán las reclamaciones económico-administrativas.

b) No cabrá recurso en vía administrativa.

c) Cabrá el recurso de inconstitucionalidad.

d) Cabrá el recurso extraordinario cuando las disposiciones administrativas de carácter general sean firmes.

48. De acuerdo con el artículo 112.3 de la Ley 39/2015, de 1 de octubre, de Procedimiento Administrativo Común de las Administraciones Públicas, los recursos contra un acto administrativo que se funden únicamente en la nulidad de alguna disposición administrativa de carácter general podrán interponerse:

a) Directamente ante la jurisdicción contencioso-administrativa.

b) Directamente ante el órgano competente en materia de las reclamaciones económico-administrativas.

c) Directamente ante el Consejo de Ministros.

d) Directamente ante el órgano que dictó dicha disposición.

49. Según el artículo 114.2 de la Ley 39/2015, de 1 de octubre, de Procedimiento Administrativo Común de las Administraciones Públicas, en el ámbito estatal ponen fin a la vía administrativa los actos y resoluciones siguientes:

a) Los actos administrativos de los miembros y órganos del Gobierno.

b) Los emanados de los Ministros y los Secretarios de Estado en el ejercicio de las competencias que tienen atribuidas los órganos de los que son titulares.

c) Los emanados de los órganos directivos con nivel de Director general o superior, en relación con las competencias que tengan atribuidas en materia de personal.

d) Todas las respuestas son correctas.

50. Conforme al artículo 115.2 de la Ley 39/2015, de 1 de octubre, de Procedimiento Administrativo Común de las Administraciones Públicas, el error o la ausencia de la calificación del recurso por parte del recurrente:

a) Será obstáculo para su tramitación.

b) No será obstáculo para su tramitación, siempre que se exprese el nombre y apellidos del recurrente, así como la identificación personal del mismo.

c) No será obstáculo para su tramitación, siempre que se deduzca su verdadero carácter.

d) No será obstáculo para su tramitación, siempre que se exprese el lugar, fecha, firma del recurrente, identificación del medio y, en su caso, del lugar que se señale a efectos de notificaciones.

51. De acuerdo con lo dispuesto en el artículo 116 de la Ley 39/2015, de 1 de octubre, de Procedimiento Administrativo Común de las Administraciones Públicas, será causa de inadmisión la siguiente:

a) Ser incompetente el órgano administrativo, cuando el competente pertenezca a la misma Administración pública.

b) Carecer de postulación el recurrente.

c) Tratarse de un acto susceptible de recurso.

d) Haber transcurrido el plazo para la interposición del recurso.

52. El órgano administrativo que ha de resolver el recurso, si se solicita por el recurrente la suspensión del acto recurrido, según lo dispuesto en el artículo 117.4 de la Ley 39/2015, de 1 de octubre, de Procedimiento Administrativo Común de las Administraciones Públicas, al dictar el acuerdo de suspensión, podrán adoptarse para asegurar la protección del interés público o de terceros y la eficacia de la resolución o el acto impugnado:

a) Cauciones o garantías suficientes.

b) Las medidas cautelares que sean necesarias.

c) La medida de publicidad en el periódico oficial en el que se insertó la resolución o el acto impugnado.

d) Todas las repuestas son correctas.

53. De acuerdo con el artículo 109.1 de la Ley 39/2015, de 1 de octubre, de Procedimiento Administrativo Común de las Administraciones Públicas, las Administraciones públicas podrán revocar sus actos de gravamen o desfavorables, siempre que tal revocación no constituya dispensa o exención no permitida por las leyes, ni sea contraria al principio de igualdad, al interés público o al ordenamiento jurídico:

a) Mientras no haya transcurrido el plazo de caducidad.

b) Mientras no haya transcurrido el plazo de prescripción.

c) En cualquier momento, de oficio o a instancia de los interesados.

d) En cualquier momento a instancia de los interesados.

54. Según el artículo 119.2 de la Ley 39/2015, de 1 de octubre, de Procedimiento Administrativo Común de las Administraciones Públicas, cuando existiendo vicio de forma no se estime procedente resolver sobre el fondo se:

a) Ordenará la retroacción del procedimiento al momento en el que el vicio fue cometido, sin perjuicio de que eventualmente pueda acordarse la convalidación de actuaciones por el órgano competente para ello, de acuerdo con lo dispuesto en el artículo 52.

b) Se inadmitirá, acordándose la convalidación de actuaciones por el órgano competente para ello, de acuerdo con lo dispuesto en el artículo 52.

c) Se desestimará, sin que pueda acordarse la convalidación de actuaciones por el órgano competente para ello, de acuerdo con lo dispuesto en el artículo 52.

d) Se estimará acordándose la convalidación de actuaciones por el órgano competente para ello, de acuerdo con lo dispuesto en el artículo 52.

55. Conforme al artículo 120.1 de la Ley 39/2015, de 1 de octubre, de Procedimiento Administrativo Común de las Administraciones Públicas, cuando deban resolverse una pluralidad de recursos administrativos que traigan causa de un mismo acto administrativo y se hubiera interpuesto un recurso judicial contra una resolución administrativa o bien contra el correspondiente acto presunto desestimatorio, el órgano administrativo podrá acordar:

a) La retroacción del procedimiento al momento de interposición de un recurso judicial, sin perjuicio de que eventualmente pueda acordarse la convalidación de actuaciones por el órgano competente para ello, de acuerdo con lo dispuesto en el artículo 52.

b) La inadmisión, acordándose la convalidación de actuaciones por el órgano competente para ello, de acuerdo con lo dispuesto en el artículo 52.

c) La estimación, sin que pueda acordarse la convalidación de actuaciones por el órgano competente hasta que recaiga pronunciamiento judicial.

d) La suspensión del plazo para resolver hasta que recaiga pronunciamiento judicial.

56. Señala la respuesta incorrecta. De acuerdo con lo dispuesto en el artículo 112.2 de la Ley 39/2015, de 1 de octubre, de Procedimiento Administrativo Común de las Administraciones Públicas, en supuestos o ámbitos sectoriales determinados, y cuando la especificidad de la materia así lo justifique, las leyes podrán sustituir el recurso de reposición, respetando su carácter de potestativo, por otros procedimientos de:

a) Impugnación, ante órganos colegiados o Comisiones específicas no sometidas a instrucciones jerárquicas, con respeto a los principios, garantías y plazos que la presente ley reconoce a las personas y a los interesados en todo procedimiento administrativo.

b) Denuncia, ante órganos colegiados o Comisiones específicas no sometidas a instrucciones jerárquicas, con respeto a los principios, garantías y plazos que la presente ley reconoce a las personas y a los interesados en todo procedimiento administrativo.

c) Conciliación, ante órganos colegiados o Comisiones específicas no sometidas a instrucciones jerárquicas, con respeto a los principios, garantías y plazos que la presente ley reconoce a las personas y a los interesados en todo procedimiento administrativo.

d) Mediación y arbitraje, ante órganos colegiados o Comisiones específicas no sometidas a instrucciones jerárquicas, con respeto a los principios, garantías y plazos que la presente ley reconoce a las personas y a los interesados en todo procedimiento administrativo.

57. Según lo dispuesto en el artículo 122.3 de la Ley 39/2015, de 1 de octubre, de Procedimiento Administrativo Común de las Administraciones Públicas, contra la resolución de un recurso de alzada, se podrá interponer:

a) Un recurso de reposición, en los casos establecidos en el artículo 125.1.
b) Un recurso extraordinario de revisión, en los casos establecidos en el artículo 125.1.
c) Una reclamación económico-administrativa, en los casos establecidos en el artículo 112.4.
d) Todas las respuestas son correctas.

58. De acuerdo con el artículo 123.2 de la Ley 39/2015, de 1 de octubre, de Procedimiento Administrativo Común de las Administraciones Públicas, los actos administrativos que pongan fin a la vía administrativa podrán ser recurridos potestativamente en reposición ante el mismo órgano que los hubiera dictado o ser impugnados directamente ante el orden jurisdiccional contencioso-administrativo. No se podrá interponer recurso contencioso-administrativo hasta que:

a) Sea resuelto expresamente o se haya producido la desestimación presunta del recurso de alzada interpuesto.
b) Sea resuelto expresamente o se haya producido la desestimación presunta del recurso de revisión interpuesto.
c) Sea resuelto expresamente o se haya producido la desestimación presunta del recurso de reposición interpuesto.
d) Sea resuelto expresamente el recurso de alzada interpuesto.

59. Según los artículos 123 y 124.3 de la Ley 39/2015, de 1 de octubre, de Procedimiento Administrativo Común de las Administraciones Públicas, contra la resolución de un recurso de reposición se podrá interponer:

a) Un recurso de reposición, en los casos establecidos en el artículo 125.1.
b) Un recurso extraordinario de revisión, en los casos establecidos en el artículo 112.4.
c) Una reclamación económico-administrativa, en los casos establecidos en el artículo 125.1.
d) Un recurso contencioso-administrativo.

60. Conforme al artículo 116 c) y 112.3 de la Ley 39/2015, de 1 de octubre, de Procedimiento Administrativo Común de las Administraciones Públicas, si se interpone un recurso de alzada contra una disposición de carácter general, el recurso:

a) Se estimará.
b) Se desestimará.

c) Se estimará parcialmente.
d) Se inadmitirá.

61. De acuerdo con lo dispuesto en el artículo 112.1 de la Ley 39/2015, de 1 de octubre, de Procedimiento Administrativo Común de las Administraciones Públicas, ¿todos los actos administrativos que no agotan la vía administrativa son susceptibles de recurso de alzada?

a) Sí, siempre.
b) Solo los actos definitivos.
c) Los actos definitivos y los de trámite que determinan la imposibilidad de continuar un procedimiento o que produzcan indefensión.
d) Los definitivos y los de trámite.

62. Según la Ley 39/2015, de 1 de octubre, del Procedimiento Administrativo Común de las Administraciones Públicas, los recursos administrativos son:

a) De reposición, de alzada y extraordinario de revisión.
b) Ordinario y extraordinario de revisión.
c) Solo el ordinario.
d) Recurso de revisión de oficio y de alzada.

63. El recurso de alzada podrá fundarse, de acuerdo con el artículo 112.1 de la Ley 39/2015, de 1 de octubre, de Procedimiento Administrativo Común de las Administraciones Públicas, en:

a) Cualquiera de los motivos de nulidad o anulabilidad.
b) En motivos de nulidad de pleno derecho recogidos en el art. 62.
c) En los motivos de anulabilidad y porque sean constitutivos de infracción penal.
d) No será fundado en motivos jurídicos.

64. Según el artículo 117.1 y 2 de la Ley 39/2015, de 1 de octubre, de Procedimiento Administrativo Común de las Administraciones Públicas, la Administración deberá suspender la ejecución del acto administrativo cuando se interponga contra él un recurso de alzada:

a) Sí.
b) No, nunca.
c) Deberá consultar a la jurisdicción contencioso-administrativa.
d) No como regla general, pero hay excepciones recogidas en la Ley 39/2015, de 1 de octubre, del Procedimiento Administrativo Común de las Administraciones Públicas.

65. La resolución de un recurso de alzada, conforme al artículo 121.1 de la Ley 39/2015, de 1 de octubre, de Procedimiento Administrativo Común de las Administraciones Públicas, corresponde:

a) A la autoridad que dictó el acto recurrido.
b) Al juez de lo contencioso-administrativo.

c) Al superior jerárquico del órgano que dictó el acto recurrido.

d) Al superior jerárquico del órgano que dictó el acto recurrido, u órgano en quien delegue.

66. De acuerdo con lo dispuesto en el artículo 125.1 de la Ley 39/2015, de 1 de octubre, de Procedimiento Administrativo Común de las Administraciones Públicas, cuando aparezcan documentos de valor esencial para la resolución que, aunque sean posteriores, evidencien el error en la resolución, dicha resolución, aunque fuera firme podrá ser recurrida en vía administrativa mediante:

a) Recurso de revisión.

b) Recurso de súplica.

c) Recurso de alzada.

d) Recurso ordinario.

67. En el supuesto de la pregunta anterior, según lo dispuesto en el artículo 125.2 de la Ley 39/2015, de 1 de octubre, de Procedimiento Administrativo Común de las Administraciones Públicas, el recurso se podrá interponer en el plazo de:

a) Tres años desde la notificación de la resolución impugnada.

b) Cuatro años desde la notificación de la resolución impugnada.

c) En cualquier momento desde que aparezcan los documentos.

d) En el plazo de tres meses a contar desde el conocimiento de los documentos.

68. De acuerdo con el artículo 122.2 de la Ley 39/2015, de 1 de octubre, de Procedimiento Administrativo Común de las Administraciones Públicas, interpuesto un recurso de alzada, ¿cuál es el plazo en el que se podrá entender estimado o desestimado?

a) 6 meses.

b) 3 meses.

c) 1 mes.

d) 4 años.

69. Según el artículo 112.3 de la Ley 39/2015, de 1 de octubre, de Procedimiento Administrativo Común de las Administraciones Públicas ¿es admisible el recurso de alzada administrativo contra las disposiciones administrativas de carácter general (Reglamentos)?

a) Sí, siempre que se interponga en el plazo de 30 días.

b) Cabe indistintamente interponer recurso de alzada o recurso contencioso-administrativo.

c) Solo cabe interponer recurso contencioso-administrativo.

d) Solo cabe recurrirlo ante el Tribunal Constitucional como recurso de amparo.

70. Conforme al artículo 30.4 de la Ley 39/2015, de 1 de octubre, de Procedimiento Administrativo Común de las Administraciones Públicas, el plazo de un mes para interponer el recurso de alzada supone:

a) 30 días naturales.

b) 30 o 31 días hábiles según sea el mes en el que comienza el plazo.

c) Un mes natural contando desde el día siguiente al que se notifica el acto a impugnar.

d) El plazo se computará, a partir del día siguiente de la notificación o publicación del acto recurrido y concluirá el mismo día en que se produjo la notificación o publicación del acto de que se trate.

71. ¿Cabe recurso de alzada contra la Resolución de un Tribunal de oposiciones?

a) No, porque es un órgano colegiado.

b) No, porque sus actos ponen fin a la vía administrativa.

c) Sí, ante la autoridad que haya nombrado al presidente del Tribunal.

d) Sí, ante el Ministro del Departamento convocante.

72. Las Administraciones públicas podrán revocar, mientras no haya transcurrido el plazo de prescripción, sus actos de gravamen o desfavorables, según lo dispuesto en el artículo 109.1 de la Ley 39/2015, de 1 de octubre, de Procedimiento Administrativo Común de las Administraciones Públicas, siempre que tal revocación:

a) Se resuelva por la propia Administración.

b) No constituya dispensa o exención no permitida por las leyes, ni sea contraria al principio de igualdad, al interés público o al ordenamiento jurídico.

c) Sea una vía previa a la jurisdicción.

d) Se solicite por un interesado con legitimación activa.

73. De acuerdo con el artículo 122.2 de la Ley 39/2015, de 1 de octubre, de Procedimiento Administrativo Común de las Administraciones Públicas, ¿está la Administración obligada a resolver los recursos de alzada?

a) No, es potestativa la resolución.

b) Sí, en el plazo de tres meses.

c) Sí, pero no en plazo.

d) Sí, en el plazo de un mes.

74. Según el artículo 125.1 d) y 2 de la Ley 39/2015, de 1 de octubre, de Procedimiento Administrativo Común de las Administraciones Públicas, cuando un recurso de revisión se basa en que el acto administrativo fue dictado como consecuencia de prevaricación de un funcionario, dicho recurso se presentará en el plazo de:

a) 4 años desde la sentencia judicial.

b) 3 meses desde el conocimiento de los hechos delictivos.

c) 3 meses desde que la sentencia condenatoria quedó firme.

d) 3 meses desde la sentencia.

75. Recurrido en vía administrativa un acto administrativo y solicitada la suspensión de este, esta se producirá si el órgano competente para decidir sobre la suspensión no hubiera dictado resolución expresa, en un plazo desde la solicitud de:

a) Tres meses.

b) Un mes.

c) Quince días.

d) Treinta días.

Soluciones comentadas

1. b) Por iniciativa propia o a solicitud de interesado, y previo dictamen favorable del Consejo de Estado u órgano consultivo equivalente de la Comunidad Autónoma, si lo hubiere.

De acuerdo con lo dispuesto en el artículo 106.1 de la Ley 39/2015, de 1 de octubre, de Procedimiento Administrativo Común de las Administraciones Públicas:

"1. Las Administraciones Públicas, en cualquier momento, por iniciativa propia o a solicitud de interesado, y previo dictamen favorable del Consejo de Estado u órgano consultivo equivalente de la Comunidad Autónoma, si lo hubiere, declararán de oficio la nulidad de los actos administrativos que hayan puesto fin a la vía administrativa o que no hayan sido recurridos en plazo, en los supuestos previstos en el artículo 47.1."

2. a) Y previo dictamen favorable del Consejo de Estado u órgano consultivo equivalente de la Comunidad Autónoma si los hubiere.

Según lo dispuesto en el artículo 106.1 de la Ley 39/2015, de 1 de octubre, de Procedimiento Administrativo Común de las Administraciones Públicas:

"1. Las Administraciones Públicas, en cualquier momento, por iniciativa propia o a solicitud de interesado, y previo dictamen favorable del Consejo de Estado u órgano consultivo equivalente de la Comunidad Autónoma, si lo hubiere, declararán de oficio la nulidad de los actos administrativos que hayan puesto fin a la vía administrativa o que no hayan sido recurridos en plazo, en los supuestos previstos en el artículo 47.1."

3. d) Todas las respuestas son correctas.

De acuerdo con el artículo 106.3 de la Ley 39/2015, de 1 de octubre, de Procedimiento Administrativo Común de las Administraciones Públicas:

"3. El órgano competente para la revisión de oficio podrá acordar motivadamente la inadmisión a trámite de las solicitudes formuladas por los interesados, sin necesidad de recabar Dictamen del Consejo de Estado u órgano consultivo de la Comunidad Autónoma, cuando las mismas no se basen en alguna de las causas de nulidad del artículo 47.1 o carezcan manifiestamente de fundamento, así como en el supuesto de que se hubieran desestimado en cuanto al fondo otras solicitudes sustancialmente iguales."

4. c) Los artículos 32.2 y 34.1 de la Ley de Régimen Jurídico del Sector Público.

Según el artículo 106.4 de la Ley 39/2015, de 1 de octubre, de Procedimiento Administrativo Común de las Administraciones Públicas:

"4. Las Administraciones Públicas, al declarar la nulidad de una disposición o acto, podrán establecer, en la misma resolución, las indemnizaciones que proceda reconocer a los interesados, si se dan las circunstancias previstas en los artículos 32.2 y 34.1 de la Ley de Régimen Jurídico del Sector Público sin perjuicio de que, tratándose de una disposición, subsistan los actos firmes dictados en aplicación de la misma."

5. d) Subsistirán los actos firmes dictados en aplicación de la misma.

Conforme al artículo 106.4 de la Ley 39/2015, de 1 de octubre, de Procedimiento Administrativo Común de las Administraciones Públicas:

"4. Las Administraciones Públicas, al declarar la nulidad de una disposición o acto, podrán establecer, en la misma resolución, las indemnizaciones que proceda reconocer a los interesados, si se dan las circunstancias previstas en los artículos 32.2 y 34.1 de la Ley de Régimen Jurídico del Sector Público sin perjuicio de que, tratándose de una disposición, subsistan los actos firmes dictados en aplicación de la misma."

6. b) La caducidad del mismo.

De acuerdo con lo dispuesto en el artículo 106.5 de la Ley 39/2015, de 1 de octubre, de Procedimiento Administrativo Común de las Administraciones Públicas:

"5. Cuando el procedimiento se hubiera iniciado de oficio, el transcurso del plazo de seis meses desde su inicio sin dictarse resolución producirá la caducidad del mismo. Si el procedimiento se hubiera iniciado a solicitud de interesado, se podrá entender la misma desestimada por silencio administrativo."

7. c) Desestimada por silencio administrativo.

Según lo dispuesto en el artículo 106.5 de la Ley 39/2015, de 1 de octubre, de Procedimiento Administrativo Común de las Administraciones Públicas:

"5. Cuando el procedimiento se hubiera iniciado de oficio, el transcurso del plazo de seis meses desde su inicio sin dictarse resolución producirá la caducidad del mismo. Si el procedimiento se hubiera iniciado a solicitud de interesado, se podrá entender la misma desestimada por silencio administrativo."

8. c) Conforme a lo dispuesto en el artículo 48 de la Ley 39/2015, de 1 de octubre, de Procedimiento Administrativo Común de previa su declaración de lesividad para el interés público.

De acuerdo con el artículo 107.1 de la Ley 39/2015, de 1 de octubre, de Procedimiento Administrativo Común de las Administraciones Públicas:

"1. Las Administraciones Públicas podrán impugnar ante el orden jurisdiccional contencioso-administrativo los actos favorables para los interesados que sean anulables conforme a lo dispuesto en el artículo 48, previa su declaración de lesividad para el interés público."

9. d) Cuatro años desde que se dictó el acto administrativo y exigirá la previa audiencia de cuantos aparezcan como interesados en el mismo.

Según el artículo 107.2 de la Ley 39/2015, de 1 de octubre, de Procedimiento Administrativo Común de las Administraciones Públicas:

"2. La declaración de lesividad no podrá adoptarse una vez transcurridos cuatro años desde que se dictó el acto administrativo y exigirá la previa audiencia de cuantos aparezcan como interesados en el mismo, en los términos establecidos por el artículo 82."

10. a) No será susceptible de recurso.

Conforme al artículo 107.2 de la Ley 39/2015, de 1 de octubre, de Procedimiento Administrativo Común de las Administraciones Públicas:

"2. La declaración de lesividad no podrá adoptarse una vez transcurridos cuatro años desde que se dictó el acto administrativo y exigirá la previa audiencia de cuantos aparezcan como interesados en el mismo, en los términos establecidos por el artículo 82.

Sin perjuicio de su examen como presupuesto procesal de admisibilidad de la acción en el proceso judicial correspondiente, la declaración de lesividad no será susceptible de recurso, si bien podrá notificarse a los interesados a los meros efectos informativos."

11. d) Las respuestas a) y b) son correctas.

De acuerdo con lo dispuesto en el artículo 112.1 de la Ley 39/2015, de 1 de octubre, de Procedimiento Administrativo Común de las Administraciones Públicas:

"1. Contra las resoluciones y los actos de trámite, si estos últimos deciden directa o indirectamente el fondo del asunto, determinan la imposibilidad de continuar el procedimiento, producen indefensión o perjuicio irreparable a derechos e intereses legítimos, podrán interponerse por los interesados los recursos de alzada y potestativo de reposición, que cabrá fundar en cualquiera de los motivos de nulidad o anulabilidad previstos en los artículos 47 y 48 de esta ley. La oposición a los restantes actos de trámite podrá alegarse por los interesados para su consideración en la resolución que ponga fin al procedimiento."

12. d) Las respuestas b) y c) son correctas.

Según lo dispuesto en el artículo 112.1 de la Ley 39/2015, de 1 de octubre, de Procedimiento Administrativo Común de las Administraciones Públicas:

"1. Contra las resoluciones y los actos de trámite, si estos últimos deciden directa o indirectamente el fondo del asunto, determinan la imposibilidad de continuar el procedimiento, producen indefensión o perjuicio irreparable a derechos e intereses legítimos, podrán interponerse por los interesados los recursos de alzada y potestativo de reposición, que cabrá fundar en cualquiera de los motivos de nulidad o anulabilidad previstos en los artículos 47 y 48 de esta ley. La oposición a los restantes actos de trámite podrá alegarse por los interesados para su consideración en la resolución que ponga fin al procedimiento."

13. a) Cuando concurra alguna de las circunstancias previstas en el artículo 125 de la Ley 39/2015, de 1 de octubre, del Procedimiento Administrativo Común de las Administraciones Públicas.

De acuerdo con el artículo 113 de la Ley 39/2015, de 1 de octubre, de Procedimiento Administrativo Común de las Administraciones Públicas:

"Contra los actos firmes en vía administrativa, solo procederá el recurso extraordinario de revisión cuando concurra alguna de las circunstancias previstas en el artículo 125.1."

14. d) Todas las respuestas son correctas.

Según el artículo 114.1 de la Ley 39/2015, de 1 de octubre, de Procedimiento Administrativo Común de las Administraciones Públicas:

"1. Ponen fin a la vía administrativa:

a) Las resoluciones de los recursos de alzada.

b) Las resoluciones de los procedimientos a que se refiere el artículo 112.2.

c) Las resoluciones de los órganos administrativos que carezcan de superior jerárquico, salvo que una ley establezca lo contrario.

d) Los acuerdos, pactos, convenios o contratos que tengan la consideración de finalizadores del procedimiento.

e) La resolución administrativa de los procedimientos de responsabilidad patrimonial, cualquiera que fuese el tipo de relación, pública o privada, de que derive.

f) La resolución de los procedimientos complementarios en materia sancionadora a los que se refiere el artículo 90.4.

g) Las demás resoluciones de órganos administrativos cuando una disposición legal o reglamentaria así lo establezca."

15. b) No suspenderá la ejecución del acto impugnado.

De acuerdo con lo dispuesto en el artículo 117.1 de la Ley 39/2015, de 1 de octubre, de Procedimiento Administrativo Común de las Administraciones Públicas:

"1. La interposición de cualquier recurso, excepto en los casos en que una disposición establezca lo contrario, no suspenderá la ejecución del acto impugnado."

16. d) Las respuestas a) y b) son correctas.

Según lo dispuesto en el artículo 117.2 de la Ley 39/2015, de 1 de octubre, de Procedimiento Administrativo Común de las Administraciones Públicas:

"2. No obstante lo dispuesto en el apartado anterior, el órgano a quien competa resolver el recurso, previa ponderación, suficientemente razonada, entre el perjuicio que causaría al interés público o a terceros la suspensión y el ocasionado al recurrente como consecuencia de la eficacia inmediata del acto recurrido, podrá suspender, de oficio o a solicitud del recurrente, la ejecución del acto impugnado cuando concurran alguna de las siguientes circunstancias:

a) Que la ejecución pudiera causar perjuicios de imposible o difícil reparación.

b) Que la impugnación se fundamente en alguna de las causas de nulidad de pleno derecho previstas en el artículo 47.1 de esta ley."

17. a) Un mes.

De acuerdo con el artículo 117.3 de la Ley 39/2015, de 1 de octubre, de Procedimiento Administrativo Común de las Administraciones Públicas:

"3. La ejecución del acto impugnado se entenderá suspendida si transcurrido un mes desde que la solicitud de suspensión haya tenido entrada en el registro electrónico de la Administración u Organismo competente para decidir sobre la misma, el órgano a quien competa resolver el recurso no ha dictado y notificado resolución expresa al respecto. En estos casos, no será de aplicación lo establecido en el artículo 21.4 segundo párrafo, de esta ley."

18. d) 15 días.

Conforme al artículo 118.1 de la Ley 39/2015, de 1 de octubre, de Procedimiento Administrativo Común de las Administraciones Públicas:

"1. Cuando hayan de tenerse en cuenta nuevos hechos o documentos no recogidos en el expediente originario, se pondrán de manifiesto a los interesados para que, en un plazo no inferior a diez días ni superior a quince, formulen las alegaciones y presenten los documentos y justificantes que estimen procedentes. No se tendrán en cuenta en la resolución de los recursos, hechos, documentos o alegaciones del recurrente, cuando habiendo podido aportarlos en el trámite de alegaciones no lo haya hecho. Tampoco podrá solicitarse la práctica de pruebas cuando su falta de realización en el procedimiento en el que se dictó la resolución recurrida fuera imputable al interesado."

19. a) Alzada ante el órgano superior jerárquico del que los dictó.

Según el artículo 121.1 de la Ley 39/2015, de 1 de octubre, de Procedimiento Administrativo Común de las Administraciones Públicas:

"1. Las resoluciones y actos a que se refiere el artículo 112.1, cuando no pongan fin a la vía administrativa, podrán ser recurridos en alzada ante el órgano superior jerárquico del que los dictó. A estos efectos, los Tribunales y órganos de selección del personal al servicio de las Administraciones Públicas y cualesquiera otros que, en el seno de éstas, actúen con autonomía funcional, se considerarán dependientes del órgano al que estén adscritos o, en su defecto, del que haya nombrado al presidente de los mismos."

20. c) Remitirlo al competente en el plazo de diez días, con su informe y con una copia completa y ordenada del expediente.

Conforme al artículo 121.2 de la Ley 39/2015, de 1 de octubre, de Procedimiento Administrativo Común de las Administraciones Públicas:

"2. El recurso podrá interponerse ante el órgano que dictó el acto que se impugna o ante el competente para resolverlo. Si el recurso se hubiera interpuesto ante el órgano que dictó el acto impugnado, éste deberá remitirlo al competente en el plazo de diez días, con su informe y con una copia completa y ordenada del expediente. El titular del órgano que dictó el acto recurrido será responsable directo del cumplimiento de lo previsto en el párrafo anterior."

21. d) Las respuestas a) y b) son correctas.

De acuerdo con lo dispuesto en el artículo 122.1 de la Ley 39/2015, de 1 de octubre, de Procedimiento Administrativo Común de las Administraciones Públicas:

"1. El plazo para la interposición del recurso de alzada será de un mes, si el acto fuera expreso. Transcurrido dicho plazo sin haberse interpuesto el recurso, la resolución será firme a todos los efectos. Si el acto no fuera expreso el solicitante y otros posibles interesados podrán interponer recurso de alzada en cualquier momento a partir del día siguiente a aquel en que, de acuerdo con su normativa específica, se produzcan los efectos del silencio administrativo."

22. c) Tres meses. Transcurrido este plazo sin que recaiga resolución, se podrá entender desestimado el recurso, salvo en el supuesto previsto en el artículo 24.1.3 de la Ley 39/2015, de 1 de octubre, del Procedimiento Administrativo Común de las Administraciones Públicas.

Según lo dispuesto en el artículo 122.2 de la Ley 39/2015, de 1 de octubre, de Procedimiento Administrativo Común de las Administraciones Públicas:

"2. El plazo máximo para dictar y notificar la resolución será de tres meses. Transcurrido este plazo sin que recaiga resolución, se podrá entender desestimado el recurso, salvo en el supuesto previsto en el artículo 24.1, tercer párrafo."

23. d) Las respuestas a) y b) son correctas.

De acuerdo con el artículo 123.1 de la Ley 39/2015, de 1 de octubre, de Procedimiento Administrativo Común de las Administraciones Públicas:

"1. Los actos administrativos que pongan fin a la vía administrativa podrán ser recurridos potestativamente en reposición ante el mismo órgano que los hubiera dictado o ser impugnados directamente ante el orden jurisdiccional contencioso-administrativo."

24. d) Las respuestas a) y b) son correctas.

Según el artículo 124.1 de la Ley 39/2015, de 1 de octubre, de Procedimiento Administrativo Común de las Administraciones Públicas:

"1. El plazo1 para la interposición del recurso de reposición será de un mes, si el acto fuera expreso. Transcurrido dicho plazo, únicamente podrá interponerse recurso contencioso-administrativo, sin perjuicio, en su caso, de la procedencia del recurso extraordinario de revisión. Si el acto no fuera expreso, el solicitante y otros posibles interesados podrán interponer recurso de reposición en cualquier momento a partir del día siguiente a aquel en que, de acuerdo con su normativa específica, se produzca el acto presunto."

25. d) El plazo máximo para dictar y notificar la resolución del recurso será de un mes.

Conforme al artículo 124.2 de la Ley 39/2015, de 1 de octubre, de Procedimiento Administrativo Común de las Administraciones Públicas:

"2. El plazo máximo para dictar y notificar la resolución del recurso será de un mes."

26. d) Las respuestas a) y b) son correctas.

De acuerdo con lo dispuesto en los artículos 123 y 125.1 de la Ley 39/2015, de 1 de octubre, de Procedimiento Administrativo Común de las Administraciones Públicas:

Artículo 123:

"1. Los actos administrativos que pongan fin a la vía administrativa podrán ser recurridos potestativamente en reposición ante el mismo órgano que los hubiera dictado o ser impugnados directamente ante el orden jurisdiccional contencioso-administrativo.

2. No se podrá interponer recurso contencioso-administrativo hasta que sea resuelto expresamente o se haya producido la desestimación presunta del recurso de reposición interpuesto."

Artículo 125.1:

"1. Contra los actos firmes en vía administrativa podrá interponerse el recurso extraordinario de revisión ante el órgano administrativo que los dictó, que también será el competente para su resolución,"

27. b) Podrá, en su caso, interponer recurso extraordinario de revisión.

Según lo dispuesto en el artículo 125.1 de la Ley 39/2015, de 1 de octubre, de Procedimiento Administrativo Común de las Administraciones Públicas:

"1. Contra los actos firmes en vía administrativa podrá interponerse el recurso extraordinario de revisión ante el órgano administrativo que los dictó, que también será el competente para su resolución".

28. b) El órgano administrativo que los dictó, que también será el competente para su resolución.

De acuerdo con el artículo 125.1 de la Ley 39/2015, de 1 de octubre, de Procedimiento Administrativo Común de las Administraciones Públicas:

"1. Contra los actos firmes en vía administrativa podrá interponerse el recurso extraordinario de revisión ante el órgano administrativo que los dictó, que también será el competente para su resolución,"

29. d) Todas las respuestas son correctas.

Según el artículo 125.1 de la Ley 39/2015, de 1 de octubre, de Procedimiento Administrativo Común de las Administraciones Públicas:

"1. Contra los actos firmes en vía administrativa podrá interponerse el recurso extraordinario de revisión ante el órgano administrativo que los dictó, que también será el competente para su resolución, cuando concurra alguna de las circunstancias siguientes:

a) Que al dictarlos se hubiera incurrido en error de hecho, que resulte de los propios documentos incorporados al expediente.

b) Que aparezcan documentos de valor esencial para la resolución del asunto que, aunque sean posteriores, evidencien el error de la resolución recurrida.

c) Que en la resolución hayan influido esencialmente documentos o testimonios declarados falsos por sentencia judicial firme, anterior o posterior a aquella resolución.

d) Que la resolución se hubiese dictado como consecuencia de prevaricación, cohecho, violencia, maquinación fraudulenta u otra conducta punible y se haya declarado así en virtud de sentencia judicial firme."

30. d) Sentencia judicial firme.

Conforme al artículo 125.1. d) de la Ley 39/2015, de 1 de octubre, de Procedimiento Administrativo Común de las Administraciones Públicas:

"1. Contra los actos firmes en vía administrativa podrá interponerse el recurso extraordinario de revisión ante el órgano administrativo que los dictó, que también será el competente para su resolución, cuando concurra alguna de las circunstancias siguientes:

(…..)

d) Que la resolución se hubiese dictado como consecuencia de prevaricación, cohecho, violencia, maquinación fraudulenta u otra conducta punible y se haya declarado así en virtud de sentencia judicial firme."

31. a) Dentro del plazo de cuatro años siguientes a la fecha de la notificación de la resolución impugnada.

De acuerdo con lo dispuesto en el artículo 125.1. a) y 2 de la Ley 39/2015, de 1 de octubre, de Procedimiento Administrativo Común de las Administraciones Públicas:

1. Contra los actos firmes en vía administrativa podrá interponerse el recurso extraordinario de revisión ante el órgano administrativo que los dictó, que también será el competente para su resolución, cuando concurra alguna de las circunstancias siguientes:

a) Que al dictarlos se hubiera incurrido en error de hecho, que resulte de los propios documentos incorporados al expediente.

(……)

2. El recurso extraordinario de revisión se interpondrá, cuando se trate de la causa a) del apartado anterior, dentro del plazo de cuatro años siguientes a la fecha de la notificación de la resolución impugnada. En los demás casos, el plazo será de tres meses a contar desde el conocimiento de los documentos o desde que la sentencia judicial quedó firme."

32. b) El plazo será de tres meses a contar desde el conocimiento de los documentos.

Según lo dispuesto en el artículo 125.1.b) y 2 de la Ley 39/2015, de 1 de octubre, de Procedimiento Administrativo Común de las Administraciones Públicas:

"1. Contra los actos firmes en vía administrativa podrá interponerse el recurso extraordinario de revisión ante el órgano administrativo que los dictó, que también será el competente para su resolución, cuando concurra alguna de las circunstancias siguientes:

(…..)

b) Que aparezcan documentos de valor esencial para la resolución del asunto que, aunque sean posteriores, evidencien el error de la resolución recurrida.

(……)

2. El recurso extraordinario de revisión se interpondrá, cuando se trate de la causa a) del apartado anterior, dentro del plazo de cuatro años siguientes a la fecha de la notificación de la resolución impugnada. En los demás casos, el plazo será de tres meses a contar desde el conocimiento de los documentos o desde que la sentencia judicial quedó firme."

33. c) El plazo será de tres meses a contar desde que la sentencia judicial quedó firme.

De acuerdo con el artículo 125.1.c) y 2 de la Ley 39/2015, de 1 de octubre, de Procedimiento Administrativo Común de las Administraciones Públicas:

"1. Contra los actos firmes en vía administrativa podrá interponerse el recurso extraordinario de revisión ante el órgano administrativo que los dictó, que también será el competente para su resolución, cuando concurra alguna de las circunstancias siguientes:

(…..)

c) Que en la resolución hayan influido esencialmente documentos o testimonios declarados falsos por sentencia judicial firme, anterior o posterior a aquella resolución.

2. El recurso extraordinario de revisión se interpondrá, cuando se trate de la causa a) del apartado anterior, dentro del plazo de cuatro años siguientes a la fecha de la notificación de la resolución impugnada. En los demás casos, el plazo será de tres meses a contar desde el conocimiento de los documentos o desde que la sentencia judicial quedó firme."

34. c) El plazo será de tres meses a contar desde que la sentencia judicial quedó firme.

Según el artículo 125.1.d) y 2 de la Ley 39/2015, de 1 de octubre, de Procedimiento Administrativo Común de las Administraciones Públicas:

"1. Contra los actos firmes en vía administrativa podrá interponerse el recurso extraordinario de revisión ante el órgano administrativo que los dictó, que también será el competente para su resolución, cuando concurra alguna de las circunstancias siguientes:

(.....)

d) Que la resolución se hubiese dictado como consecuencia de prevaricación, cohecho, violencia, maquinación fraudulenta u otra conducta punible y se haya declarado así en virtud de sentencia judicial firme.

2. El recurso extraordinario de revisión se interpondrá, cuando se trate de la causa a) del apartado anterior, dentro del plazo de cuatro años siguientes a la fecha de la notificación de la resolución impugnada. En los demás casos, el plazo será de tres meses a contar desde el conocimiento de los documentos o desde que la sentencia judicial quedó firme."

35. a) Acordar motivadamente la inadmisión a trámite, sin necesidad de recabar dictamen del Consejo de Estado u órgano consultivo de la Comunidad Autónoma, cuando el mismo no se funde en alguna de las causas previstas en el en el apartado 1 del artículo 125 de la Ley 39/2015, de 1 de octubre, del Procedimiento Administrativo Común de las Administraciones Públicas o en el supuesto de que se hubiesen desestimado en cuanto al fondo otros recursos sustancialmente iguales.

Conforme al artículo 126.1 de la Ley 39/2015, de 1 de octubre, de Procedimiento Administrativo Común de las Administraciones Públicas:

"1. El órgano competente para la resolución del recurso podrá acordar motivadamente la inadmisión a trámite, sin necesidad de recabar dictamen del Consejo de Estado u órgano consultivo de la Comunidad Autónoma, cuando el mismo no se funde en alguna de las causas previstas en el apartado 1 del artículo anterior o en el supuesto de que se hubiesen desestimado en cuanto al fondo otros recursos sustancialmente iguales."

36. d) Se podrá entender desestimado, quedando expedita la vía jurisdiccional contencioso-administrativa.

De acuerdo con lo dispuesto en el artículo 126.3 de la Ley 39/2015, de 1 de octubre, de Procedimiento Administrativo Común de las Administraciones Públicas:

"3. Transcurrido el plazo de tres meses desde la interposición del recurso extraordinario de revisión sin haberse dictado y notificado la resolución, se entenderá desestimado, quedando expedita la vía jurisdiccional contencioso-administrativa."

37. c) Ha de derivar de documentos que obren en el expediente.

Según lo dispuesto en el artículo 125.1.a) de la Ley 39/2015, de 1 de octubre, de Procedimiento Administrativo Común de las Administraciones Públicas:

"1. Contra los actos firmes en vía administrativa podrá interponerse el recurso extraordinario de revisión ante el órgano administrativo que los dictó, que también será el competente para su resolución, cuando concurra alguna de las circunstancias siguientes:

a) Que al dictarlos se hubiera incurrido en error de hecho, que resulte de los propios documentos incorporados al expediente."

38. b) La caducidad del mismo.

De acuerdo con el artículo 107.3 de la Ley 39/2015, de 1 de octubre, de Procedimiento Administrativo Común de las Administraciones Públicas:

"1. Las Administraciones Públicas podrán impugnar ante el orden jurisdiccional contencioso-administrativo los actos favorables para los interesados que sean anulables conforme a lo dispuesto en el artículo 48, previa su declaración de lesividad para el interés público.

2. La declaración de lesividad no podrá adoptarse una vez transcurridos cuatro años desde que se dictó el acto administrativo y exigirá la previa audiencia de cuantos aparezcan como interesados en el mismo, en los términos establecidos por el artículo 82.

Sin perjuicio de su examen como presupuesto procesal de admisibilidad de la acción en el proceso judicial correspondiente, la declaración de lesividad no será susceptible de recurso, si bien podrá notificarse a los interesados a los meros efectos informativos.

3. Transcurrido el plazo de seis meses desde la iniciación del procedimiento sin que se hubiera declarado la lesividad, se producirá la caducidad del mismo."

39. b) El órgano competente en la materia.

Según el artículo 107.4 de la Ley 39/2015, de 1 de octubre, de Procedimiento Administrativo Común de las Administraciones Públicas:

"4. Si el acto proviniera de la Administración General del Estado o de las Comunidades Autónomas, la declaración de lesividad se adoptará por el órgano de cada Administración competente en la materia."

40. c) El órgano competente en la materia.

Conforme al artículo 107.4 de la Ley 39/2015, de 1 de octubre, de Procedimiento Administrativo Común de las Administraciones Públicas:

"4. Si el acto pro1viniera de la Administración General del Estado o de las Comunidades Autónomas, la declaración de lesividad se adoptará por el órgano de cada Administración competente en la materia."

41. b) El Pleno de la Corporación.

De acuerdo con lo dispuesto en el artículo 107.5 de la Ley 39/2015, de 1 de octubre, de Procedimiento Administrativo Común de las Administraciones Públicas:

"5. Si el acto proviniera de las entidades que integran la Administración Local, la declaración de lesividad se adoptará por el Pleno de la Corporación o, en defecto de éste, por el órgano colegiado superior de la entidad."

42. a) La ejecución pudiera causar perjuicios de imposible o difícil reparación.

Según lo dispuesto en el artículo 108 de la Ley 39/2015, de 1 de octubre, de Procedimiento Administrativo Común de las Administraciones Públicas:

"Iniciado el procedimiento de revisión de oficio al que se refieren los artículos 106 y 107, el órgano competente para declarar la nulidad o lesividad, podrá suspender la ejecución del acto, cuando esta pudiera causar perjuicios de imposible o difícil reparación."

43. b) Revocar sus actos de gravamen o desfavorables, siempre que tal revocación no constituya dispensa o exención no permitida por las leyes, ni sea contraria al principio de igualdad, al interés público o al ordenamiento jurídico.

De acuerdo con el artículo 109.1 de la Ley 39/2015, de 1 de octubre, de Procedimiento Administrativo Común de las Administraciones Públicas:

"1. Las Administraciones Públicas podrán revocar, mientras no haya transcurrido el plazo de prescripción, sus actos de gravamen o desfavorables, siempre que tal revocación no constituya dispensa o exención no permitida por las leyes, ni sea contraria al principio de igualdad, al interés público o al ordenamiento jurídico."

44. c) En cualquier momento, de oficio o a instancia de los interesados.

Según el artículo 109.2 de la Ley 39/2015, de 1 de octubre, de Procedimiento Administrativo Común de las Administraciones Públicas:

"2. Las Administraciones Públicas podrán, asimismo, rectificar en cualquier momento, de oficio o a instancia de los interesados, los errores materiales, de hecho o aritméticos existentes en sus actos."

45. c) Cuando por prescripción de acciones, por el tiempo transcurrido o por otras circunstancias, su ejercicio resulte contrario a la equidad, a la buena fe, al derecho de los particulares o a las leyes.

Conforme al artículo 110 de la Ley 39/2015, de 1 de octubre, de Procedimiento Administrativo Común de las Administraciones Públicas:

"Las facultades de revisión establecidas en este Capítulo, no podrán ser ejercidas cuando por prescripción de acciones, por el tiempo transcurrido o por otras circunstancias, su ejercicio resulte contrario a la equidad, a la buena fe, al derecho de los particulares o a las leyes."

46. a) Imputación, ante órganos colegiados o Comisiones específicas no sometidas a instrucciones jerárquicas, con respeto a los principios, garantías y plazos que la presente ley reconoce a las personas y a los interesados en todo procedimiento administrativo.

De acuerdo con lo dispuesto en el artículo 112.2 de la Ley 39/2015, de 1 de octubre, de Procedimiento Administrativo Común de las Administraciones Públicas:

"2. Las leyes podrán sustituir el recurso de alzada, en supuestos o ámbitos sectoriales determinados, y cuando la especificidad de la materia así lo justifique, por otros procedimientos de impugnación, reclamación, conciliación, mediación y arbitraje, ante órganos colegiados o Comisiones específicas no sometidas a instrucciones jerárquicas, con respeto a los principios, garantías y plazos que la presente ley reconoce a las personas y a los interesados en todo procedimiento administrativo.

En las mismas condiciones, el recurso de reposición podrá ser sustituido por los procedimientos a que se refiere el párrafo anterior, respetando su carácter potestativo para el interesado. La aplicación de estos procedimientos en el ámbito de la Administración Local no podrá suponer el desconocimiento de las facultades resolutorias reconocidas a los órganos representativos electos establecidos por la ley."

47. b) No cabrá recurso en vía administrativa.

Según lo dispuesto en el artículo 112.3 de la Ley 39/2015, de 1 de octubre, de Procedimiento Administrativo Común de las Administraciones Públicas:

"3. Contra las disposiciones administrativas de carácter general no cabrá recurso en vía administrativa. Los recursos contra un acto administrativo que se funden únicamente en la nulidad de alguna disposición administrativa de carácter general podrán interponerse directamente ante el órgano que dictó dicha disposición."

48. d) Directamente ante el órgano que dictó dicha disposición.

De acuerdo con el artículo 112.3 de la Ley 39/2015, de 1 de octubre, de Procedimiento Administrativo Común de las Administraciones Públicas:

"3. Contra las disposiciones administrativas de carácter general no cabrá recurso en vía administrativa. Los recursos contra un acto administrativo que se funden únicamente en la nulidad de alguna disposición administrativa de carácter general podrán interponerse directamente ante el órgano que dictó dicha disposición."

49. d) Todas las respuestas son correctas.

Según el artículo 114.2 de la Ley 39/2015, de 1 de octubre, de Procedimiento Administrativo Común de las Administraciones Públicas:

"2. Además de lo previsto en el apartado anterior, en el ámbito estatal ponen fin a la vía administrativa los actos y resoluciones siguientes:

a) Los actos administrativos de los miembros y órganos del Gobierno.

b) Los emanados de los Ministros y los Secretarios de Estado en el ejercicio de las competencias que tienen atribuidas los órganos de los que son titulares.

c) Los emanados de los órganos directivos con nivel de Director general o superior, en relación con las competencias que tengan atribuidas en materia de personal.

d) En los Organismos públicos y entidades de derecho público vinculados o dependientes de la Administración General del Estado, los emanados de los máximos órganos de dirección unipersonales o colegiados, de acuerdo con lo que establezcan sus estatutos, salvo que por ley se establezca otra cosa."

50. c) No será obstáculo para su tramitación, siempre que se deduzca su verdadero carácter.

Conforme al artículo 115.2 de la Ley 39/2015, de 1 de octubre, de Procedimiento Administrativo Común de las Administraciones Públicas:

"1. La interposición del recurso deberá expresar:

a) El nombre y apellidos del recurrente, así como la identificación personal del mismo.

b) El acto que se recurre y la razón de su impugnación.

c) Lugar, fecha, firma del recurrente, identificación del medio y, en su caso, del lugar que se señale a efectos de notificaciones.

d) Órgano, centro o unidad administrativa al que se dirige y su correspondiente código de identificación.

e) Las demás particularidades exigidas, en su caso, por las disposiciones específicas.

2. El error o la ausencia de la calificación del recurso por parte del recurrente no será obstáculo para su tramitación, siempre que se deduzca su verdadero carácter.

51. d) Haber transcurrido el plazo para la interposición del recurso.

De acuerdo con lo dispuesto en el artículo 116 de la Ley 39/2015, de 1 de octubre, de Procedimiento Administrativo Común de las Administraciones Públicas:

"Serán causas de inadmisión las siguientes:

a) Ser incompetente el órgano administrativo, cuando el competente perteneciera a otra Administración Pública. El recurso deberá remitirse al órgano competente, de acuerdo con lo establecido en el artículo 14.1 de la Ley de Régimen Jurídico del Sector Público.

b) Carecer de legitimación el recurrente.

c) Tratarse de un acto no susceptible de recurso.

d) Haber transcurrido el plazo para la interposición del recurso.

e) Carecer el recurso manifiestamente de fundamento."

52. b) Las medidas cautelares que sean necesarias.

Según lo dispuesto en el artículo 117.4 de la Ley 39/2015, de 1 de octubre, de Procedimiento Administrativo Común de las Administraciones Públicas:

"Al dictar el acuerdo de suspensión podrán adoptarse las medidas cautelares que sean necesarias para asegurar la protección del interés público o de terceros y la eficacia de la resolución o el acto impugnado."

53. b) Mientras no haya transcurrido el plazo de prescripción.

De acuerdo con el artículo 109.1 de la Ley 39/2015, de 1 de octubre, de Procedimiento Administrativo Común de las Administraciones Públicas:

"1. Las Administraciones Públicas podrán revocar, mientras no haya transcurrido el plazo de prescripción, sus actos de gravamen o desfavorables, siempre que tal revocación no constituya dispensa o exención no permitida por las leyes, ni sea contraria al principio de igualdad, al interés público o al ordenamiento jurídico."

54. a) Ordenará la retroacción del procedimiento al momento en el que el vicio fue cometido, sin perjuicio de que eventualmente pueda acordarse la convalidación de actuaciones por el órgano competente para ello, de acuerdo con lo dispuesto en el artículo 52.

Según el artículo 119.2 de la Ley 39/2015, de 1 de octubre, de Procedimiento Administrativo Común de las Administraciones Públicas:

"2. Cuando existiendo vicio de forma no se estime procedente resolver sobre el fondo se ordenará la retroacción del procedimiento al momento en el que el vicio fue cometido, sin perjuicio de que eventualmente pueda acordarse la convalidación de actuaciones por el órgano competente para ello, de acuerdo con lo dispuesto en el artículo 52."

55. d) La suspensión del plazo para resolver hasta que recaiga pronunciamiento judicial.

Conforme al artículo 120.1 de la Ley 39/2015, de 1 de octubre, de Procedimiento Administrativo Común de las Administraciones Públicas:

"1. Cuando deban resolverse una pluralidad de recursos administrativos que traigan causa de un mismo acto administrativo y se hubiera interpuesto un recurso judicial contra una resolución administrativa o bien contra el correspondiente acto presunto desestimatorio, el órgano administrativo podrá acordar la suspensión del plazo para resolver hasta que recaiga pronunciamiento judicial."

56. b) Denuncia, ante órganos colegiados o Comisiones específicas no sometidas a instrucciones jerárquicas, con respeto a los principios, garantías y plazos que la presente ley reconoce a las personas y a los interesados en todo procedimiento administrativo.

De acuerdo con lo dispuesto en el artículo 112.2 de la Ley 39/2015, de 1 de octubre, de Procedimiento Administrativo Común de las Administraciones Públicas:

"2. Las leyes podrán sustituir el recurso de alzada, en supuestos o ámbitos sectoriales determinados, y cuando la especificidad de la materia así lo justifique, por otros procedimientos de impugnación, reclamación, conciliación, mediación y arbitraje, ante órganos colegiados o Comisiones específicas no sometidas a instrucciones jerárquicas, con respeto a los principios, garantías y plazos que la presente ley reconoce a las personas y a los interesados en todo procedimiento administrativo.

En las mismas condiciones, el recurso de reposición podrá ser sustituido por los procedimientos a que se refiere el párrafo anterior, respetando su carácter potestativo para el interesado. La aplicación de estos procedimientos en el ámbito de la Administración Local no podrá suponer el desconocimiento de las facultades resolutorias reconocidas a los órganos representativos electos establecidos por la ley."

57. b) Un recurso extraordinario de revisión, en los casos establecidos en el artículo 125.1.

Según lo dispuesto en el artículo 122.3 de la Ley 39/2015, de 1 de octubre, de Procedimiento Administrativo Común de las Administraciones Públicas:

"3. Contra la resolución de un recurso de alzada no cabrá ningún otro recurso administrativo, salvo el recurso extraordinario de revisión, en los casos establecidos en el artículo 125.1. "

58. c) Sea resuelto expresamente o se haya producido la desestimación presunta del recurso de reposición interpuesto.

De acuerdo con el artículo 123.2 de la Ley 39/2015, de 1 de octubre, de Procedimiento Administrativo Común de las Administraciones Públicas:

"1. Los actos administrativos que pongan fin a la vía administrativa podrán ser recurridos potestativamente en reposición ante el mismo órgano que los hubiera dictado o ser impugnados directamente ante el orden jurisdiccional contencioso-administrativo.

2. No se podrá interponer recurso contencioso-administrativo hasta que sea resuelto expresamente o se haya producido la desestimación presunta del recurso de reposición interpuesto."

59. d) Un recurso contencioso-administrativo.

Según el artículo 123 y 124.3 de la Ley 39/2015, de 1 de octubre, de Procedimiento Administrativo Común de las Administraciones Públicas:

Artículo 123:

"1. Los actos administrativos que pongan fin a la vía administrativa podrán ser recurridos potestativamente en reposición ante el mismo órgano que los hubiera dictado o ser impugnados directamente ante el orden jurisdiccional contencioso-administrativo.

2. No se podrá interponer recurso contencioso-administrativo hasta que sea resuelto expresamente o se haya producido la desestimación presunta del recurso de reposición interpuesto."

Artículo 124.3:

"3. Contra la resolución de un recurso de reposición no podrá interponerse de nuevo dicho recurso."

60. d) Se inadmitirá.

Conforme a los artículos 116 c) y 112.3 de la Ley 39/2015, de 1 de octubre, de Procedimiento Administrativo Común de las Administraciones Públicas:

Artículo 116:

"Serán causas de inadmisión las siguientes:

a) Ser incompetente el órgano administrativo, cuando el competente perteneciera a otra Administración Pública. El recurso deberá remitirse al órgano competente, de acuerdo con lo establecido en el artículo 14.1 de la Ley de Régimen Jurídico del Sector Público.

b) Carecer de legitimación el recurrente.

c) Tratarse de un acto no susceptible de recurso.

d) Haber transcurrido el plazo para la interposición del recurso.

e) Carecer el recurso manifiestamente de fundamento."

Artículo 112.3:

"3. Contra las disposiciones administrativas de carácter general no cabrá recurso en vía administrativa. Los recursos contra un acto administrativo que se funden únicamente en la nulidad de alguna disposición administrativa de carácter general podrán interponerse directamente ante el órgano que dictó dicha disposición."

61. c) Los actos definitivos y los de trámite que determinan la imposibilidad de continuar un procedimiento o que produzcan indefensión.

De acuerdo con lo dispuesto en el artículo 112.1 de la Ley 39/2015, de 1 de octubre, de Procedimiento Administrativo Común de las Administraciones Públicas:

"1. Contra las1 resoluciones y los actos de trámite, si estos últimos deciden directa o indirectamente el fondo del asunto, determinan la imposibilidad de continuar el procedimiento, producen indefensión o perjuicio irreparable a derechos e intereses legítimos, podrán interponerse por los interesados los recursos de alzada y potestativo de reposición, que cabrá fundar en cualquiera de los motivos de nulidad o anulabilidad previstos en los artículos 47 y 48 de esta ley. La oposición a los restantes actos de trámite podrá alegarse por los interesados para su consideración en la resolución que ponga fin al procedimiento."

62. a) De reposición, de alzada y extraordinario de revisión.

Según lo dispuesto en los artículos 112.1 y 113 de la Ley 39/2015, de 1 de octubre, de Procedimiento Administrativo Común de las Administraciones Públicas:

Artículo 112:

"1. Contra las resoluciones y los actos de trámite, si estos últimos deciden directa o indirectamente el fondo del asunto, determinan la imposibilidad de continuar el procedimiento, producen indefensión o perjuicio irreparable a derechos e intereses legítimos, podrán interponerse por los interesados los recursos de alzada y potestativo de reposición, que cabrá fundar en cualquiera de los motivos de nulidad o anulabilidad previstos en los artículos 47 y 48 de esta ley. La oposición a los restantes actos de trámite podrá alegarse por los interesados para su consideración en la resolución que ponga fin al procedimiento."

Artículo 113:

"Contra los actos firmes en vía administrativa, solo procederá el recurso extraordinario de revisión cuando concurra alguna de las circunstancias previstas en el artículo 125.1."

63. a) Cualquiera de los motivos de nulidad o anulabilidad.

De acuerdo con el artículo 112.1 de la Ley 39/2015, de 1 de octubre, de Procedimiento Administrativo Común de las Administraciones Públicas:

"1. Contra las resoluciones y los actos de trámite, si estos últimos deciden directa o indirectamente el fondo del asunto, determinan la imposibilidad de continuar el procedimiento, producen indefensión o perjuicio irreparable a derechos e intereses legítimos, podrán interponerse por los interesados los recursos de alzada y potestativo de reposición, que cabrá fundar en cualquiera de los motivos de nulidad o anulabilidad previstos en los artículos 47 y 48 de esta ley. La oposición a los restantes actos de trámite podrá alegarse por los interesados para su consideración en la resolución que ponga fin al procedimiento."

64. d) No como regla general, pero hay excepciones recogidas en la Ley 39/2015, de 1 de octubre, del Procedimiento Administrativo Común de las Administraciones Públicas.

Según el artículo 117.1 y 2 de la Ley 39/2015, de 1 de octubre, de Procedimiento Administrativo Común de las Administraciones Públicas:

"1. La interposición de cualquier recurso, excepto en los casos en que una disposición establezca lo contrario, no suspenderá la ejecución del acto impugnado.

2. No obstante lo dispuesto en el apartado anterior, el órgano a quien competa resolver el recurso, previa ponderación, suficientemente razonada, entre el perjuicio que causaría al interés público o a terceros la suspensión y el ocasionado al recurrente como consecuencia de la eficacia inmediata del acto recurrido, podrá suspender, de oficio o a solicitud del recurrente, la ejecución del acto impugnado cuando concurran alguna de las siguientes circunstancias:

a) Que la ejecución pudiera causar perjuicios de imposible o difícil reparación.

b) Que la impugnación se fundamente en alguna de las causas de nulidad de pleno derecho previstas en el artículo 47.1 de esta ley."

65. c) Al superior jerárquico del órgano que dictó el acto recurrido.

Conforme al artículo 121.1 de la Ley 39/2015, de 1 de octubre, de Procedimiento Administrativo Común de las Administraciones Públicas:

"1. Las resoluciones y actos a que se refiere el artículo 112.1, cuando no pongan fin a la vía administrativa, podrán ser recurridos en alzada ante el órgano superior jerárquico del que los dictó. A estos efectos, los Tribunales y órganos de selección del personal al servicio de las Administraciones públicas y cualesquiera otros que, en el seno de éstas, actúen con autonomía funcional, se considerarán dependientes del órgano al que estén adscritos o, en su defecto, del que haya nombrado al presidente de los mismos."

66. a) Recurso de revisión.

De acuerdo con lo dispuesto en el artículo 125.1 de la Ley 39/2015, de 1 de octubre, de Procedimiento Administrativo Común de las Administraciones Públicas:

"1. Contra los actos firmes en vía administrativa podrá interponerse el recurso extraordinario de revisión ante el órgano administrativo que los dictó, que también será el competente para su resolución, cuando concurra alguna de las circunstancias siguientes:

a) Que al dictarlos se hubiera incurrido en error de hecho, que resulte de los propios documentos incorporados al expediente.

b) Que aparezcan documentos de valor esencial para la resolución del asunto que, aunque sean posteriores, evidencien el error de la resolución recurrida.

c) Que en la resolución hayan influido esencialmente documentos o testimonios declarados falsos por sentencia judicial firme, anterior o posterior a aquella resolución.

d) Que la resolución se hubiese dictado como consecuencia de prevaricación, cohecho, violencia, maquinación fraudulenta u otra conducta punible y se haya declarado así en virtud de sentencia judicial firme."

67. d) En el plazo de tres meses a contar desde el conocimiento de los documentos.

Según lo dispuesto en el artículo 125.2 de la Ley 39/2015, de 1 de octubre, de Procedimiento Administrativo Común de las Administraciones Públicas:

68. b) 3 meses.

De acuerdo con el artículo 122.2 de la Ley 39/2015, de 1 de octubre, de Procedimiento Administrativo Común de las Administraciones Públicas:

"2. El plazo máximo para dictar y notificar la resolución será de tres meses. Transcurrido este plazo sin que recaiga resolución, se podrá entender desestimado el recurso, salvo en el supuesto previsto en el artículo 24.1, tercer párrafo."

69. c) Solo cabe interponer recurso contencioso-administrativo.

Según el artículo 112.3 de la Ley 39/2015, de 1 de octubre, de Procedimiento Administrativo Común de las Administraciones Públicas:

"3. Contra las disposiciones administrativas de carácter general no cabrá recurso en vía administrativa. Los recursos contra un acto administrativo que se funden únicamente en la nulidad de alguna disposición administrativa de carácter general podrán interponerse directamente ante el órgano que dictó dicha disposición."

70. d) El plazo se computará, a partir del día siguiente de la notificación o publicación del acto recurrido y concluirá el mismo día en que se produjo la notificación o publicación del acto de que se trate.

Conforme al artículo 30.4 de la Ley 39/2015, de 1 de octubre, de Procedimiento Administrativo Común de las Administraciones Públicas:

"4. Si el plazo se fija en meses o años, éstos se computarán a partir del día siguiente a aquel en que tenga lugar la notificación o publicación del acto de que se trate, o desde el siguiente a aquel en que se produzca la estimación o desestimación por silencio administrativo. El plazo concluirá el mismo día en que se produjo la notificación, publicación o silencio administrativo en el mes o el año de vencimiento."

71. c) Sí, ante la autoridad que haya nombrado al presidente del Tribunal.

De acuerdo con lo dispuesto en el artículo 121.1 de la Ley 39/2015, de 1 de octubre, de Procedimiento Administrativo Común de las Administraciones Públicas:

"1. Las resoluciones y actos a que se refiere el artículo 112.1, cuando no pongan fin a la vía administrativa, podrán ser recurridos en alzada ante el órgano superior jerárquico del que los dictó. A estos efectos, los Tribunales y órganos de selección del personal al servicio de las Administraciones Públicas y cualesquiera otros que, en el seno de éstas, actúen con autonomía funcional, se considerarán dependientes del órgano al que estén adscritos o, en su defecto, del que haya nombrado al presidente de los mismos."

72. b) No constituya dispensa o exención no permitida por las leyes, ni sea contraria al principio de igualdad, al interés público o al ordenamiento jurídico.

Según lo dispuesto en el artículo 109.1 de la Ley 39/2015, de 1 de octubre, de Procedimiento Administrativo Común de las Administraciones Públicas:

"1. Las Administraciones Públicas podrán revocar, mientras no haya transcurrido el plazo de prescripción, sus actos de gravamen o desfavorables, siempre que tal revocación no constituya dispensa o exención no permitida por las leyes, ni sea contraria al principio de igualdad, al interés público o al ordenamiento jurídico."

73. b) Sí, en el plazo de tres meses.

De acuerdo con el artículo 122.2 de la Ley 39/2015, de 1 de octubre, de Procedimiento Administrativo Común de las Administraciones Públicas:

"2. El plazo máximo para dictar y notificar la resolución será de tres meses. Transcurrido este plazo sin que recaiga resolución, se podrá entender desestimado el recurso, salvo en el supuesto previsto en el artículo 24.1, tercer párrafo."

74. c) 3 meses desde que la sentencia condenatoria quedó firme.

Según el artículo 125.1 d) y 2 de la Ley 39/2015, de 1 de octubre, de Procedimiento Administrativo Común de las Administraciones Públicas:

"1. Contra los actos firmes en vía administrativa podrá interponerse el recurso extraordinario de revisión ante el órgano administrativo que los dictó, que también será el competente para su resolución, cuando concurra alguna de las circunstancias siguientes:

a) Que al dictarlos se hubiera incurrido en error de hecho, que resulte de los propios documentos incorporados al expediente.

b) Que aparezcan documentos de valor esencial para la resolución del asunto que, aunque sean posteriores, evidencien el error de la resolución recurrida.

c) Que en la resolución hayan influido esencialmente documentos o testimonios declarados falsos por sentencia judicial firme, anterior o posterior a aquella resolución.

d) Que la resolución se hubiese dictado como consecuencia de prevaricación, cohecho, violencia, maquinación fraudulenta u otra conducta punible y se haya declarado así en virtud de sentencia judicial firme.

2. El recurso extraordinario de revisión se interpondrá, cuando se trate de la causa a) del apartado anterior, dentro del plazo de cuatro años siguientes a la fecha de la notificación de la resolución impugnada. En los demás casos, el plazo será de tres meses a contar desde el conocimiento de los documentos o desde que la sentencia judicial quedó firme.

75. b) Un mes.

Conforme al artículo 117.3 de la Ley 39/2015, de 1 de octubre, de Procedimiento Administrativo Común de las Administraciones Públicas:

"3. La ejecución del acto impugnado se entenderá suspendida si transcurrido un mes desde que la solicitud de suspensión haya tenido entrada en el registro electrónico de la Administración u Organismo competente para decidir sobre la misma, el órgano a quien competa resolver el recurso no ha dictado y notificado resolución expresa al respecto. En estos casos, no será de aplicación lo establecido en el artículo 21.4 segundo párrafo, de esta ley."

De la iniciativa legislativa y de la potestad para dictar reglamentos y otras disposiciones.

Disposiciones Adicionales, Transitorias, Derogatorias y Finales

1. Ejercerá la iniciativa legislativa prevista en la Constitución, en primer término:

a) El Gobierno de la Nación.
b) El Senado Autonómico.
c) Las Cortes Generales.
d) El Congreso de los Diputados.

2. Se ejercerá la iniciativa legislativa prevista en la Constitución:

a) Mediante la elaboración de anteproyectos de ley.
b) Mediante la aprobación de anteproyectos de ley.
c) Mediante la remisión de los proyectos de ley a las Cortes Generales.
d) Todas las respuestas anteriores son correctas.

3. A las Cortes Generales se remiten:

a) Los anteproyectos de ley.
b) Las leyes.
c) Los reglamentos.
d) Los proyectos de ley.

4. Los órganos de gobierno de las Comunidades Autónomas:

a) No tienen potestad de iniciativa legislativa.
b) Ejercerán la iniciativa legislativa en los términos establecidos por la Constitución y sus respectivos Estatutos de Autonomía.
c) Ejercerán la iniciativa legislativa según establezca la normativa autonómica.
d) Solo ejercerán la iniciativa legislativa de forma excepcional.

5. Podrá/n aprobar reales decretos-leyes:

a) El Parlamento Autonómico.
b) Las Cortes Generales.
c) El Senado.
d) El Gobierno de la Nación.

6. Podrá/n aprobar reales decretos legislativos:

a) El Parlamento Autonómico.
b) Las Cortes Generales.
c) El Senado.
d) El Gobierno de la Nación.

7. Podrá/n aprobar decretos-leyes:

a) El Parlamento Autonómico.
b) Las Cortes Generales.
c) El Gobierno Autonómico.
d) El Gobierno de la Nación.

8. Podrá aprobar decretos legislativos:

a) El Parlamento Autonómico.
b) El Gobierno Autonómico.
c) El Senado.
d) El Gobierno de la Nación.

9. El ejercicio de la potestad reglamentaria corresponde:

a) Al Parlamento.
b) A las Cortes Generales.
c) Al Gobierno de la Nación.
d) A los tribunales.

10. El ejercicio de la potestad reglamentaria corresponde:

a) Al Parlamento.
b) A las Cortes Generales.
c) Al Gobierno de las Comunidades Autónomas.
d) Al Senado.

11. Indica la respuesta incorrecta:

a) Los reglamentos no podrán vulnerar la Constitución.
b) Las disposiciones administrativas no podrán vulnerar las leyes.

c) Los reglamentos podrán contravenir las leyes.
d) Las disposiciones normativas no podrán vulnerar la Constitución.

12. Indica la respuesta incorrecta:

a) Los reglamentos no podrán vulnerar la Constitución.
b) Las disposiciones normativas no podrán vulnerar la Constitución.
c) Los reglamentos podrán regular Derechos Fundamentales.
d) Los reglamentos no podrán tipificar delitos.

13. Indica la respuesta correcta:

a) Por reglamento se pueden tipificar delitos.
b) Por reglamento se pueden tipificar faltas.
c) Por reglamento se pueden tipificar infracciones administrativas.
d) Por reglamento se pueden desarrollar leyes que regulen derechos fundamentales.

14. Indica la respuesta correcta:

a) Se podrán regular delitos por reglamento.
b) Se podrán establecer tributos por reglamento.
c) Se podrán establecer exacciones parafiscales por reglamento.
d) Se podrán establecer infracciones administrativas por ley.

15. Las disposiciones administrativas:

a) Siempre tienen carácter reglamentario.
b) No se deben ajustar al orden de jerarquía que establezcan las leyes.
c) No podrán vulnerar los preceptos de otra de rango superior.
d) No podrán vulnerar los preceptos de otra de igual rango.

16. Las Administraciones públicas actuarán de acuerdo con los principios de necesidad, eficacia, proporcionalidad, seguridad jurídica, transparencia, y eficiencia:

a) En el ejercicio de la iniciativa legislativa.
b) En el ejercicio de la potestad reglamentaria.
c) Solo en los supuestos en los que la ley lo establezca específicamente.
d) Son correctas las respuestas a) y b).

17. Quedará suficientemente justificada su adecuación al principio de necesidad, eficacia, proporcionalidad, seguridad jurídica, transparencia, y eficiencia en el caso de anteproyectos de ley:

a) En el primero de los artículos.
b) En la exposición de motivos.

c) En el preámbulo.

d) En las disposiciones transitorias.

18. Quedará suficientemente justificada su adecuación al principio de necesidad, eficacia, proporcionalidad, seguridad jurídica, transparencia, y eficiencia en el caso de proyectos de reglamento:

a) En el primero de los artículos.

b) En la exposición de motivos.

c) En el preámbulo.

d) En las disposiciones transitorias.

19. La iniciativa normativa debe estar justificada por una razón de interés general, basarse en una identificación clara de los fines perseguidos y ser el instrumento más adecuado para garantizar su consecución:

a) En virtud de los principios de necesidad y eficacia.

b) En virtud de los principios de proporcionalidad y transparencia.

c) En virtud de los principios de transparencia y seguridad jurídica.

d) En virtud de los principios de transparencia y eficacia.

20. La iniciativa que se proponga deberá contener la regulación imprescindible para atender la necesidad a cubrir con la norma, tras constatar que no existen otras medidas menos restrictivas de derechos, o que impongan menos obligaciones a los destinatarios:

a) En virtud de los principios de necesidad y eficacia.

b) En virtud del principio de proporcionalidad.

c) En virtud de los principios de transparencia y seguridad jurídica.

d) En virtud de los principios de transparencia y eficacia.

21. La iniciativa normativa se ejercerá de manera coherente con el resto del ordenamiento jurídico, nacional y de la Unión Europea, para generar un marco normativo estable, predecible, integrado, claro y de certidumbre, que facilite su conocimiento y comprensión y, en consecuencia, la actuación y toma de decisiones de las personas y empresas:

a) A fin de garantiza los principios de necesidad y eficacia.

b) A fin de garantizar el principio de seguridad jurídica.

c) A fin de garantizar los principios de transparencia y seguridad jurídica.

d) A fin de garantizar el principio de transparencia.

22. Cuando en materia de procedimiento administrativo la iniciativa normativa establezca trámites adicionales o distintos a los contemplados en esta ley:

a) Estos no estarán permitidos.

b) Estos deberán ser justificados atendiendo a la singularidad de la materia.

c) Estos deberán ser justificados atendiendo a los fines perseguidos por la propuesta.

d) Son correctas las respuestas b) y c).

23. Las habilitaciones para el desarrollo reglamentario de una ley serán conferidas:

a) Siempre y en todo caso al Gobierno de la Nación.

b) Con carácter general, al Gobierno o Consejo de Gobierno respectivo.

c) Al Parlamento de corresponda.

d) Al Congreso de los Diputados.

24. Indica la respuesta correcta:

a) La habilitación para el desarrollo reglamentario de una ley a los titulares de los departamentos ministeriales está contemplada de forma general en la ley.

b) La habilitación para el desarrollo reglamentario de una ley a los titulares de las Consejerías de Gobierno está contemplada de forma general en la ley.

c) La habilitación para el desarrollo reglamentario de una ley a los titulares de las Consejerías de Gobierno tendrá carácter excepcional y deberá justificarse en la ley habilitante.

d) La habilitación para el desarrollo reglamentario de una ley a otros órganos dependientes de las Consejerías de Gobierno está contemplada de forma general en la ley.

25. Indica la respuesta correcta:

a) Las leyes podrán habilitar directamente a Autoridades Independientes u otros organismos que tengan atribuida esta potestad para aprobar normas en desarrollo o aplicación de las mismas, cuando la naturaleza de la materia así lo exija.

b) Las leyes no podrán habilitar directamente a Autoridades Independientes u otros organismos que tengan atribuida esta potestad para aprobar normas en desarrollo o aplicación de las mismas, cuando la naturaleza de la materia así lo exija

c) Las leyes podrán habilitar directamente a Autoridades Independientes u otros organismos que tengan atribuida esta potestad para aprobar normas en desarrollo o aplicación de las mismas, siempre.

d) Las leyes podrán habilitar indirectamente a Autoridades Independientes u otros organismos que tengan atribuida esta potestad para aprobar normas en desarrollo o aplicación de las mismas, cuando lo crean pertinente.

26. Las Administraciones públicas posibilitarán el acceso sencillo, universal y actualizado a la normativa en vigor y los documentos propios de su proceso de elaboración:

a) En virtud del principio de proporcionalidad.

b) En virtud del principio de transparencia.

c) En virtud del principio de eficiencia.

d) En virtud del principio de seguridad jurídica.

27. Definirán claramente los objetivos de las iniciativas normativas y su justificación en el preámbulo o exposición de motivos; y posibilitarán que los potenciales destinatarios tengan una participación activa en la elaboración de las normas:

a) En virtud del principio de proporcionalidad.
b) En virtud del principio de transparencia.
c) En virtud del principio de eficiencia.
d) En virtud del principio de seguridad jurídica.

28. La iniciativa normativa debe evitar cargas administrativas innecesarias o accesorias:

a) En virtud de los principios de necesidad y eficacia.
b) En virtud del principio de proporcionalidad.
c) En virtud de los principios de transparencia y seguridad jurídica.
d) En virtud del principio de eficiencia.

29. La iniciativa normativa debe racionalizar, en su aplicación, la gestión de los recursos públicos:

a) En virtud de los principios de necesidad y eficacia.
b) En virtud del principio de proporcionalidad.
c) En virtud de los principios de transparencia y seguridad jurídica.
d) En virtud del principio de eficiencia.

30. Cuando la iniciativa normativa afecte a los gastos públicos presentes:

a) Se deberán cuantificar y valorar sus repercusiones y efectos, y supeditarse al cumplimiento de los principios de estabilidad presupuestaria y sostenibilidad financiera.
b) Se deberán valorar las cantidades con 15 días de antelación.
c) Se deberán valorar las cantidades con 20 días de antelación.
d) Se deben analizar los efectos derivados de los mismos.

31. Cuando la iniciativa normativa afecte a los gastos públicos futuros:

a) Se deberán cuantificar y valorar sus repercusiones y efectos, y supeditarse al cumplimiento de los principios de estabilidad presupuestaria y sostenibilidad financiera.
b) Se deberán valorar las cantidades con 15 días de antelación.
c) Se deberán valorar las cantidades con 20 días de antelación.
d) No es posible tomarla en consideración.

32. Cuando la iniciativa normativa afecte a los ingresos públicos presentes:

a) Se deberán cuantificar y valorar sus repercusiones y efectos, y supeditarse al cumplimiento de los principios de estabilidad presupuestaria y sostenibilidad financiera.
b) Se deberán valorar las cantidades con 15 días de antelación.

c) Se deberán valorar las cantidades con 20 días de antelación.

d) Se deben analizar con detalle y vinculación la cantidad a percibir.

33. Cuando la iniciativa normativa afecte a los ingresos públicos futuros:

a) Se deberán cuantificar y valorar sus repercusiones y efectos, y supeditarse al cumplimiento de los principios de estabilidad presupuestaria y sostenibilidad financiera.

b) Se deberán valorar las cantidades con 15 días de antelación.

c) Se deberán valorar las cantidades con 20 días de antelación.

d) Se deben analizar con detalle y vinculación la cantidad a percibir.

34. Las Administraciones Públicas revisarán periódicamente su normativa vigente:

a) Para adaptarla a los principios de buena regulación.

b) Para comprobar la medida en que las normas en vigor han conseguido los objetivos previstos.

c) Si estaba justificado y correctamente cuantificado el coste y las cargas impuestas en ellas.

d) Todas las respuestas anteriores son correctas.

35. El resultado de la evaluación sobre la normativa vigente:

a) Se plasmará en un informe que se hará público con el detalle, la periodicidad y por el órgano que determine la normativa reguladora de la Administración correspondiente.

b) Se plasmará en un informe que no se podrá hacer público.

c) Se plasmará en un informe que se hará privado, con el detalle, periodicidad y por el órgano que determine la normativa reguladora de la Administración correspondiente.

d) Se plasmarán en una nueva propuesta de ley.

36. Las Administraciones públicas:

a) Promoverán la aplicación de los principios de buena regulación y cooperarán para promocionar el análisis económico en la elaboración de las normas y, en particular, para evitar la introducción de restricciones injustificadas o desproporcionadas a la actividad económica.

b) Promoverán la aplicación de los principios de buena regulación y cooperarán para promocionar el análisis económico en la elaboración de las normas y, en particular, para evitar la introducción de restricciones justificadas o desproporcionadas a la actividad económica.

c) Promoverán la aplicación de los principios de buena regulación y cooperarán para promocionar el análisis económico en la elaboración de las normas y, en particular, para evitar la introducción de restricciones injustificadas o proporcionadas a la actividad económica.

d) Promoverán la aplicación de los principios de buena regulación y cooperarán para promocionar el análisis económico en la elaboración de las normas y, en particular, para evitar la introducción de restricciones justificadas o proporcionadas a la actividad económica.

37. Las normas con rango de ley:

a) No es necesario que se publiciten.
b) Deben publicarse en el diario oficial correspondiente para que entren en vigor y produzcan efectos jurídicos.
c) No es necesario que se publiquen para entrar en vigor, pero sí para que produzcan efectos jurídicos.
d) Es necesario que se publiquen para entrar en vigor, pero no para que produzcan efectos jurídicos.

38. Los reglamentos:

a) No es necesario que se publiciten.
b) Deben publicarse en el diario oficial correspondiente para que entren en vigor y produzcan efectos jurídicos.
c) No es necesario que se publiquen para entrar en vigor, pero sí para que produzcan efectos jurídicos.
d) Es necesario que se publiquen para entrar en vigor, pero no para que produzcan efectos jurídicos.

39. Las disposiciones administrativas:

a) No es necesario que se publiciten.
b) Deben publicarse en el diario oficial correspondiente para que entren en vigor y produzcan efectos jurídicos.
c) No es necesario que se publiquen para entrar en vigor, pero sí para que produzcan efectos jurídicos.
d) Es necesario que se publiquen para entrar en vigor, pero no para que produzcan efectos jurídicos.

40. La publicación de los diarios o boletines oficiales en las sedes electrónicas de la Administración:

a) No tendrá los mismos efectos que los atribuidos a su edición impresa.
b) Tendrá los mismos efectos que los atribuidos a su edición impresa.
c) Tendrá los mismos efectos que los atribuidos a su edición impresa si se refuerza con la publicación en la página web de la Administración.
d) Solo tendrá efectos si no se puede publicar en la versión impresa.

41. La publicación de los diarios o boletines oficiales en las sedes electrónicas del Organismo público:

a) No tendrá los mismos efectos que los atribuidos a su edición impresa.
b) Tendrá los mismos efectos que los atribuidos a su edición impresa.
c) Tendrá los mismos efectos que los atribuidos a su edición impresa si se refuerza con la publicación en la página web del Organismo público.
d) Solo tendrá efectos si no se puede publicar en la versión impresa.

42. La publicación de los diarios o boletines oficiales en las sedes electrónicas de la Entidad competente:

a) No tendrá los mismos efectos que los atribuidos a su edición impresa.

b) Tendrá los mismos efectos que los atribuidos a su edición impresa.

c) Tendrá los mismos efectos que los atribuidos a su edición impresa si se refuerza con la publicación en la página web de la Administración.

d) Solo tendrá efectos si no se puede publicar en la versión impresa.

43. La publicación del «Boletín Oficial del Estado» en la sede electrónica del Organismo competente:

a) No tendrá carácter oficial.

b) Tendrá carácter auténtico en las condiciones y con las garantías que se determinen reglamentariamente.

c) No tendrá carácter auténtico.

d) Tendrá carácter oficial y auténtico en las condiciones y con las garantías que se determinen reglamentariamente, derivándose de dicha publicación los efectos previstos en el título preliminar del Código Civil y en las restantes normas aplicables.

44. Las Administraciones públicas harán público un Plan Normativo que contendrá las iniciativas legales o reglamentarias que vayan a ser elevadas para su aprobación en el año siguiente:

a) Durante el mes de octubre.

b) Trimestralmente.

c) Semestralmente.

d) Anualmente.

45. El Plan Anual Normativo se publicará:

a) Una vez elaborado.

b) Una vez revisado.

c) Una vez aprobado.

d) A año vencido.

46. El Plan Anual Normativo se publicará:

a) En el Portal de la Transparencia de la Administración Pública correspondiente.

b) En el Portal General de la Administración Pública correspondiente.

c) En el Portal de la Eficacia de la Administración Pública correspondiente.

d) En el Portal de la Eficiencia de la Administración Pública correspondiente.

47. En la elaboración del proyecto de ley:

a) Se hará una consulta pública posterior a la elaboración.

b) Se hará una consulta pública anterior a la elaboración.

c) No se requiere de consulta pública.

d) Se establece la obligatoriedad de una consulta privada.

48. En la elaboración del anteproyecto de reglamento:

a) Se hará una consulta pública posterior a la elaboración.

b) Se hará una consulta pública anterior a la elaboración.

c) No se requiere de consulta pública.

d) Se establece la obligatoriedad de una consulta privada.

49. La consulta pública relativa a la elaboración del proyecto de ley se realizará:

a) En el Boletín Oficial del Estado.

b) En el Boletín o Diario que corresponda.

c) A través del portal web de la Administración competente en la que se recabará la opinión de los sujetos y de las organizaciones más representativas potencialmente afectados por la futura norma.

d) A través del portal web de la Administración competente en la que se recabará la opinión de cualquier interesado.

50. La consulta pública relativa a la elaboración del anteproyecto de reglamento se realizará:

a) En el Boletín Oficial del Estado.

b) En el Boletín o Diario que corresponda.

c) A través del portal web de la Administración competente en la que se recabará la opinión de los sujetos y de las organizaciones más representativas potencialmente afectados por la futura norma.

d) A través del portal web de la Administración competente en la que se recabará la opinión de cualquier interesado.

51. En el caso de la elaboración del proyecto de ley, a través del portal web de la Administración competente se recabará la opinión de los sujetos y de las organizaciones más representativas potencialmente afectados por la futura norma acerca de:

a) Los problemas que se pretenden solucionar con la iniciativa.

b) La necesidad y oportunidad de su aprobación.

c) Los objetivos de la norma.

d) Todas las respuestas anteriores son correctas.

52. En el caso de la elaboración del anteproyecto de reglamento, a través del portal web de la Administración competente se recabará la opinión de los sujetos y de las organizaciones más representativas potencialmente afectados por la futura norma acerca de:

a) Los problemas que se pretenden solucionar con la iniciativa.

b) La necesidad y oportunidad de su aprobación.

c) Los objetivos de la norma.

d) Todas las respuestas anteriores son correctas.

53. Cuando la norma afecte a los derechos e intereses legítimos de las personas:

a) Se requiere la publicación en el Boletín Oficial del Estado.

b) Será necesaria la consulta previa a la redacción del texto de la iniciativa y el centro directivo competente publicará el texto en el portal web correspondiente, con el objeto de dar audiencia a los ciudadanos afectados y recabar cuantas aportaciones adicionales puedan hacerse por otras personas o entidades.

c) Será obligatorio recabarse directamente la opinión de las organizaciones o asociaciones reconocidas por ley que agrupen o representen a las personas cuyos derechos o intereses legítimos se vieren afectados por la norma y cuyos fines guarden relación directa con su objeto.

d) Serán correctas las respuestas b) y c).

54. En la elaboración del proyecto de ley:

a) No se puede recabar la opinión de externos.

b) Podrá también recabarse directamente la opinión de las organizaciones o asociaciones reconocidas por ley que agrupen o representen a las personas cuyos derechos o intereses legítimos se vieren afectados por la norma y cuyos fines guarden relación directa con su objeto.

c) Podrá también recabarse indirectamente la opinión de las organizaciones o asociaciones reconocidas por ley que agrupen o representen a las personas cuyos derechos o intereses legítimos se vieren afectados por la norma y cuyos fines guarden relación directa con su objeto.

d) Podrá también recabarse directamente la opinión de cualquier interesado.

55. En la elaboración del anteproyecto de reglamento:

a) No se puede recabar la opinión de externos.

b) Podrá también recabarse directamente la opinión de las organizaciones o asociaciones reconocidas por ley que agrupen o representen a las personas cuyos derechos o intereses legítimos se vieren afectados por la norma y cuyos fines guarden relación directa con su objeto.

c) Podrá también recabarse indirectamente la opinión de las organizaciones o asociaciones reconocidas por ley que agrupen o representen a las personas cuyos derechos o intereses legítimos se vieren afectados por la norma y cuyos fines guarden relación directa con su objeto.

d) Podrá también recabarse directamente la opinión de cualquier interesado.

56. La consulta, audiencia e información públicas para la elaboración del proyecto de ley deberán realizarse de forma tal que los potenciales destinatarios de la norma y quienes realicen aportaciones sobre ella:

a) Se crean importantes.

b) Tengan la posibilidad de emitir su opinión.

c) Cuenten con los documentos necesarios, que serán claros, concisos y con toda la información precisa para poder pronunciarse sobre la materia.

d) Son correctas las respuestas b) y c).

57. La consulta, audiencia e información públicas para la elaboración del ante-proyecto de reglamento deberán realizarse de forma tal que los potenciales desti-natarios de la norma y quienes realicen aportaciones sobre ella:

a) Se crean importantes.

b) Tengan la posibilidad de emitir su opinión.

c) Cuenten con los documentos necesarios, que serán claros, concisos y con toda la información precisa para poder pronunciarse sobre la materia.

d) Son correctas las respuestas b) y c).

58. En el caso de normas presupuestarias del Estado:

a) También debe realizarse el trámite de consulta y audiencia pública.

b) Nunca podrá realizarse el trámite de consulta y audiencia pública.

c) Solo se podrá realizar el trámite de información pública.

d) Podrá prescindirse de los trámites de consulta, audiencia e información públicas.

59. En el caso de normas organizativas de la Administración General del Estado:

a) También debe realizarse el trámite de consulta y audiencia pública.

b) Nunca podrá realizarse el trámite de consulta y audiencia pública.

c) Solo se podrá realizar el trámite de información pública.

d) Podrá prescindirse de los trámites de consulta, audiencia e información públicas.

60. En el caso de normas organizativas de la Administración local:

a) También debe realizarse el trámite de consulta y audiencia pública.

b) Nunca podrá realizarse el trámite de consulta y audiencia pública.

c) Solo se podrá realizar el trámite de información pública.

d) Podrá prescindirse de los trámites de consulta, audiencia e información públicas.

61. En el caso de normas presupuestarias de la Administración local:

a) También debe realizarse el trámite de consulta y audiencia pública.

b) Nunca podrá realizarse el trámite de consulta y audiencia pública.

c) Solo se podrá realizar el trámite de información pública.

d) Podrá prescindirse de los trámites de consulta, audiencia e información públicas.

62. En el caso de normas presupuestarias de la Administración autonómica:

a) También debe realizarse el trámite de consulta y audiencia pública.

b) Nunca podrá realizarse el trámite de consulta y audiencia pública.

c) Solo se podrá realizar el trámite de información pública.

d) Podrá prescindirse de los trámites de consulta, audiencia e información públicas.

63. En el caso de normas organizativas de la Administración autonómica:

a) También debe realizarse el trámite de consulta y audiencia pública.

b) Nunca podrá realizarse el trámite de consulta y audiencia pública.

c) Solo se podrá realizar el trámite de información pública.

d) Podrá prescindirse de los trámites de consulta, audiencia e información públicas.

64. Podrá omitirse la consulta pública, cuando la propuesta normativa:

a) No tenga un impacto significativo en la actividad económica.

b) No imponga obligaciones relevantes a los destinatarios.

c) Regule aspectos parciales de una materia.

d) Todas las respuestas anteriores son correctas.

65. Los procedimientos administrativos regulados en leyes especiales por razón de la materia que no exijan alguno de los trámites previstos en esta ley o regulen trámites adicionales o distintos se regirán:

a) En todo caso, por las leyes especiales.

b) En todo caso, por la regulación general.

c) Respecto a estos, por lo dispuesto en dichas leyes especiales.

d) Excepcionalmente por leyes especiales.

66. Las actuaciones y procedimientos de aplicación de los tributos en materia tributaria y aduanera, así como su revisión en vía administrativa:

a) Se regirán por su normativa específica.

b) Excepcionalmente, se regirán por su normativa específica.

c) Siempre y en todo caso se regirán por la normativa general.

d) Se regirán por ambas de forma equitativa, por la específica y por la general.

67. Las actuaciones y procedimientos sancionadores en materia tributaria y aduanera, en el orden social, en materia de tráfico y seguridad vial y en materia de extranjería:

a) Se regirán por su normativa específica.

b) Excepcionalmente, se regirán por su normativa específica.

c) Siempre y en todo caso se regirán por la normativa general.

d) Se regirán por ambas de forma equitativa, por la específica y por la general.

68. Las actuaciones y procedimientos en materia de extranjería y asilo:

a) Se regirán por su normativa específica.

b) Excepcionalmente, se regirán por su normativa específica.

c) Siempre y en todo caso se regirán por la normativa general.

d) Se regirán por ambas de forma equitativa, por la específica y por la general.

69. Para cumplir con lo previsto en materia de registro electrónico de apoderamientos, registro electrónico, archivo electrónico único, plataforma de intermediación de datos y punto de acceso general electrónico de la Administración, las Comunidades Autónomas:

a) Podrán adherirse voluntariamente y a través de medios electrónicos a las plataformas y registros establecidos al efecto por la Administración General del Estado, pero si no lo hacen ni hay inconveniente.

b) Deberán adherirse forzosamente y a través de medios electrónicos a las plataformas y registros establecidos al efecto por la Administración General del Estado, pero si no lo hacen ni hay inconveniente.

c) Podrán adherirse voluntariamente y a través de medios electrónicos a las plataformas y registros establecidos al efecto por la Administración General del Estado, pero su no adhesión, deberá justificarse en términos de eficiencia.

d) Deberán adherirse forzosamente durante el año 2024.

70. En el caso que una Comunidad Autónoma justifique ante el Ministerio de Hacienda y Administraciones Públicas que puede prestar el servicio de un modo más eficiente, de acuerdo con los criterios previstos en el párrafo anterior, y opte por mantener su propio registro o plataforma, las citadas Administraciones deberán garantizar que este cumple con los requisitos del:

a) Esquema Nacional de Interoperabilidad.

b) Esquema Nacional de Seguridad.

c) Esquema Nacional de Regularidad.

d) Son correctas las respuestas a) y b).

71. En el caso de que una Entidad local justifique ante el Ministerio de Hacienda y Administraciones Públicas que puede prestar el servicio de un modo más eficiente, de acuerdo con los criterios previstos en el párrafo anterior, y opte por mantener su propio registro o plataforma, las citadas Administraciones deberán garantizar que este cumple con los requisitos del:

a) Esquema Nacional de Interoperabilidad.

b) Esquema Nacional de Telemática.

c) Esquema Nacional de Regularidad.

d) Son correctas las respuestas anteriores.

72. Las Administraciones públicas deberán mantener actualizada en la correspondiente sede electrónica un directorio geográfico que permita al interesado identificar la oficina de asistencia en materia de registros más próxima a su domicilio:

a) De forma mensual.

b) De forma trimestral.

c) De forma semestral.

d) Permanentemente.

73. La actuación administrativa de los órganos competentes del Congreso de los Diputados:

a) Se regirá por la normativa general.

b) Se regirá por lo previsto en su normativa específica, en el marco de los principios que inspiran la actuación administrativa de acuerdo con esta ley.

c) Se regirá indistintamente por la normativa general y por la específica.

d) Se rige directamente por la Constitución española.

74. La Secretaría General de Administración Digital del Ministerio de Asuntos Económicos y Transformación Digital informará sobre los asuntos de Seguridad Nacional de las resoluciones denegatorias de la autorización prevista en la ley:

a) Al Presidente del Gobierno.

b) A la Conferencia Sectorial.

c) A la Conferencia General.

d) Al Ministro de Transformación Digital.

75. Cuando se trate de sistemas establecidos por medio de Resolución de la Secretaría General de Administración Digital del Ministerio de Asuntos Económicos y Transformación Digital para su ámbito competencial con objeto de determinar las circunstancias en las que un sistema de firma electrónica no basado en certificados electrónicos será considerado como válido en las relaciones de los interesados con los órganos administrativos de la Administración General del Estado, sus organismos públicos y entidades de Derecho Público vinculados o dependientes:

a) Será preciso el transcurso del plazo de dos meses para la eficacia jurídica del sistema.

b) No será preciso el transcurso del plazo de dos meses para la eficacia jurídica del sistema.

c) Será preciso el transcurso del plazo de tres meses para la eficacia jurídica del sistema.

d) No será preciso el transcurso del plazo de tres meses para la eficacia jurídica del sistema.

Soluciones comentadas

1. a) El Gobierno de la Nación.

Dispone el artículo 127 de la Ley 39/2015, de 1 de octubre, del Procedimiento Administrativo Común que el Gobierno de la Nación ejercerá la iniciativa legislativa prevista en la Constitución mediante la elaboración y aprobación de los anteproyectos de ley y la ulterior remisión de los proyectos de ley a las Cortes Generales.

2. d) Todas las respuestas anteriores son correctas.

Dispone el artículo 127 de la Ley 39/2015, de 1 de octubre, del Procedimiento Administrativo Común que el Gobierno de la Nación ejercerá la iniciativa legislativa prevista en la Constitución mediante la elaboración y aprobación de los anteproyectos de ley y la ulterior remisión de los proyectos de ley a las Cortes Generales.

3. d) Los proyectos de ley.

Dispone el artículo 127 de la Ley 39/2015, de 1 de octubre, del Procedimiento Administrativo Común que el Gobierno de la Nación ejercerá la iniciativa legislativa prevista en la Constitución mediante la elaboración y aprobación de los anteproyectos de ley y la ulterior remisión de los proyectos de ley a las Cortes Generales.

4. b) Ejercerán la iniciativa legislativa en los términos establecidos por la Constitución y sus respectivos Estatutos de Autonomía.

Dispone el artículo 127 de la Ley 39/2015, de 1 de octubre, del Procedimiento Administrativo Común que [...] la iniciativa legislativa se ejercerá por los órganos de gobierno de las Comunidades Autónomas en los términos establecidos por la Constitución y sus respectivos Estatutos de Autonomía.

5. d) El Gobierno de la Nación.

Dispone el artículo 127 de la Ley 39/2015, de 1 de octubre, del Procedimiento Administrativo Común que [...] asimismo, el Gobierno de la Nación podrá aprobar reales decretos-leyes y reales decretos legislativos en los términos previstos en la Constitución. Los respectivos órganos de gobierno de las Comunidades Autónomas podrán aprobar normas equivalentes a aquellas en su ámbito territorial, de conformidad con lo establecido en la Constitución y en sus respectivos Estatutos de Autonomía.

6. d) El Gobierno de la Nación.

Dispone el artículo 127 de la Ley 39/2015, de 1 de octubre, del Procedimiento Administrativo Común que [...] asimismo, el Gobierno de la Nación podrá aprobar reales decretos-leyes y reales decretos legislativos en los términos previstos en la Constitución. Los respectivos órganos de gobierno de las Comunidades Autónomas podrán aprobar normas equivalentes a aquellas en su ámbito territorial, de conformidad con lo establecido en la Constitución y en sus respectivos Estatutos de Autonomía.

7. c) El Gobierno Autonómico.

Dispone el artículo 127 de la Ley 39/2015, de 1 de octubre, del Procedimiento Administrativo Común que [...] asimismo, el Gobierno de la Nación podrá aprobar reales decretos-leyes y reales decretos legislativos en los términos previstos en la Constitución. Los respectivos órganos de gobierno de las Comunidades Autónomas podrán aprobar normas equivalentes a aquellas en su ámbito territorial, de conformidad con lo establecido en la Constitución y en sus respectivos Estatutos de Autonomía.

8. d) El Gobierno de la Nación.

Dispone el artículo 127 de la Ley 39/2015, de 1 de octubre, del Procedimiento Administrativo Común que [...] asimismo, el Gobierno de la Nación podrá aprobar reales decretos-leyes y reales decretos legislativos en los términos previstos en la Constitución. Los respectivos órganos de gobierno de las Comunidades Autónomas podrán aprobar normas equivalentes a aquellas en su ámbito territorial, de conformidad con lo establecido en la Constitución y en sus respectivos Estatutos de Autonomía.

9. c) Al Gobierno de la Nación.

Dispone el artículo 128.1 de la Ley 39/2015, de 1 de octubre, del Procedimiento Administrativo Común que el ejercicio de la potestad reglamentaria corresponde al Gobierno de la Nación, a los órganos de gobierno de las Comunidades Autónomas, de conformidad con lo establecido en sus respectivos Estatutos, y a los órganos de gobierno locales, de acuerdo con lo previsto en la Constitución, los Estatutos de Autonomía y la Ley 7/1985, de 2 de abril, reguladora de las Bases del Régimen Local.

10. c) Al Gobierno de las Comunidades Autónomas.

Dispone el artículo 128.1 de la Ley 39/2015, de 1 de octubre, del Procedimiento Administrativo Común que el ejercicio de la potestad reglamentaria corresponde al Gobierno de la Nación, a los órganos de gobierno de las Comunidades Autónomas, de conformidad con lo establecido en sus respectivos Estatutos, y a los órganos de gobierno locales, de acuerdo con lo previsto en la Constitución, los Estatutos de Autonomía y la Ley 7/1985, de 2 de abril, reguladora de las Bases del Régimen Local.

11. c) Los reglamentos podrán contravenir las leyes.

Dispone el artículo 128.2 de la Ley 39/2015, de 1 de octubre, del Procedimiento Administrativo Común que los reglamentos y disposiciones administrativas no podrán vulnerar la Constitución o las leyes ni regular aquellas materias que la Constitución o los Estatutos de Autonomía reconocen de la competencia de las Cortes Generales o de las Asambleas Legislativas de las Comunidades Autónomas. Sin perjuicio de su función de desarrollo o colaboración con respecto a la ley, no podrán tipificar delitos, faltas o infracciones administrativas, establecer penas o sanciones, así como tributos, exacciones parafiscales u otras cargas o prestaciones personales o patrimoniales de carácter público.

12. c) Los reglamentos podrán regular Derechos Fundamentales.

Dispone el artículo 128.2 de la Ley 39/2015, de 1 de octubre, del Procedimiento Administrativo Común que los reglamentos y disposiciones administrativas no podrán vulnerar la Constitución o las leyes ni regular aquellas materias que la Constitución o los Estatutos de Autonomía reconocen de la competencia de las Cortes Generales o de las Asambleas Legislativas de las Comunidades Autónomas. Sin perjuicio de su función de desarrollo o colaboración con respecto a la ley, no podrán tipificar delitos, faltas o infracciones administrativas, establecer penas o sanciones, así como tributos, exacciones parafiscales u otras cargas o prestaciones personales o patrimoniales de carácter público.

13. d) Por reglamento se pueden desarrollar leyes que regulen derechos fundamentales.

Dispone el artículo 128.2 de la Ley 39/2015, de 1 de octubre, del Procedimiento Administrativo Común que los reglamentos y disposiciones administrativas no podrán vulnerar la Constitución o las leyes ni regular aquellas materias que la Constitución o los Estatutos de Autonomía reconocen de la competencia de las Cortes Generales o de las Asambleas Legislativas de las Comunidades Autónomas. Sin perjuicio de su función de desarrollo o colaboración con respecto a la ley, no podrán tipificar delitos, faltas o infracciones administrativas, establecer penas o sanciones, así como tributos, exacciones parafiscales u otras cargas o prestaciones personales o patrimoniales de carácter público.

14. d) Se podrán establecer infracciones administrativas por ley.

Dispone el artículo 128.2 de la Ley 39/2015, de 1 de octubre, del Procedimiento Administrativo Común que los reglamentos y disposiciones administrativas no podrán vulnerar la Constitución o las leyes ni regular aquellas materias que la Constitución o los Estatutos de Autonomía reconocen de la competencia de las Cortes Generales o de las Asambleas Legislativas de las Comunidades Autónomas. Sin perjuicio de su función de desarrollo o colaboración con respecto a la ley, no podrán tipificar delitos, faltas o infracciones administrativas, establecer penas o sanciones, así como tributos, exacciones parafiscales u otras cargas o prestaciones personales o patrimoniales de carácter público.

15. c) No podrán vulnerar los preceptos de otra de rango superior.

Dispone el artículo 128.3 de la Ley 39/2015, de 1 de octubre, del Procedimiento Administrativo Común que las disposiciones administrativas se ajustarán al orden de jerarquía que establezcan las leyes. Ninguna disposición administrativa podrá vulnerar los preceptos de otra de rango superior.

16. d) Son correctas las respuestas a) y b).

Dispone el artículo 128.3 de la Ley 39/2015, de 1 de octubre, del Procedimiento Administrativo Común que en el ejercicio de la iniciativa legislativa y la potestad reglamentaria, las Administraciones públicas actuarán de acuerdo con los principios de necesidad, eficacia, proporcionalidad, seguridad jurídica, transparencia, y eficiencia. En la exposición de motivos o en el preámbulo, según se trate, respectivamente, de anteproyectos de ley o de proyectos de reglamento, quedará suficientemente justificada su adecuación a dichos principios.

17. b) En la exposición de motivos.

Dispone el artículo 129.1 de la Ley 39/2015, de 1 de octubre, del Procedimiento Administrativo Común que en el ejercicio de la iniciativa legislativa y la potestad reglamentaria, las Administraciones públicas actuarán de acuerdo con los principios de necesidad, eficacia, proporcionalidad, seguridad jurídica, transparencia, y eficiencia. En la exposición de motivos o en el preámbulo, según se trate, respectivamente, de anteproyectos de ley o de proyectos de reglamento, quedará suficientemente justificada su adecuación a dichos principios.

18. c) En el preámbulo.

Dispone el artículo 129.1 de la Ley 39/2015, de 1 de octubre, del Procedimiento Administrativo Común que en el ejercicio de la iniciativa legislativa y la potestad reglamentaria, las Administraciones públicas actuarán de acuerdo con los principios de necesidad, eficacia, proporcionalidad, seguridad jurídica, transparencia, y eficiencia. En la exposición de motivos o en el preámbulo, según se trate, respectivamente, de anteproyectos de ley o de proyectos de reglamento, quedará suficientemente justificada su adecuación a dichos principios.

19. a) En virtud de los principios de necesidad y eficacia.

Dispone el artículo 129.2 de la Ley 39/2015, de 1 de octubre, del Procedimiento Administrativo Común que en virtud de los principios de necesidad y eficacia, la iniciativa normativa debe estar justificada por una razón de interés general, basarse en una identificación clara de los fines perseguidos y ser el instrumento más adecuado para garantizar su consecución.

20. b) En virtud del principio de proporcionalidad.

Dispone el artículo 129.3 de la Ley 39/2015, de 1 de octubre, del Procedimiento Administrativo Común que en virtud del principio de proporcionalidad, la iniciativa que se proponga deberá contener la regulación imprescindible para atender la necesidad a cubrir con la norma, tras constatar que no existen otras medidas menos restrictivas de derechos, o que impongan menos obligaciones a los destinatarios.

21. b) A fin de garantizar el principio de seguridad jurídica.

Dispone el artículo 129.4 de la Ley 39/2015, de 1 de octubre, del Procedimiento Administrativo Común que a fin de garantizar el principio de seguridad jurídica, la iniciativa normativa se ejercerá de manera coherente con el resto del ordenamiento jurídico, nacional y de la Unión Europea, para generar un marco normativo estable, predecible, integrado, claro y de certidumbre, que facilite su conocimiento y comprensión y, en consecuencia, la actuación y toma de decisiones de las personas y empresas.

22. d) Son correctas las respuestas b) y c).

Dispone el artículo 129.4 de la Ley 39/2015, de 1 de octubre, del Procedimiento Administrativo Común que [...] cuando en materia de procedimiento administrativo la iniciativa normativa establezca trámites adicionales o distintos a los contemplados en esta ley, estos deberán ser justificados atendiendo a la singularidad de la materia o a los fines perseguidos por la propuesta.

23. b) Con carácter general, al Gobierno o Consejo de Gobierno respectivo.

Dispone el artículo 129.4 de la Ley 39/2015, de 1 de octubre, del Procedimiento Administrativo Común que [...] las habilitaciones para el desarrollo reglamentario de una ley serán conferidas, con carácter general, al Gobierno o Consejo de Gobierno respectivo. La atribución directa a los titulares de los departamentos ministeriales o de las consejerías del Gobierno, o a otros órganos dependientes o subordinados de ellos, tendrá carácter excepcional y deberá justificarse en la ley habilitante.

24. c) La habilitación para el desarrollo reglamentario de una ley a los titulares de las Consejerías de Gobierno tendrá carácter excepcional y deberá justificarse en la ley habilitante.

Dispone el artículo 129.4 de la Ley 39/2015, de 1 de octubre, del Procedimiento Administrativo Común que [...] las habilitaciones para el desarrollo reglamentario de una ley serán conferidas, con carácter general, al Gobierno o Consejo de Gobierno respectivo. La atribución directa a los titulares de los departamentos ministeriales o de las consejerías del Gobierno, o a otros órganos dependientes o subordinados de ellos, tendrá carácter excepcional y deberá justificarse en la ley habilitante.

25. a) Las leyes podrán habilitar directamente a Autoridades Independientes u otros organismos que tengan atribuida esta potestad para aprobar normas en desarrollo o aplicación de las mismas, cuando la naturaleza de la materia así lo exija.

Dispone el artículo 129.4 de la Ley 39/2015, de 1 de octubre, del Procedimiento Administrativo Común que [...] las leyes podrán habilitar directamente a Autoridades Independientes u otros organismos que tengan atribuida esta potestad para aprobar normas en desarrollo o aplicación de las mismas, cuando la naturaleza de la materia así lo exija.

26. b) En virtud del principio de transparencia.

Dispone el artículo 129.5 de la Ley 39/2015, de 1 de octubre, del Procedimiento Administrativo Común que [...] en aplicación del principio de transparencia, las Administraciones públicas posibilitarán el acceso sencillo, universal y actualizado a la normativa en vigor y los documentos propios de su proceso de elaboración, en los términos establecidos en el artículo 7 de la Ley 19/2013, de 9 de diciembre, de transparencia, acceso a la información pública y buen gobierno; definirán claramente los objetivos de las iniciativas normativas y su justificación en el preámbulo o exposición de motivos; y posibilitarán que los potenciales destinatarios tengan una participación activa en la elaboración de las normas.

27. b) En virtud del principio de transparencia.

Dispone el artículo 129.5 de la Ley 39/2015, de 1 de octubre, del Procedimiento Administrativo Común que [...] en aplicación del principio de transparencia, las Administraciones públicas posibilitarán el acceso sencillo, universal y actualizado a la normativa en vigor y los documentos propios de su proceso de elaboración, en los términos establecidos en el artículo 7 de la Ley 19/2013, de 9 de diciembre, de transparencia, acceso a la información pública y buen gobierno; definirán claramente los objetivos de las iniciativas normativas y su justificación en el preámbulo o exposición de motivos; y posibilitarán que los potenciales destinatarios tengan una participación activa en la elaboración de las normas.

28. d) En virtud del principio de eficiencia.

Dispone el artículo 129.6 de la Ley 39/2015, de 1 de octubre, del Procedimiento Administrativo Común que en aplicación del principio de eficiencia, la iniciativa normativa debe evitar cargas administrativas innecesarias o accesorias y racionalizar, en su aplicación, la gestión de los recursos públicos.

29. d) En virtud del principio de eficiencia.

Dispone el artículo 129.6 de la Ley 39/2015, de 1 de octubre, del Procedimiento Administrativo Común que en aplicación del principio de eficiencia, la iniciativa normativa debe evitar cargas administrativas innecesarias o accesorias y racionalizar, en su aplicación, la gestión de los recursos públicos.

30. a) Se deberán cuantificar y valorar sus repercusiones y efectos, y supeditarse al cumplimiento de los principios de estabilidad presupuestaria y sostenibilidad financiera.

Dispone el artículo 129.6 de la Ley 39/2015, de 1 de octubre, del Procedimiento Administrativo Común que cuando la iniciativa normativa afecte a los gastos o ingresos públicos presentes o futuros, se deberán cuantificar y valorar sus repercusiones y efectos, y supeditarse al cumplimiento de los principios de estabilidad presupuestaria y sostenibilidad financiera.

31. a) Se deberán cuantificar y valorar sus repercusiones y efectos, y supeditarse al cumplimiento de los principios de estabilidad presupuestaria y sostenibilidad financiera.

Dispone el artículo 129.6 de la Ley 39/2015, de 1 de octubre, del Procedimiento Administrativo Común que cuando la iniciativa normativa afecte a los gastos o ingresos públicos presentes o futuros, se deberán cuantificar y valorar sus repercusiones y efectos, y supeditarse al cumplimiento de los principios de estabilidad presupuestaria y sostenibilidad financiera.

32. a) Se deberán cuantificar y valorar sus repercusiones y efectos, y supeditarse al cumplimiento de los principios de estabilidad presupuestaria y sostenibilidad financiera.

Dispone el artículo 129.6 de la Ley 39/2015, de 1 de octubre, del Procedimiento Administrativo Común que cuando la iniciativa normativa afecte a los gastos o ingresos públicos presentes o futuros, se deberán cuantificar y valorar sus repercusiones y efectos, y supeditarse al cumplimiento de los principios de estabilidad presupuestaria y sostenibilidad financiera.

33. a) Se deberán cuantificar y valorar sus repercusiones y efectos, y supeditarse al cumplimiento de los principios de estabilidad presupuestaria y sostenibilidad financiera.

Dispone el artículo 129.6 de la Ley 39/2015, de 1 de octubre, del Procedimiento Administrativo Común que cuando la iniciativa normativa afecte a los gastos o ingresos públicos presentes o futuros, se deberán cuantificar y valorar sus repercusiones y efectos, y supeditarse al cumplimiento de los principios de estabilidad presupuestaria y sostenibilidad financiera.

34. d) Todas las respuestas anteriores son correctas.

Dispone el artículo 130.1 de la Ley 39/2015, de 1 de octubre, del Procedimiento Administrativo Común que las Administraciones públicas revisarán periódicamente su normativa vigente para adaptarla a los principios de buena regulación y para comprobar la medida en que las normas en vigor han conseguido los objetivos previstos y si estaba justificado y correctamente cuantificado el coste y las cargas impuestas en ellas.

35. a) Se plasmará en un informe que se hará público con el detalle, la periodicidad y por el órgano que determine la normativa reguladora de la Administración correspondiente.

Dispone el artículo 130.1 de la Ley 39/2015, de 1 de octubre, del Procedimiento Administrativo Común que el resultado de la evaluación se plasmará en un informe que se hará público, con el detalle, periodicidad y por el órgano que determine la normativa reguladora de la Administración correspondiente.

36. a) Promoverán la aplicación de los principios de buena regulación y cooperarán para promocionar el análisis económico en la elaboración de las normas y, en particular, para evitar la introducción de restricciones injustificadas o desproporcionadas a la actividad económica.

Dispone el artículo 130.2 de la Ley 39/2015, de 1 de octubre, del Procedimiento Administrativo Común que las Administraciones Públicas promoverán la aplicación de los principios de buena regulación y cooperarán para promocionar el análisis económico en la elaboración de las normas y, en particular, para evitar la introducción de restricciones injustificadas o desproporcionadas a la actividad económica.

37. b) Deben publicarse en el diario oficial correspondiente para que entren en vigor y produzcan efectos jurídicos.

Dispone el artículo 131 de la Ley 39/2015, de 1 de octubre, del Procedimiento Administrativo Común que las normas con rango de ley, los reglamentos y disposiciones administrativas habrán de publicarse en el diario oficial correspondiente para que entren en vigor y produzcan efectos jurídicos. Adicionalmente, y de manera facultativa, las Administraciones Públicas podrán establecer otros medios de publicidad complementarios.

38. b) Deben publicarse en el diario oficial correspondiente para que entren en vigor y produzcan efectos jurídicos.

Dispone el artículo 131 de la Ley 39/2015, de 1 de octubre, del Procedimiento Administrativo Común que las normas con rango de ley, los reglamentos y disposiciones administrativas habrán de publicarse en el diario oficial correspondiente para que entren en vigor y produzcan efectos jurídicos. Adicionalmente, y de manera facultativa, las Administraciones públicas podrán establecer otros medios de publicidad complementarios.

39. b) Deben publicarse en el diario oficial correspondiente para que entren en vigor y produzcan efectos jurídicos.

Dispone el artículo 131 de la Ley 39/2015, de 1 de octubre, del Procedimiento Administrativo Común que las normas con rango de ley, los reglamentos y disposiciones administrativas habrán de publicarse en el diario oficial correspondiente para que entren en vigor y produzcan efectos jurídicos. Adicionalmente, y de manera facultativa, las Administraciones públicas podrán establecer otros medios de publicidad complementarios.

40. b) Tendrá los mismos efectos que los atribuidos a su edición impresa.

Dispone el articulo 131 de la ley 39/2015, de 1 de Octubre, del Procedimiento Administrativo Común que [...] la publicación de los diarios o boletines oficiales en las sedes electrónicas de la Administración, Ógano, Organismo público o Entidad competente tendrá, en las condiciones y con las garantías que cada Administración Pública determine, los mismos efectos que los atribuidos a su edición impresa.

41. b) Tendrá los mismos efectos que los atribuidos a su edición impresa.

Dispone el articulo 131 de la Ley 39/2015, de 1 de octubre, del Procedimiento Administrativo Común que [...] la publicación de los diarios o boletines oficiales en las sedes electrónicas de la Administración,Órgano, Organismo público o Entidad competente tendrá, en las condiciones y con las garantías que cada Administración Pública determine, los mismos efectos que los atribuidos a su edición impresa.

42. b) Tendrá los mismos efectos que los atribuidos a su edición impresa.

Dispone el articulo 131 de la Ley 39/2015, de 1 de octubre, del Procedimiento Administrativo Común que [...] la publicación de los diarios o boletines oficiales en las sedes electrónicas de la Administración,Órgano, Organismo público o Entidad competente tendrá, en las condiciones y con las garantías que cada Administración Pública determine, los mismos efectos que los atribuidos a su edición impresa.

43. d) Tendrá carácter oficial y auténtico en las condiciones y con las garantías que se determinen reglamentariamente, derivándose de dicha publicación los efectos previstos en el título preliminar del Código Civil y en las restantes normas aplicables.

Dispone el artículo 131 de la Ley 39/2015, de 1 de octubre, del Procedimiento Administrativo Común que […] la publicación del «Boletín Oficial del Estado» en la sede electrónica del Organismo competente tendrá carácter oficial y auténtico en las condiciones y con las garantías que se determinen reglamentariamente, derivándose de dicha publicación los efectos previstos en el título preliminar del Código Civil y en las restantes normas aplicables.

44. d) Anualmente.

Dispone el artículo 132.1 de la Ley 39/2015, de 1 de octubre, del Procedimiento Administrativo Común que, anualmente, las Administraciones públicas harán público un Plan Normativo que contendrá las iniciativas legales o reglamentarias que vayan a ser elevadas para su aprobación en el año siguiente.

45. c) Una vez aprobado.

Dispone el artículo 132.2 de la Ley 39/2015, de 1 de octubre, del Procedimiento Administrativo Común que una vez aprobado, el Plan Anual Normativo se publicará en el Portal de la Transparencia de la Administración Pública correspondiente.

46. a) En el Portal de la Transparencia de la Administración Pública correspondiente.

Dispone el artículo 132.2 de la Ley 39/2015, de 1 de octubre, del Procedimiento Administrativo Común que una vez aprobado, el Plan Anual Normativo se publicará en el Portal de la Transparencia de la Administración Pública correspondiente.

47. b) Se hará una consulta pública anterior a la elaboración.

Dispone el artículo 133.1 de la Ley 39/2015, de 1 de octubre, del Procedimiento Administrativo Común que con carácter previo a la elaboración del proyecto o anteproyecto de ley o de reglamento, se sustanciará una consulta pública, a través del portal web de la Administración competente en la que se recabará la opinión de los sujetos y de las organizaciones más representativas potencialmente afectadas por la futura norma acerca de:

a) Los problemas que se pretenden solucionar con la iniciativa.

b) La necesidad y oportunidad de su aprobación.

c) Los objetivos de la norma.

d) Las posibles soluciones alternativas regulatorias y no regulatorias.

48. b) Se hará una consulta pública anterior a la elaboración.

Dispone el artículo 133.1 de la Ley 39/2015, de 1 de octubre, del Procedimiento Administrativo Común que con carácter previo a la elaboración del proyecto o anteproyecto de ley o de reglamento, se sustanciará una consulta pública, a través del portal web de la Administración competente en la que se recabará la opinión de los sujetos y de las organizaciones más representativas potencialmente afectados por la futura norma acerca de:

a) Los problemas que se pretenden solucionar con la iniciativa.

b) La necesidad y oportunidad de su aprobación.

c) Los objetivos de la norma.

d) Las posibles soluciones alternativas regulatorias y no regulatorias.

49. c) A través del portal web de la Administración competente en la que se recabará la opinión de los sujetos y de las organizaciones más representativas potencialmente afectados por la futura norma.

Dispone el artículo 133.1 de la Ley 39/2015, de 1 de octubre, del Procedimiento Administrativo Común que con carácter previo a la elaboración del proyecto o anteproyecto de ley o de reglamento, se sustanciará una consulta pública, a través del portal web de la Administración competente en la que se recabará la opinión de los sujetos y de las organizaciones más representativas potencialmente afectados por la futura norma acerca de:

a) Los problemas que se pretenden solucionar con la iniciativa.

b) La necesidad y oportunidad de su aprobación.

c) Los objetivos de la norma.

d) Las posibles soluciones alternativas regulatorias y no regulatorias.

50. c) A través del portal web de la Administración competente en la que se recabará la opinión de los sujetos y de las organizaciones más representativas potencialmente afectados por la futura norma.

Dispone el artículo 133.1 de la Ley 39/2015, de 1 de octubre, del Procedimiento Administrativo Común que con carácter previo a la elaboración del proyecto o anteproyecto de ley o de reglamento, se sustanciará una consulta pública, a través del portal web de la Administración competente en la que se recabará la opinión de los sujetos y de las organizaciones más representativas potencialmente afectados por la futura norma acerca de:

a) Los problemas que se pretenden solucionar con la iniciativa.

b) La necesidad y oportunidad de su aprobación.

c) Los objetivos de la norma.

d) Las posibles soluciones alternativas regulatorias y no regulatorias.

51. d) Todas las respuestas anteriores son correctas.

Dispone el artículo 133.1 de la Ley 39/2015, de 1 de octubre, del Procedimiento Administrativo Común que con carácter previo a la elaboración del proyecto o anteproyecto de ley o de reglamento, se sustanciará una consulta pública, a través del portal web de la Administración competente en la que se recabará la opinión de los sujetos y de las organizaciones más representativas potencialmente afectados por la futura norma acerca de:

a) Los problemas que se pretenden solucionar con la iniciativa.

b) La necesidad y oportunidad de su aprobación.

c) Los objetivos de la norma.

d) Las posibles soluciones alternativas regulatorias y no regulatorias.

52. d) Todas las respuestas anteriores son correctas.

Dispone el artículo 133.1 de la Ley 39/2015, de 1 de octubre, del Procedimiento Administrativo Común que con carácter previo a la elaboración del proyecto o anteproyecto de ley o de reglamento, se sustanciará una consulta pública, a través del portal web de la Administración competente en la que se recabará la opinión de los sujetos y de las organizaciones más representativas potencialmente afectados por la futura norma acerca de:

a) Los problemas que se pretenden solucionar con la iniciativa.

b) La necesidad y oportunidad de su aprobación.

c) Los objetivos de la norma.

d) Las posibles soluciones alternativas regulatorias y no regulatorias.

53. b) Será necesaria la consulta previa a la redacción del texto de la iniciativa y el centro directivo competente publicará el texto en el portal web correspondiente, con el objeto de dar audiencia a los ciudadanos afectados y recabar cuantas aportaciones adicionales puedan hacerse por otras personas o entidades.

Dispone el artículo 133.2 de la Ley 39/2015, de 1 de octubre, del Procedimiento Administrativo Común que sin perjuicio de la consulta previa a la redacción del texto de la iniciativa, cuando la norma afecte a los derechos e intereses legítimos de las personas, el centro directivo competente publicará el texto en el portal web correspondiente, con el objeto de dar audiencia a los ciudadanos afectados y recabar cuantas aportaciones adicionales puedan hacerse por otras personas o entidades. Asimismo, podrá también recabarse directamente la opinión de las organizaciones o asociaciones reconocidas por ley que agrupen o representen a las personas cuyos derechos o intereses legítimos se vieren afectados por la norma y cuyos fines guarden relación directa con su objeto.

54. b) Podrá también recabarse directamente la opinión de las organizaciones o asociaciones reconocidas por ley que agrupen o representen a las personas cuyos derechos o intereses legítimos se vieren afectados por la norma y cuyos fines guarden relación directa con su objeto.

Dispone el artículo 133.2 de la Ley 39/2015, de 1 de octubre, del Procedimiento Administrativo Común que sin perjuicio de la consulta previa a la redacción del texto de la iniciativa, cuando la norma afecte a los derechos e intereses legítimos de las personas, el centro directivo competente publicará el texto en el portal web correspondiente, con el objeto de dar audiencia a los ciudadanos afectados y recabar cuantas aportaciones adicionales puedan hacerse por otras personas o entidades. Asimismo, podrá también recabarse directamente la opinión de las organizaciones o asociaciones reconocidas por ley que agrupen o representen a las personas cuyos derechos o intereses legítimos se vieren afectados por la norma y cuyos fines guarden relación directa con su objeto.

55. b) Podrá también recabarse directamente la opinión de las organizaciones o asociaciones reconocidas por ley que agrupen o representen a las personas cuyos derechos o intereses legítimos se vieren afectados por la norma y cuyos fines guarden relación directa con su objeto.

Dispone el artículo 133.2 de la Ley 39/2015, de 1 de octubre, del Procedimiento Administrativo Común que sin perjuicio de la consulta previa a la redacción del texto de la iniciativa, cuando la norma afecte a los derechos e intereses legítimos de las personas, el centro directivo competente publicará el texto en el portal web correspondiente, con el objeto de dar audiencia a los ciudadanos afectados y recabar cuantas aportaciones adicionales puedan hacerse por otras personas o entidades. Asimismo, podrá también recabarse directamente la opinión de las organizaciones o asociaciones reconocidas por ley que agrupen o representen a las personas cuyos derechos o intereses legítimos se vieren afectados por la norma y cuyos fines guarden relación directa con su objeto.

56. d) Son correctas las respuestas b) y c).

Dispone el artículo 133.3 de la Ley 39/2015, de 1 de octubre, del Procedimiento Administrativo Común que la consulta, audiencia e información públicas reguladas en este artículo deberán realizarse de forma tal que los potenciales destinatarios de la norma y quienes realicen aportaciones sobre ella tengan la posibilidad de emitir su opinión, para lo cual deberán ponerse a su disposición los documentos necesarios, que serán claros, concisos y reunir toda la información precisa para poder pronunciarse sobre la materia.

57. d) Son correctas las respuestas b) y c).

Dispone el artículo 133.3 de la Ley 39/2015, de 1 de octubre, del Procedimiento Administrativo Común que la consulta, audiencia e información públicas reguladas en este artículo deberán realizarse de forma tal que los potenciales destinatarios de la norma y quienes realicen aportaciones sobre ella tengan la posibilidad de emitir su opinión, para lo cual deberán ponerse a su disposición los documentos necesarios, que serán claros, concisos y reunir toda la información precisa para poder pronunciarse sobre la materia.

58. d) Podrá prescindirse de los trámites de consulta, audiencia e información públicas.

Dispone el artículo 133.4 de la Ley 39/2015, de 1 de octubre, del Procedimiento Administrativo Común que podrá prescindirse de los trámites de consulta, audiencia e información públicas previstos en este artículo en el caso de normas presupuestarias u organizativas de la Administración General del Estado, la Administración autonómica, la Administración local o de las organizaciones dependientes o vinculadas a estas, o cuando concurran razones graves de interés público que lo justifiquen.

59. d) Podrá prescindirse de los trámites de consulta, audiencia e información públicas.

Dispone el artículo 133.4 de la Ley 39/2015, de 1 de octubre, del Procedimiento Administrativo Común que podrá prescindirse de los trámites de consulta, audiencia e información públicas previstos en este artículo en el caso de normas presupuestarias u organizativas de la Administración General del Estado, la Administración autonómica, la Administración local o de las organizaciones dependientes o vinculadas a estas, o cuando concurran razones graves de interés público que lo justifiquen.

60. d) Podrá prescindirse de los trámites de consulta, audiencia e información públicas.

Dispone el artículo 133.4 de la Ley 39/2015, de 1 de octubre, del Procedimiento Administrativo Común que podrá prescindirse de los trámites de consulta, audiencia e información públicas previstos en este artículo en el caso de normas presupuestarias u organizativas de la Administración General del Estado, la Administración autonómica, la Administración local o de las organizaciones dependientes o vinculadas a estas, o cuando concurran razones graves de interés público que lo justifiquen.

61. d) Podrá prescindirse de los trámites de consulta, audiencia e información públicas.

Dispone el artículo 133.4 de la Ley 39/2015, de 1 de octubre, del Procedimiento Administrativo Común que podrá prescindirse de los trámites de consulta, audiencia e información públicas previstos en este artículo en el caso de normas presupuestarias u organizativas de la Administración General del Estado, la Administración autonómica, la Administración local o de las organizaciones dependientes o vinculadas a estas, o cuando concurran razones graves de interés público que lo justifiquen.

62. d) Podrá prescindirse de los trámites de consulta, audiencia e información públicas.

Dispone el artículo 133.4 de la Ley 39/2015, de 1 de octubre, del Procedimiento Administrativo Común que podrá prescindirse de los trámites de consulta, audiencia e información públicas previstos en este artículo en el caso de normas presupuestarias u organizativas de la Administración General del Estado, la Administración autonómica, la Administración local o de las organizaciones dependientes o vinculadas a estas, o cuando concurran razones graves de interés público que lo justifiquen.

63. d) Podrá prescindirse de los trámites de consulta, audiencia e información públicas.

Dispone el artículo 133.4 de la Ley 39/2015, de 1 de octubre, del Procedimiento Administrativo Común que podrá prescindirse de los trámites de consulta, audiencia e información públicas previstos en este artículo en el caso de normas presupuestarias u organizativas de la Administración General del Estado, la Administración autonómica, la Administración local o de las organizaciones dependientes o vinculadas a estas, o cuando concurran razones graves de interés público que lo justifiquen.

64. d) Todas las respuestas anteriores son correctas.

Dispone el artículo 133.4 de la Ley 39/2015, de 1 de octubre, del Procedimiento Administrativo Común que [...] cuando la propuesta normativa no tenga un impacto significativo en la actividad económica, no imponga obligaciones relevantes a los destinatarios o regule aspectos parciales de una materia, podrá omitirse la consulta pública regulada en el apartado primero. Si la normativa reguladora del ejercicio de la iniciativa legislativa o de la potestad reglamentaria por una Administración prevé la tramitación urgente de estos procedimientos, la eventual excepción del trámite por esta circunstancia se ajustará a lo previsto en aquella.

65. c) Respecto a estos, por lo dispuesto en dichas leyes especiales.

Recoge la disposición adicional primera apartado primero de la Ley 39/2015, de 1 de octubre, del Procedimiento Administrativo Común que los procedimientos administrativos regulados en leyes especiales por razón de la materia que no exijan alguno de los trámites previstos en esta ley o regulen trámites adicionales o distintos se regirán, respecto a estos, por lo dispuesto en dichas leyes especiales.

66. a) Se regirán por su normativa específica.

Recoge la disposición adicional primera apartado segundo de la Ley 39/2015, de 1 de octubre, del Procedimiento Administrativo Común que las siguientes actuaciones y procedimientos se regirán por su normativa específica y supletoriamente por lo dispuesto en esta ley:

a) Las actuaciones y procedimientos de aplicación de los tributos en materia tributaria y aduanera, así como su revisión en vía administrativa.

b) Las actuaciones y procedimientos de gestión, inspección, liquidación, recaudación, impugnación y revisión en materia de Seguridad Social y Desempleo.

c) Las actuaciones y procedimientos sancionadores en materia tributaria y aduanera, en el orden social, en materia de tráfico y seguridad vial y en materia de extranjería.

d) Las actuaciones y procedimientos en materia de extranjería y asilo.

67. a) Se regirán por su normativa específica.

Recoge la disposición adicional primera apartado segundo de la Ley 39/2015, de 1 de octubre, del Procedimiento Administrativo Común que las siguientes actuaciones y procedimientos se regirán por su normativa específica y supletoriamente por lo dispuesto en esta ley:

a) Las actuaciones y procedimientos de aplicación de los tributos en materia tributaria y aduanera, así como su revisión en vía administrativa.

b) Las actuaciones y procedimientos de gestión, inspección, liquidación, recaudación, impugnación y revisión en materia de Seguridad Social y Desempleo.

c) Las actuaciones y procedimientos sancionadores en materia tributaria y aduanera, en el orden social, en materia de tráfico y seguridad vial y en materia de extranjería.

d) Las actuaciones y procedimientos en materia de extranjería y asilo.

68. a) Se regirán por su normativa específica.

Recoge la disposición adicional primera apartado segundo de la Ley 39/2015, de 1 de octubre, del Procedimiento Administrativo Común que las siguientes actuaciones y procedimientos se regirán por su normativa específica y supletoriamente por lo dispuesto en esta ley:

a) Las actuaciones y procedimientos de aplicación de los tributos en materia tributaria y aduanera, así como su revisión en vía administrativa.

b) Las actuaciones y procedimientos de gestión, inspección, liquidación, recaudación, impugnación y revisión en materia de Seguridad Social y Desempleo.

c) Las actuaciones y procedimientos sancionadores en materia tributaria y aduanera, en el orden social, en materia de tráfico y seguridad vial y en materia de extranjería.

d) Las actuaciones y procedimientos en materia de extranjería y asilo.

69. c) Podrán adherirse voluntariamente y a través de medios electrónicos a las plataformas y registros establecidos al efecto por la Administración General del Estado, pero su no adhesión, deberá justificarse en términos de eficiencia.

Recoge la disposición adicional segunda de la Ley 39/2015, de 1 de octubre, del Procedimiento Administrativo Común que para cumplir con lo previsto en materia de registro electrónico de apoderamientos, registro electrónico, archivo electrónico único, plataforma de intermediación de datos y punto de acceso general electrónico de la Administración, las Comunidades Autónomas y las Entidades Locales podrán adherirse voluntariamente y a través de medios electrónicos a las plataformas y registros establecidos al efecto por la Administración General del Estado. Su no adhesión, deberá justificarse en términos de eficiencia conforme al artículo 7 de la Ley Orgánica 2/2012, de 27 de abril, de Estabilidad Presupuestaria y Sostenibilidad Financiera.

70. d) Son correctas las respuestas a) y b).

Recoge la disposición adicional segunda de la Ley 39/2015, de 1 de octubre, del Procedimiento Administrativo Común que en el caso que una Comunidad Autónoma o una Entidad Local justifique ante el Ministerio de Hacienda y Administraciones Públicas que puede prestar el servicio de un modo más eficiente, de acuerdo con los criterios previstos en el párrafo anterior, y opte por mantener su propio registro o plataforma, las citadas Administraciones deberán garantizar que este cumple con los requisitos del Esquema Nacional de Interoperabilidad, el Esquema Nacional de Seguridad, y sus normas técnicas de desarrollo, de modo que se garantice su compatibilidad informática e interconexión, así como la transmisión telemática de las solicitudes, escritos y comunicaciones que se realicen en sus correspondientes registros y plataformas.

71. a) Esquema Nacional de Interoperabilidad.

Recoge la disposición adicional segunda de la Ley 39/2015, de 1 de octubre, del Procedimiento Administrativo Común que en el caso de que una Comunidad Autónoma o una Entidad Local justifique ante el Ministerio de Hacienda y Administraciones Públicas que puede prestar el servicio de un modo más eficiente, de acuerdo con los criterios previstos en el párrafo anterior, y opte por mantener su propio registro o plataforma, las citadas Administraciones deberán garantizar que este cumple con los requisitos del Esquema Nacional de Interoperabilidad, el Esquema Nacional de Seguridad, y sus normas técnicas de desarrollo, de modo que se garantice su compatibilidad informática e interconexión, así como la transmisión telemática de las solicitudes, escritos y comunicaciones que se realicen en sus correspondientes registros y plataformas.

72. d) Permanentemente.

Recoge la disposición adicional cuarta de la Ley 39/2015, de 1 de octubre, del Procedimiento Administrativo Común que las Administraciones públicas deberán mantener permanentemente actualizado en la correspondiente sede electrónica un directorio geográfico que permita al interesado identificar la oficina de asistencia en materia de registros más próxima a su domicilio.

73. b) Se regirá por lo previsto en su normativa específica, en el marco de los principios que inspiran la actuación administrativa de acuerdo con esta ley.

Recoge la disposición adicional cuarta de la Ley 39/2015, de 1 de octubre, del Procedimiento Administrativo Común que la actuación administrativa de los órganos competentes del Congreso de los Diputados, del Senado, del Consejo General del Poder Judicial, del Tribunal Constitucional, del Tribunal de Cuentas, del Defensor del Pueblo, de las Asambleas Legislativas de las Comunidades Autónomas y de las instituciones autonómicas análogas al Tribunal de Cuentas y al Defensor del Pueblo, se regirá por lo previsto en su normativa específica, en el marco de los principios que inspiran la actuación administrativa de acuerdo con esta ley.

74. b) A la Conferencia Sectorial.

Recoge la disposición adicional séptima de la Ley 39/2015, de 1 de octubre, del Procedimiento Administrativo Común que la Secretaría General de Administración Digital del Ministerio de Asuntos Económicos y Transformación Digital informará a la Conferencia Sectorial para asuntos de Seguridad Nacional de las resoluciones denegatorias de la autorización prevista en los artículos 9.2.c) y 10.2.c) de esta ley que, en su caso, se hayan dictado en el plazo máximo de tres meses desde la adopción de la citada resolución.

75. b) No será preciso el transcurso del plazo de dos meses para la eficacia jurídica del sistema.

Recoge la disposición adicional octava de la Ley 39/2015, de 1 de octubre, del Procedimiento Administrativo Común que, cuando se trate de sistemas establecidos por medio de Resolución de la Secretaría General de Administración Digital del Ministerio de Asuntos Económicos y Transformación Digital, para su ámbito competencial con objeto de determinar las circunstancias en las que un sistema de firma electrónica no basado en certificados electrónicos será considerado como válido en las relaciones de los interesados con los órganos administrativos de la Administración General del Estado, sus organismos públicos y entidades de Derecho Público vinculados o dependientes, no será preciso el transcurso del plazo de dos meses para la eficacia jurídica del sistema a que se refiere el artículo 10.2.c) de la presente ley, adquiriendo eficacia jurídica al día siguiente de la publicación de la Resolución, salvo que esta disponga otra cosa.

Cómo acceder al Curso

Ley 39/2015, de 1 de octubre, del Procedimiento Administrativo Común de las Administraciones Públicas
Test comentados para oposiciones volumen 2

El uso de los códigos **es exclusivo de los compradores de los productos de Editorial MAD**. Cada producto posee un código único y de un solo uso. Es personal e intransferible y da acceso a servicios y contenidos adicionales. Editorial MAD se reserva el derecho de hacer cuantas comprobaciones sean necesarias para identificar al legítimo poseedor del código y dejar de dar servicio a quien haga uso fraudulento del mismo, además de emprender cuantas acciones legales estime oportunas según la legislación vigente.

Deberás acceder a:

mad.es/registro-campus

Si una vez aceptadas las condiciones de uso del Campus decides hacer uso del mismo, necesitarás del siguiente código de acceso junto con los códigos del resto de títulos que se exigen (si fuera el caso):

NL4F85UGYV